港澳台侨学生通识教育课程系列教材

中国传统文化概论

骆文伟　主编

清华大学出版社

北　京

内容简介

本书重点阐述了中国传统文化的内涵和构成、流变和分期、基本类型、地理环境和特征、基本精神，阐释了中国传统思想文化和文化认同，系统全面地介绍了中国传统思想文化、艺术文化、民俗文化、建筑文化、宗教文化、科技文化，以及中国传统文化的对外交流等基本情况，在此基础上提出全球化背景下中国传统文化的传承与发展。

本书坚持以为侨服务、传播中华文化为宗旨，博采世界各国有益文化，坚持寓思想品德教育于通识教育中。教学内容综合考虑到我国港、澳、台地区的学生、华侨华人及其他留学生不同教学对象的教学要求，帮助学生系统、全面地了解中国传统文化，提升学生的文化自信和增进文化认同，对提升国家文化软实力乃至为推动祖国统一做出积极贡献；力图构建完整的中华民族文化认知地图，有利于学生形成客观、科学的疆域观、历史观、民族观和文化观；注重培养学生阅读古代经典著作的兴趣，有利于提高学生的道德修养和人文素质。

本书既可作为高等院校通识教育的选用教材，亦可作为广大读者研习中国传统文化的基础读本，还可以作为各类培训班的教材。

图书在版编目(CIP)数据

中国传统文化概论 / 骆文伟 主编. —北京：清华大学出版社，2019（2024.5重印）

ISBN 978-7-302-50442-9

Ⅰ. ①中… Ⅱ. ①骆… Ⅲ. ①中华文化一概论 Ⅳ. ①K203

中国版本图书馆 CIP 数据核字(2018)第 123071 号

责任编辑： 王 定
封面设计： 周晓亮
版式设计： 思创景点
责任校对： 牛艳敏
责任印制： 丛怀宇

出版发行： 清华大学出版社
网　　址： https://www.tup.com.cn，https://www.wqxuetang.com
地　　址： 北京清华大学学研大厦 A 座　　**邮　　编：** 100084
社 总 机： 010-83470000　　**邮　　购：** 010-62786544
投稿与读者服务： 010-62776969，c-service@tup.tsinghua.edu.cn
质 量 反 馈： 010-62772015，zhiliang@tup.tsinghua.edu.cn
印 装 者： 天津鑫丰华印务有限公司
经　　销： 全国新华书店
开　　本： 185mm×260mm　　**印　　张：** 14.75　　**字　　数：** 330 千字
版　　次： 2019 年 1 月第 1 版　　**印　　次：** 2024 年 5 月第 6 次印刷
定　　价： 58.00 元

产品编号：076158-01

港澳台侨学生通识教育课程
系列教材编委会

总　序

通识教育，旨在为受教育者在现代多元化的社会中提供一种通行于不同人群的知识和价值观。通识教育是当今大学教育的发展趋势，国家“十三五”规划纲要也提出，要提升大学创新人才培养能力，实行通识教育与专业教育相结合的培养制度。在大学中推行通识教育，已经成为我国教育界的共识。

作为以“面向海外、面向港澳台”为办学方针，以“为侨服务、传播中华文化”为办学宗旨的华侨高等学府，华侨大学既肩负着为社会主义事业培养合格建设者和可靠接班人的任务，也肩负着为港澳台经济和社会发展培养优秀人才的使命。学校始终高度重视港澳台侨学生的通识教育工作，坚持因事而化、因时而进、因势而新，努力打造港澳台侨学生真心喜爱、终身受益的通识教育课程，开展港澳台侨学生喜闻乐见的通识教育社会实践活动，引导他们珍惜留华、脚踏实地，扣好人生的第一粒扣子。2012 年 7 月，华侨大学成立了通识教育学院，其后应邀加入了“中国大学通识教育联盟”，以探索构建具有侨校特色的全方位、多类型、多层次的通识教育体系。

教材是学生在学校获得系统知识的主要材料，也是教师进行教学的主要依据。出版一套符合港澳台侨学生知识背景、尊重不同港澳台侨学生群体差异、满足港澳台侨学生成长需要的通识教育课程系列教材，对于提高学校教育教学质量，增强港澳台侨学生的文化认同感和民族自豪感，完善港澳台侨学生的人格和道德品质，提升港澳台侨学生的可持续发展能力等方面都具有十分重要的意义。

基于这样的初衷和认识，我们组织相关教师，开展“港澳台侨学生通识教育课程系列教材”编写工作，希望通过全体教师的努力，推动学校的港澳台侨学生教育和培养工作迈上新的台阶。

本套教材包括《大学与青年发展》《中国传统文化概论》《当代世界与中国》《中国百年复兴之路》《特别行政区基本法》《法律基础》6 本。教材风格统一、图文并茂，体例新颖独特，内容与时俱进，在主要知识点之外，还辅以课外延伸、知识小贴士、阅读链接、热点聚焦、推荐阅读(含图书、视频、影音资料等)、思考和研讨等板块，鼓励学生独立思考，既保证了知识的广度和深度，也适当体现了地域文化特色和侨校特色；既突出了思想品德教育的人文性和思想性，也增强了时代感和吸引力。

教材易成，但通识教育任重道远。编著“港澳台侨学生通识教育课程系列教材”是学校进行港澳台侨学生教育和培养工作的一次有益探索和尝试。我们希望系列教材投入使用之后，能够真正发挥促进通识教育课程教学更有温度、思想引领更有力度、立德树人更有效度的作用，希望系列教材能够深受广大港澳台侨学生的欢迎和喜爱，希望广大港澳台侨学生通过系列教材的学习获得知识的力量、智慧的启迪和心灵的陶冶。我们也希望系列教材的问世，能够为我国港澳台侨学生教育和培养工作带来有价值的借鉴和启示，希望我们的探索和努力能够得到业内同仁的鼓励和指导。

是为序。

华侨大学校长 徐西鹏

2018 年 11 月 11 日

前　言

“中国传统文化概论”是华侨大学港澳台侨学生通识教育必修核心课程之一，其教材获得 2017 年华侨大学教材编写立项资助。

本书坚持以为侨服务、传播中华传统文化为宗旨，以“窥文化全貌，品文化经典，颂文化传统，塑文化自信”为目标，使读者全面、系统地认识中国优秀传统文化，深刻领会中华传统文化精髓，并使之成为自觉的精神追求和行为准则。

本书概括阐述了中国传统文化的内涵和构成、分期和流变、基本类型、地理环境和特征、基本精神，重点阐释了中国传统思想文化和文化认同，系统而全面地介绍了中国传统思想文化、艺术文化、民俗文化、建筑文化、宗教文化、科技文化、中国传统文化的对外交流等基本情况，在此基础上提出全球化背景下中国传统文化的传承与发展。本书在框架和内容体系上力图实现以下目标：第一，综合考虑到我国港、澳、台地区的学生、华侨华人及其他留学生不同教学对象的教学要求，提升学生的文化自信和文化自觉，对提升国家文化软实力乃至为维护和推动祖国统一做出积极贡献；第二，构建完整的中华民族文化认知地图，有利于学生形成客观、科学的疆域观、历史观、民族观和文化观；第三，注重培养学生阅读古代经典著作的兴趣，有利于提高学生的道德修养和人文素质。

本教材由较强的专业团队力量集中编写而成，第一章由骆文伟、王潇斌编写，第二章、第三章由骆文伟编写，第四章、第六章、第八章由肖北婴编写，第五章、第九章由张恒艳编写，第七章、第十章由乔楚编写。本书参阅了大量的国内外教材、著作、报刊及各类媒体报道，在此对相关作者表示由衷的感谢！

本书既可作为高等院校通识教育的选用教材，亦可作为广大读者研习中国传统文化的基础读本，还可以作为各类培训班的教材。

本书课件下载：

编　者

2018 年 10 月

目　录

第一章

绪　论

在生活中，“文化”一词屡见不鲜，但不同的人对于它的理解却千差万别。关于文化的定义，众说纷纭，也出现很大的分歧，至今仍没有取得共识。美国文化人类学家洛威尔说：“我被托付一件困难的工作，就是谈文化。但是在这个世界上，没有别的东西比文化更难捉摸。我们不能分析它，因为它的成分无穷无尽，我们不能叙述它，因为它没有固定形状。我们想用文字描述它的意义，这正像要把空气抓在手里似的。当我们去寻找文化时，除了不在我们手里之外，它无所不在。”那究竟什么是“文化”？“文化”包涵什么内容？在开始学习和研究中国传统文化之前，首先要把这些问题理解清楚。

第一节　文化和文明

“文化”与“文明”经常同时出现，同属于使用率高但又极易混淆的概念。有时候二者可以互为替用，有时候又严格区别。因此，如何把二者进行有效区分，将是认真、系统进行文化或文明研究所要解决的首要问题。

一、文化和文明的概念

“文化”一词很早就出现在中国的语言应用中。“文”是个象形字，本义为各色交错的纹理。《周易·系辞下》记载：“物相杂，故曰文。”《礼记·乐记》写道：“五色成文而不乱。”《说文解字》中称：“文，错画也，象交文。”这三个地方所说的“文”皆含有纹理、纹饰、文采的意思。在此基础上，“文”又被引申为包括语言文字在内的各种象征性符号，亦有彩画、装饰、人为修养之义，后世引申为文物典籍、礼乐制度、文德教化等。“化”则是个会意字，本义为改易、生成、造化。“化”字从“人”从“匕”，《说文解字》曰：“匕，变也，从倒人。”可以看出，“化”由一正一倒的两个人组成，要使两人和谐融洽，相顺而不悖，就需要迁善、感化和教化。《庄子·逍遥游》：“化而为鸟，其名曰鹏。”《周易·系辞下》：“男女构精，万物化生。”《礼记·中庸》：“可以赞天地之化育。”这三个地方所说的“化”均指事物形态或性质的改变，又可引申为教行迁善，作为改造、教化、培育等。

“文”“化”二字复合使用，较早可见战国时期的《周易·贲卦·象传》：“刚柔交错，天文也。文明以止，人文也。观乎天文，以察时变；观乎人文，以化成天下。”在这里，天文是指天道自然，人文是指社会人伦。“人文”与“化成天下”紧密相连，“以文教化”的思想已经非常清晰。

西汉时期，“文”和“化”联为一词使用。刘向在《说苑·指武》中记录：“圣人之治天下也，先文德而后武力。凡武之兴，为不服也，文化不改，然后加诛。”王融之《三月三日曲水诗序》：“设神理以景俗，敷文化以柔远。”束皙《补亡诗》：“文化内辑，武功外悠。”由此可见，在“文化”的早期使用中，多与“武力”“武功”对举，意指文明、文雅、精神教化。

在西方语言系统中，对“文化”一词的理解与中文有所区别。英语的 culture 和德语的 kultur 均由拉丁语 cultura 转化而来。拉丁语的 cultura 有耕作、居住、动植物培育等多重意思。到了 16 世纪，英语中的 culture 开始由耕作、种植、培育的意义逐渐引申为性情陶冶、品德教养。

通过对比可以发现，中国的“文化”从一开始就注重人文精神领域，强调人的教育过程和以教育为目的的社会活动；而 culture 则是由人类的物质生产活动出发，逐渐引申到社会领域和精神领域，其本义强调的是人与自然的关系。

事实上，“文化”作为一个内涵丰富、外延宽广的概念被广泛使用始于近代欧洲。1871 年，英国人类学家泰勒在《原始文化》中对文化进行了系统的阐释，他将“文化”定义为“是包括全部的知识、信仰、艺术、道德、法律、习俗以及作为社会成员的人所掌握和接受的任何其他的才能习惯的复合体”①。在这里，他强调了“文化”的精神层面含义，与中国的“文化”有相通的地方。

“文明”一词较早出现在中国的古代典籍中。《周易·乾卦·文言传》说：“见龙在田，天下文明。”唐代孔颖达对此疏道：“天下文明者，阳气在田，始生万物，故天下有文章而光明也。”《尚书·舜典》说：“睿哲文明，温恭允塞。”唐朝孔颖达对这句话的解释是：“经天纬地曰文，照临四方曰明。……舜既有深远之智，又有文明温恭之德，信能允实上下也。”“经天纬地”意为改造自然，属物质文明；“照临四方”意为驱走愚昧，属精神文明。《周易·贲卦·彖传》说：“文明以止，人文也。”晋代王弼对此注释：“止物不以威武而以文明，人之文也。”孔颖达则在此基础上进一步延伸：“用此文明之道，裁止于人，是人之文德之教。”由此可见，“文明”在古汉语中有光明、文德彰显的含义，部分文义与文化交叉重叠。

【课外延伸】

《周易》：即《易经》，《三易》之一，是中华传统经典之一，相传系周文王姬昌所作，内容包括《经》和《传》两个部分。《经》主要是六十四卦和三百八十四爻，卦和爻各有说明(卦辞、爻辞)，作为占卜之用。《传》包含解释卦辞和爻辞的七种文辞共十篇，统称《十翼》，相传为孔子所撰。

---

① 〔英〕爱德华·泰勒. 原始文化——神话、哲学、宗教、语言、艺术和习俗发展之研究[M]. 连树生，译. 上海：上海文艺出版社，1992.

近代以来，西方学术思想开始在我国传播，特别是大量西方学术术语的涌入对我国文化的启蒙过程产生了重要影响。“文明”一词开始被学术界用来作为英语 civilization 的译文。civilization 源于拉丁文 civis(市民)和 civilitas(城市)，包含两个层次的含义：①代表着文雅；②具有政治色彩，与国家概念相匹配。城市在古罗马和古希腊一般是政治、经济和文化的中心，是“国家”的象征。这一含义的城市，也就是一般所理解的“城邦”。城市的居民在政治上拥有特殊的地位，在生活中也显得优雅、向上。因此，“文明”这一概念的产生得益于社会生产力的发展。

就现代意义而言，“文化”与“文明”是两个概念，既相互联系，又相互区别。文化是指人类创造的所有物质成果和精神成果的总和；文明是人类所创造的文化成果在达到一定发展水平后的展现。从这一点出发，也就不难理解，为什么人们会把古埃及、古巴比伦、古印度和中国称为四大文明古国，而不是称为四大文化古国。

二、文化的构成

文化的构成可分为物质文化、制度文化、行为文化、精神文化四个层面。物质文化处于文化结构的表层，制度文化和行为文化处于文化结构的中层，精神文化处于文化结构的深层。

物质文化又称物态文化，是人类所从事的物质生产活动及其结果的总和，是构成整个文化的基础，是文化中最活跃的因素。物质文化以满足人类自身生存发展所必需的衣食住行等各种条件为目标，直接反映人与自然的关系，反映人类对自然的认识、利用和改造的程度和结果。物质文化中不仅积淀着制度文化的因素，同时也凝聚着精神文化的内涵。就服饰而言，封建时代不同品级的官员在服饰的颜色、形制、质地、图案等方面都有显著的差别。

制度文化是人类在社会实践过程中所建立的各种行为规范、准则的总和，包括婚姻、家庭、政治、经济、宗教等制度。制度文化是文化系统中最具权威的因素，它往往规定着文化的整体性质。制度文化建立在物质文化的基础上，具有鲜明的时代性，同时又带有精神文化的深刻烙印。

行为文化是人类在长期的社会实践和复杂的人际交往中约定俗成的习惯性定势，是以民风和民俗形态出现的，见之于日常生活中的具有鲜明民族性和时代性的行为模式。行为文化直接反映着制度文化的时代内涵，同时又受到精神文化的深层约束和影响。

精神文化又称心态文化，是人类在长期的社会实践和意识活动中孕育升华出来的价值观念、道德情操、审美情趣、思维方式、宗教感情、民族性格等的总和，是文化整体的核心部分。精神文化同样具有较强的时代特点和民族特点。

三、文化的特征

从一般意义上说，文化至少具有以下四个特征。

(一) 时代性

人类文化是特定社会和特定时代的产物，是一个历史概念，不同的社会发展阶段必然有不同的时代文化。每一代人都生活在一个特定的历史文化环境下，他们很自然地从上一代那里继承传统文化，并根据时代需要对其进行利用和改造，以使其适应新的时代需要。从这个意义上讲，文化的时代性包含两方面的内容：承传性和变异性。从石器时代、青铜器时代、铁器时代、蒸汽时代到现在的信息时代，都是生产力发展水平和文化变异的结果。

(二) 地域性

人类活动必须借助一定的空间条件才能进行，不同地域的自然条件、历史传统和人的思维方式各不相同，自然就会产生不同的文化。就世界而言，东方文化、西方文化、非洲文化迥异；就亚洲而言，大陆文化、高原文化、草原文化、沙漠文化各具特色；就中国而言，中原文化、齐鲁文化、巴蜀文化、荆楚文化、吴越文化、岭南文化、闽南文化千差万别，这些都是因特定的地域条件而产生的差别。

(三) 民族性

当不同的社会群体分化整合为社会集团的时候，反映这种以社会集团利益为活动目的的社会文化，便自然地带有民族文化的特征。特定民族所恪守的共同语言、风俗、习惯、性格、心理及利益，是民族文化的突出表现。法兰西民族、日耳曼民族、犹太民族、日本民族、阿拉伯民族、中华民族等在文化上的差异是有目共睹的。

(四) 同一性

文化的同一性包含两个层面：超自然性与超个体性。文化，必须是人化，有人的活动痕迹，是与“自然”相对而言的概念。纯粹的自然物和自然现象不属于文化，把自然加工改造成为物质或精神产品，打上人类心智的印记，才是文化，如黄山“鲫鱼背”、武夷山“玉女峰”、庐山“仙人洞”等。文化的超个体性是指：文化是为人类社会成员共同接受、共同拥有的。不为社会成员所共同接受和理解的事物，不属于文化。

四、文化的功能

文化作为一个复杂的聚合体和一种绵延持续的社会现象，在满足人类生存需要和社会发展的过程中，发挥着自己独特的重要功能。

(一) 满足需要的功能

人类有多种需要，首先是饮食、性等生理的需要，其次是安全的需要、归属的需要、尊重的需要，最高的需要是自我实现，包括个人理想的实现、能力与才赋的充分发挥等。人类这些需要无不与文化息息相关，即使是最基本的生理需要，随着社会的进步，也日益获得了文化的内涵。如中国的饮食文化不仅注重“色”“香”“味”，还强调“美”，将菜肴制作成花鸟鱼虫等艺术品，不但满足了人们的生理需要，还让人获得了美的享受。随着酒文化、茶文化内涵的不断丰富，原来单纯的物质文化中蕴含了浓厚的精神文化。

(二) 认知的功能

文化是人类在一定历史阶段征服自然、改造世界过程中创造积累的成果的总和。通过文化的积累延续，人类得以将有关知识一代一代传递下去，并不断加以充实。借助文化的积累，人类在改造地球的基础上，如今又开始了对太空的探索。

(三) 规范的功能

人类的行为，几乎都要受社会规范的制约，不可能有绝对的自由。而规范有时是强制性的，所谓“国有国法，家有家规”，违反了就要受到制裁或惩罚；有时又是自觉和习惯性的，是约定俗成的惯性行为定势。

(四) 凝聚的功能

文化是社会群体特别是民族之间相互区别的重要标志。因为有了共同文化，人们才感到自己属于某一民族，从而很自然地仿效自己同胞的语言、服饰、习俗、风度甚至思维方式。这样，共同文化成为民族成员紧密团结的基础，产生一种巨大的凝聚力。就中华民族而言，其凝聚力的核心，既不是经济利益聚合力，也不是单纯的种族血缘认同力，而是长期历史积淀下来的对民族文化的认同感，即文化凝聚力。

第二节　中国文化和中国传统文化

中国文化博大精深，是中华民族在中国这一片土地上所创造出来的具有鲜明特色的文化，就形成时间而言，可大略分为传统文化和现代文化。这也就意味着中国文化包含着中国传统文化，中国传统文化是中国文化的一部分。

一、中国文化

民族性和国度性是文化的重要属性之一。世界各国因为所处自然、社会环境的不同，所创造出来的文化也是种类繁多、层出不穷。本书所论述的中国文化，是指由中华民族在东亚大陆上所创造出来的具有鲜明民族特色的文化。

什么是“中国”？最早的“中国”一词只是一个地理概念，而并不是一个国家实体的称呼，其内涵经历了一个逐步丰富的过程。

上古时期，华夏族(古汉族自称)在黄河流域建立国家，自认为居于天下中央，因此自称中国，并将周边地区称为四方或四国。这一点在西周钟鼎铭文中得以证实。西周之后，各代建立了以汉族为主体的大一统中央政权，历朝国土版图虽有增减，但总体仍处于扩展的趋势。无论哪一古代民族，只要能够入主中原，成为政权的建立者，都会以“中国”自居，以自表正统性。明清之际，西方传教士们习惯上称明朝或清朝为“中华帝国”。1689 年，清政府与沙俄政府签订《尼布楚条约》，首席代表索额图被授予的官衔当中首次使用了“中国”一词，这也标志着“中国”开始成为主权国家的专称，用于国际事务的处理中。自此，“中国”便作为与“外国”对举的一个实体概念进行使用。中华人民共和国成立以后，中国政府先后与缅甸、尼泊尔、巴基斯坦、阿富汗等邻国签订边界条约，至此，中国疆域最终定型，酷似雄鸡。

【课外延伸】

《尼布楚条约》，又称《尼布楚议界条约》，是清朝和俄罗斯帝国之间签订的第一份边界条约。1689 年 8 月 22 日，中、俄两国在尼布楚(今俄罗斯涅尔琴斯克)开始会谈。1689 年 9 月 7 日，清政府全权使臣索额图和俄罗斯帝国全权使臣戈洛文在尼布楚签订中俄《尼布楚条约》。

条约内容以满、俄和拉丁文三种文字签订。条约明确划分了中俄两国东西边界，从法律上确立黑龙江和乌苏里江流域包括库页岛在内的广大地区属于中国领土，清政府同意把贝加尔湖以东的尼布楚之地划归俄罗斯。

二、中华民族

中华民族是中国文化的创造主体。中国文化是中华民族在古老的中华大地上所创造出来的具有恒久生命力的文化。幅员辽阔、民族众多、历史悠久，共同构成中华文化的重要特征。历经数千年，中国人民在长期奋斗中培育、继承、发展起囊括爱国精神、创造精神、奋斗精神、团结精神的中华民族精神。

中华民族是当前中国境内汉族、55 个少数民族，以及港澳台同胞、海外侨胞的总称。“中华”这一名称，由来已久。“中”，意指居于四方之中；“华”，本义为光辉、文采、精粹，在这里作为族名使用，暗含文化发达之意。元朝王元亮曾在《唐律名例疏议释文》中写道：“中华者，中国也。亲被王教，自属中国，衣冠威仪，习俗孝悌，居身礼仪，故谓之中华。”在漫长的历史发展过程中，华夏族与其他民族相互影响，相互融合，逐步形成了独具特色的华夏文化。在融合过程中，各民族之间的联系更加紧密，对彼此更加认同，使得中华民族成为一个团结、紧密的群体，中国文化本身也愈加成熟。特别是进入近代，由于西方殖民统治者的入侵，更是激发了中国境内各族在政治、经济、文化上的整体意识，“中华民族”也成为中国境内各族的共同称谓。在全世界范围内，“凡遇他族而立刻有‘我是中国人’之一观念浮于其脑际者，此人即中华民族一员也”①。

华夏文化之所以能够保持旺盛生命力，除了自身具有强大的生命力之外，还有另一个重要原因，就是对于其他文化的兼收并蓄。在“同化”北方游牧文化的同时，华夏文

① 梁启超. 饮冰室专集：第 11 册[M]. 上海：中华书局，1936.

化能及时从游牧文化中吸收营养成分，从而迸发新的活力。今天所谈的“中国文化”，是中国境内各民族文化相互融合的结果，是属于56个民族共同拥有的精神和物质财富。特别需要指出的是，在与外部世界的接触过程中，中国文化也乐于接纳除了“中国”这一地域外的异域文化，如印度佛教文化、欧洲文化、阿拉伯文化等。异域文化的输入和补充，极大地推进了中国文化的丰富和发展。与此同时，中国文化通过华侨华人等多种方式传播到域外，在世界各个地区集聚成众多的中国文化社区，使得中国文化突破了地域上的限制，走向世界。因此，从这个角度来说，中国文化也是世界文化，是世界文化中的瑰宝。“独具特色的语言文字，浩如烟海的文化典籍，嘉惠世界的科技工艺，精彩纷呈的文学艺术，充满智慧的哲学宗教，完备深刻的道德伦理，共同构成了中国文化的基本内容。”①

【知识小贴士】

现今的中华民族共包括56个民族，即汉族、蒙古族、回族、藏族、维吾尔族、苗族、彝族、壮族、布依族、朝鲜族、满族、侗族、瑶族、白族、土家族、哈尼族、哈萨克族、傣族、黎族、傈僳族、佤族、畲族、高山族、拉祜族、水族、东乡族、纳西族、景颇族、柯尔克孜族、土族、达斡尔族、仫佬族、羌族、布朗族、撒拉族、毛南族、仡佬族、锡伯族、阿昌族、普米族、塔吉克族、怒族、乌孜别克族、俄罗斯族、鄂温克族、德昂族、保安族、裕固族、京族、塔塔尔族、独龙族、鄂伦春族、赫哲族、门巴族、珞巴族、基诺族。

【课外阅读】《中国人的精神》

《中国人的精神》是“晚清怪杰”辜鸿铭的一部具有世界影响的名著，亦名《春秋大义》。晚清以来，中国形象被严重扭曲。学贯中西、特立独行的辜鸿铭，于1915年出版用英文写成的《中国人的精神》。辜鸿铭在书中把中国人同美国人、英国人、德国人、法国人进行对比，指出中国人同时具备深刻、博大、简朴和灵性四种美德，并主张用中国传统的儒家思想解决西方社会存在的问题并对其进行改造。

三、中国传统文化

文化的发展是一个动态的过程。任何一个民族的文化，都有其发展的历史，包括昨天、今天和明天。这里重点所谈的中国文化的“昨天”，具体是指1840年中英鸦片战争之前的中国文化，即通常所说的中国传统文化。

中国传统文化是华夏祖先传承下来的珍贵财富，曾经在世界上长期独领风骚。传统文化是历史所沉淀下来的精华，不仅是摆放在博物馆里的展览品，更是闪烁着光芒的生命。“传统并不仅仅是一个管家婆，只是把它所接收过来的忠实地保存着，然后毫不改变

---

① 张岱年，方克立. 中国文化概论[M]. 北京：北京师范大学出版社，2004.

地保持着并传给后代。它也不像自然的过程那样，在它的形态和形式的无限变化与活动里，永远保持着其原始的规律，没有进步。”[①]在传统文化的构成中，思维方式、价值观念、行为准则经常具有深刻的内涵，一方面，实现历史性与传承性的辩证统一；另一方面，极具时代感和适应性，在生活的每个角落中影响着每个中国人的行为和思维方式，为开创新文化提供可靠的历史遵循和奠定坚实的现实基础。因此，中国传统文化就在我们的身边，在我们的现实生活里。我们也可以通过生活中的细节来感受到中国传统文化的存在。面对新的时代环境，我们需要在继承与发展中寻求更高层次的突破，实现中国传统文化的繁荣和昌盛。

第三节　学习中国传统文化的目的、意义和方法

中国传统文化是中华民族智慧的结晶。在学习中国传统文化的过程中，需要对学习的目的和意义有着清晰的认识和准确的把握，并借助一定的学习方法，才能真正掌握中国传统文化的精髓，感受到它强大的存在。

一、学习中国传统文化的目的

中国传统文化是中华民族所创造出来的丰厚财富，曾经在世界上长期处于领先地位，对亚洲乃至世界各国的文化发展历程产生重要影响。但令人遗憾的是，近两百年来，中国传统文化进入了一个低谷期，甚至是落后于人。到底是什么原因导致中国传统文化从强盛转变为衰弱？怎样才能再次重振中国传统文化的雄风，实现中华民族的伟大复兴？为了寻求问题的答案，近百年来，无数的仁人志士前赴后继，抛头颅，洒热血，终于明白了一个道理：从根本上看，中华民族要想屹立于世界，不仅需要先进的科学技术和强大的生产力，还需要先进的文化。先进文化的形成并非一日之功，而是需要经过历史的积淀，立足于中华民族的现实，走中国特色的文化发展道路。文化不是一个一成不变的事物，会随着时代的变化而发生改变。任何一个民族的文化都是经历从无到有的过程，都有自己的过去、现在和未来。为了更加美好的未来，我们必须对文化的过去和现在加以学习和研究。

在学习和研究中国传统文化的过程中，我们要勇于正视历史和传统，在中国传统文化的继承和创新中寻找平衡点，积极借鉴世界先进文化的优秀成果。而这一切目标的实现都是建立在对中国传统文化具备整体性把握和特征性认知的基础之上。人从出生开始就处于一定的社会和文化中，不可避免地要面对人和文化的关系。我们学习和研究中国传统文化，是为了更深入地感受中华民族在漫长历史过程中所形成的民族精神，挖掘民族文化精髓，总结、分析、批判继承文化传统，对我们当前所处的时代背景和社会环境

① 〔德〕黑格尔. 哲学史讲演录(第一卷)[M]. 北京大学哲学系，译. 北京：生活·读书·新知三联书店，1956.

形成更加清晰的认知，鉴往而知来，温故而知新，做一个了解历史、珍视历史、全面发展的中国人。这也正是我们学习中国传统文化的目的。

二、学习中国传统文化的意义

(一) 有利于帮助我们了解历史，深化民族自我认识

当前世界的开放程度达到新的高度，特别是在互联网的串联下，世界各国人民的沟通愈加频繁，文化交流的深度与广度也与日俱增。面临这样的时代背景，中华民族和中国文化应该以什么样的姿态参与到世界性的竞争合作，是每一位具有责任感和担当感的炎黄子孙所需要深思的问题。相比于一些具体、实在的表体特征，如发质、皮肤，要准确把握好一个民族的文化特征，显然具有更大的挑战性。但是，这并不意味着文化无踪可循，相反，每种民族文化总会展现出其主色调、主旋律的一面，是民族文化的规律性表达。这种规律性的表达就其外在表现而言，就是民族精神。民族精神的存在就是不同民族间相互区别的现实依据。通过学习中国传统文化，我们可以更加深入地认识自己，理解文化传统，领略中华民族精神的风采。

(二) 有利于帮助我们引发思考，深刻认识当前国情

对于年轻一代的中国人来说，实现中华文化的伟大复兴和祖国的繁荣昌盛是义不容辞的责任。要实现这一宏伟目标的前提就是深刻认识当前中国的国情。所谓国情，并不是虚无缥缈的空洞物，实质是文化发展的历史及现状。在取得现有的成就之前，中国的发展走过了曲折和艰辛，在接下来的前进道路上，也必然充满挑战。几千年的传统文化不仅是我们的财富，更是对我们的一种无声的鞭策。如何在传递这种历史的厚重感中提升和发展文化，将是我们所要担负的重任。对于外来文化的积极因素，我们还没能完全为我所用，但其消极的影响却已赤裸裸地展现，值得忧虑和深思。深入地对比剖析传统文化和外来文化对今日中国的影响，总结历史的经验和教训，是认识国情的必要工作，也是创新传统文化的必要前提。

(三) 有利于帮助我们理性务实，继承创新传统文化

“人们创造自己的历史，但是他们不是随心所欲地创造，并不是在他们自己选定的条件下创造，而是在自己直接碰到的既定的、从过去继承下来的条件下创造。”[①]中国传统文化就是属于中华民族的“直接碰到的既定的、从过去继承下来的条件”，对中国人的过去、现在和将来产生深远影响。正是得益于传统的存在，历史才能得以延续和发展，一代又一代中华优秀儿女所创造出的精神成就和物质成就才得以保存和传承。所以，文化传统不仅是博物馆中的陈列品或者图书馆中的诗书典籍，还活跃在人们的日常生活中，而且必将在生活中不断完善和发展，贯穿于人类社会发展的始终。每一个愿意投身于民族复兴伟大长征的中国人，都应该自觉地了解传统、分析传统、掌握传统、创新传统。加强对中国传统

---

① 马克思，恩格斯. 马克思恩格斯全集(第四卷)[M]. 北京：人民出版社，1995.

文化的学习和研究，有利于培养我们理性的态度和务实的精神，帮助我们更好地继承和创新传统文化。

三、学习中国传统文化的方法

中国传统文化博大精深。只有掌握了正确的学习方法，才能对中国传统文化形成正确的认识，把中国传统文化做到内化于心，外化于行。因此，我们要注意以下几种学习方法。

(一) 认真梳理历史的发展脉络，用逻辑方法分析传统文化

中国传统文化在漫长的历史进程中形成了独树一帜的风格，蕴涵丰富的内容。在学习中国传统文化时，我们需要对其来龙去脉具有清晰的了解，也要懂得辨别什么才是中国传统文化的精髓，避免陷入历史无穷无尽的旁枝末节中。这就要求我们掌握历史和逻辑相结合的方法，才能让学习达到事半功倍的良好效果。历史的发展不是一成不变的，充满着偶然性和曲折性，这启示我们在学习历史时，不能被历史表象所迷惑，要学会透过表象来分析事物的本质，挖掘出一个个看似偶然事件背后所隐藏的规律性的东西。用逻辑的方法来分析历史、总结历史，思考文化的既往与开来。只有对自己民族的历史有了清晰的认识，才能继承和理解自己的文化传统，也才能创造出生机勃勃的新文化。

(二) 仔细研读经典文化著作，在社会实践中领悟传统文化

读万卷书，行万里路。将文本阅读与社会实践相结合，历来是我们学习中国传统文化的基本方法。文化著作是中国传统文化要义的载体，研读这些书籍，尤其是具有经典意义的文献，更能帮助我们加深对中国传统文化精髓的理解。但是，文化有大文化和小文化之分。小文化是指记录政治、经济、历史等内容的典籍文化，而大文化涉及范围甚广，囊括社会百态、众生万相。因此，中国传统文化更多是以多种形式来得以展现，而不拘泥于文本的形式，例如众多的文化遗址、风俗习惯、宗教仪式等。这就要求我们拓宽研究视野，将目光投射到书本之外的历史遗迹、社会生活等多种领域，将知与行统一起来，把典籍研习与社会实践统一起来，互相对比，互相补充，动态、全面地把握中国传统文化。

(三) 树立批判的思维和态度，在继承和发展中创新传统文化

中国传统文化之所以能有辉煌的历史成就，要归功于我们先辈们的详尽研究和卓越创造。这是人类智慧的结晶，需要我们去继承这一珍贵遗产。但在继承的过程中，我们要牢树正确的态度，学会用批判的眼光来对待中国传统文化。一方面，我们要肯定历史存在的意义和价值，对于传统文化中已经过时，甚至是腐朽的部分，更要大胆地予以剔除；另一方面，我们要突破前辈认识陈旧和思维定式的束缚，结合社会发展的需要，努力地开拓文化发展的新思路、新途径。总而言之，我们必须以高度的责任感和使命感，实现扬、弃结合，在继承好先贤们辉煌成就的同时，发扬光大历史文化，继承历史的优

良传统，努力实现中华民族文化的繁荣昌盛。

(四) 虚心学习西方优秀文化，保持高度的文化自觉和行动担当

百折不挠、生命力旺盛是中国传统文化的一个重要品质。也正因为如此，中国传统文化才能穿越时空，在当今社会展示博大精深、源远流长的一面。在学习中国传统文化时，我们要对自己国家的优秀文化传统保持应有的礼敬和自豪，对文化的生命力量和发展前景树立坚定执着的信念，同时对外来文化采取包容、借鉴态度，吸收西方文化的营养，以我为主，为我所用。为了中国的未来，也为了世界的未来，中国传统文化必须走出国门，与西方文化深入“对话”，这是中国未来的需要，也是世界未来的需要。而走出国门的中国传统文化，就其内容而言，在兼顾现当代优秀文化的同时，要以中国传统文化为主，否则，断难从根本上杜绝西方“妖魔化”中国的企图与言行，亦断难建立和谐和平的世界。在文化自信的基础上，我们更应该认识到，一个国家的强大兴盛离不开文化，一个民族的传承延续离不开文化，整个社会的发展进步离不开文化，这就需要我们实现对中国传统文化价值的内在意识觉悟和实际行动担当，不仅深刻认识中国传统文化的本真意义，还要理所当然地参与文化建设、推动文化发展和引领文化进步。

本章思考题

1. 什么是中国传统文化？
2. 我们为什么要学习中国传统文化？
3. 我们要怎样学习中国传统文化？

第二章

中国传统文化综述

中国传统文化源远流长，博大精深，典籍丰富，流派繁多，蔚为壮观。其历史之悠久，底蕴之深厚，内容之丰富，影响之深远，长期雄居于世界文化之林，是世界上其他国家任何一种文化所不及的。要全面了解和研究中国传统文化，首先必须弄清中国传统文化的类型和主要特点；其次，要认识中国传统文化赖以生存的地理环境以及地理环境对传统文化的影响；最后，要了解中国传统文化的流变与分期。

第一节　中国传统文化的类型

“文化类型”(culture type)这一术语是美国民族心理学家拉尔夫·林顿在1936年出版的《人的研究》中提出的。中国传统文化是一个包含不同派别的、内容庞杂的文化总体。目前，学术界关于中国传统文化类型，主要有以下三种意见。

一是按地理环境区分为河谷型、草原型、山岳型、海洋型，认为河谷型的特点是内聚力和容纳性强，草原型的特点是流动性和外向性明显，山岳型的特点是封闭性和排他性突出，海洋型的特点是开放性和冒险性突出。河谷型文化是一种以农业为主体的混合型文化，由于其自身的内聚力和容纳性，所以几千年来融合与同化了周围众多的草原型、山岳型和海洋型文化，并使其内涵逐渐丰富起来，成为中国传统文化的主要类型。

二是按生产方式区分为农业文化、工商文化、游牧文化，认为中国传统文化孕育在一个农业宗法社会的母体之中，农业经济一直是中国古代社会的主干。长期的农耕生活使中国人形成了安土重迁[①]、追求稳定和缺乏冒险的精神，甚至把工商贸易视为“末业”加以抑制。因此，农业文化是中国传统文化的主要类型。

三是按哲学思想区分为儒家文化、道家文化、法家文化、佛教文化，各家思想共同构成了中国传统文化的核心内容，但儒家思想始终处于主导地位。在这一格局下，各家思想相通互补、互为关联，从而形成了中华民族共同的理想人格、价值观念和思维定势，中国传统文化由此定位为伦理政治类型。

---

① 出自《汉书·元帝纪》：“安土重迁，黎民之性；骨肉相附，人情所愿也。”土：乡土；重：看得重，不轻易。安土重迁，就是安于本乡本土，不愿轻易迁移。

第二节　中国传统文化的主要特点

中国是四大文明古国之一，漫长的历史积淀使中国传统文化的内容十分丰富，同时又具有非常鲜明的民族特性。对于中国传统文化的特点，目前虽然有学者从不同的角度得出许多不同的结论，但本质上是相同的。我们认为中国传统文化具有以下几个方面的显著特点。

【课外延伸】

四大文明古国是国际上认可度较高的关于世界四大古代文明的统称。分别是古巴比伦(位于西亚)、古埃及(位于北非)、古印度(地域范围包括今印度、巴基斯坦等国，位于南亚)和中国(位于东亚)。

四大文明古国实际上对应着世界四大文明发源地，分别为美索不达米亚、古埃及、古印度、中国这四个大型人类文明最早诞生的地区，而稍后的爱琴文明未被包含其中。四大古文明的意义并不在于时间的先后，而在于它们是现在文明的发源地和对所在地区的影响。

一、崇尚统一　绵延不绝

(一) 统一性

中国传统文化的统一性主要表现在政治的统一和民族的融合。

从政治方面看，中国文化经历了持久的统一过程。中国的“大一统”思想由来已久。早在西周时期，“一统”的观念已初步形成。西周的大一统思想，是西周封建和分封制度的产物，如《诗经》中“普天之下，莫非王土；率土之滨，莫非王臣”。还有《礼记·曾子问》中：“天无二日，土无二王，家无二主，尊无二上。”在这两部儒家经典里都集中体现了“天下一统”的观念。春秋以来，孔子心中的理想帝王就应握有一统天下的权威，所谓“礼乐征伐自天子出”[①]。儒、道、墨、法等各派思想中都潜藏着大一统的身影。而“大一统”一词的正式提出，始见于《公羊传·隐公元年》：“何言乎王正月？大一统也。”在“大一统”思想中，“大”是作为动词，表“推尊”“推崇”之义；“一”是元，“统”是始，“一统”就是元始，元始就是万物(包括政治社会)的本体。“一统”的本义是指政治社会自下而上地归依于一个形而上的本体，而不是自上而下地以一个最高权力为中心来进行政治范围的集中统一。简言之，一统是指政治上的统一，在西周时期是指天下诸侯皆统系于周天子。因此，最初的“大一统”概念不是现代人所认为的自上而下地建立一个地域宽广、民族众多、高度集中、整齐划一的庞大帝国。“大一统”是中国早期国家建立之理念，后来才引申为国家在政治和文化上的高度统一。春秋战国时期，争霸称雄的诸侯国通过兼并战争完成了地区

① 出自《论语·季氏》。

性的统一，国家领土不断拓展，国家权力不断趋向集中。这个时期所形成的中国统一基本构想就是，不以种姓分割天下，而以天下包容各族，成为秦统一的基础。这一构想最终由“海内为郡县，法令由一统”的秦朝变成了现实。从秦始皇开始，“天下之事无大小，皆决于上”①。汉代董仲舒对“大一统”观念进行了系统的理论阐述，他说：“《春秋》大一统者，天地之常经，古今之通谊也。”②这是说，封建的大一统是天地古今之道，是不可改变的。有了大一统的国家，必须具有适应这种大一统国家的统一思想，只有上下统一，才能保证法制号令规章制度的畅行。自秦以后，中国封建社会虽然在某个时代处于封建割据状态，但分裂是短暂的，统一始终是中国历史的主流。各朝各代的统治者与被统治者都认同统一，认为只有统一才能创造开明的政治、繁荣的经济和文明的社会，国家才能强盛，百姓才能安居乐业。以江山统一为乐，以社稷分裂为忧，大一统思想便逐渐转化为民族文化深层结构的社会心理和永志不移的政治价值取向。中国古代的大一统王朝有秦朝、西汉、东汉、西晋、隋朝、唐朝、元朝、明朝、清朝，北宋是不是大一统王朝在史学界尚有争议。中国“大一统”思想为秦以来建立的专制主义中央集权国家提供了理论基础。

中国文化的统一性特征，与中国境内各民族的融合息息相关。民族融合是指历史上两个以上的民族，因杂居相处、互相通婚等原因，社会和文化互相渗透、相互影响，差异性缩小，共同性增多，最终融为一体，合而为一个民族③。民族融合是多民族国家的普遍现象，是历史发展的必然趋势。中国是一个历史悠久的多民族国家。在中华民族的大家庭中，无论是哪一个民族，其血缘和文化的来源都是多元的。汉族有少数民族的血缘和基因，少数民族也有汉族的血缘和基因，各少数民族间血缘和基因也相互渗透。中华民族是各民族血缘和基因的融合体。中华民族的形成和发展是一部充满互动和融合、从多元到一体的历史。没有历史上多次民族大互动、大迁徙、大融合，中华民族就不可能形成，中国也就不可能长期保持统一和稳定。从历史上看，中华民族大融合主要历经四个时期。一般认为，春秋战国时期是第一次民族大融合时期，魏晋南北朝时期是第二次民族大融合时期，五代十国时期是第三次民族大融合时期，辽宋金元时期是第四次民族大融合时期。这几个时期都是战乱不息、民族迁徙、互动较大的时期，其结果是造成众多民族交错杂居，互为婚姻，并采用中原文化，汉族也因此得到不断壮大和发展，这又是一种非常耐人寻味的文化现象。

中华民族大融合主要是文化上的融合。先秦时期的夷夏之分，主要是文化的区别，而不是血缘或种族的划分。孔子作《春秋》曰：“诸侯用夷礼，则夷之；夷而进于中国，则中国之；此春秋大法也。”其大意是中原地区的人如果进入了边远民族地区，采用少数民族的文化习俗，他们就成了少数民族。这些民族地区的人到了中原，采用华夏文化习俗，他们就成了华夏族。华夏与夷狄的区别不在于血统，而在于文化。先秦时期的“夷夏之辨”所要辨的，并非夷狄与诸夏在种族意义上和血统意义上的差别，而是二者在文明程度上的差

---

① 出自《史记·秦始皇本纪》。秦朝开始，史书中写到皇帝时用“上”代称。“天下之事无大小，皆决于上”意思是全国的军政事务，无论大小都由秦始皇一人裁决。

② 出自《汉书·董仲舒传》。

③ 何星亮. 中国历史上民族融合的特点[N]. 中国民族报，2010-03-12.

别。所谓“以夏变夷”是以较高水平的华夏文化改变较低水平的少数民族文化。少数民族采纳华夏文化变为华夏之人的现象较为普遍，如我国匈奴族从后汉至南北朝的汉化，鲜卑族在南北朝时期的汉化，契丹、女真在辽、金、元时的汉化等。华夏之人采用少数民族文化变为少数民族的现象在历史上也有不少事例，较为典型的如夏朝灭亡后，夏桀之子带着本族部分成员迁徙到漠北草原，与当地土著融合，成为漠北的统治者。后因夏王族人数少，逐渐融入匈奴，仅保留龙图腾崇拜的一些习俗。再如北齐的高欢，祖籍渤海蓨(今河北景县南)，后移居鲜卑人居住地区怀朔。史称高欢自小在怀朔长大，“累世北边，故习其俗，遵同鲜卑”。而高欢不仅有一个“贺六浑”的鲜卑名字，还娶了一个鲜卑贵族出身的娄昭君之后为妻，成为鲜卑化的汉族人。他曾掌东魏兵权，称大丞相，以晋阳为基地，东征西讨。其子高洋建立北齐，追其为神武帝[①]。

中华民族强大的凝聚力是在各民族共同创造中华文明的历史进程中，经过长期的融合不断锤炼形成的。中国文化的同化力和融合力是在历史中形成的，因此，它不是简单的偶然的文化现象，而是一种文化生命力的表现。具有如此强大的文化生命力的民族，在世界历史上都是少见的。汤因比在20世纪70年代初期就指出，“就中国人来说，几千年来，比世界上任何民族都成功地把几亿民众，从政治文化上团结起来。他们显示出这种在政治、文化上统一的本领，具有无与伦比的成功经验”。这种文化的同化力和凝聚力也是中国传统文化保持完整性和统一性的内在动力。“中国传统文化在其历史发展的长河中，逐渐形成了一个以华夏文化为中心，同时汇集了国内各民族文化的统一体。这个统一体发挥了强有力的同化作用，在中国历史上的任何时刻都未曾分裂和瓦解过。即使在内忧外患的危机存亡关头，在政治纷乱、国家分裂的情况下，它仍能够保持完整和统一。这一特征是在世界任何民族的文化中都难以找到的。”[②]

(二) 延续性

就世界范围而论，中国古代文化虽然是世界上最古老的文化之一，却不是最早的。但在世界上所有古老的文明与文化中，唯有中国传统文化表现出最顽强的生命延续力。这种无与伦比的生命延续力，使得中国传统文化成为世界上唯一绵延不绝发展至今的一种文化类型。在人类历史上，多次出现过因为民族入侵而导致文化中绝的悲剧，如印度文化因雅利安人入侵而雅利安化，埃及因亚历山大大帝国占领而希腊化、凯撒占领而罗马化、阿拉伯人移入而伊斯兰化，希腊罗马文化因日耳曼蛮族入侵而中绝并沉睡千年。但是，在中国，此类情形从未发生。文化学界将七个古代文化——埃及文化、苏美尔文化、米诺斯文化、玛雅文化、安第斯文化、哈拉巴文化、中国文化——称为人类原生形态的“母文化”。而在它们之中，中国文化持续至今而未曾中辍，表现出无与伦比的延续力。在漫长的历史发展过程中，中国古代文化虽未受到远自欧洲、西亚、南亚而来的威胁，但也屡屡遭到北方游牧民族的军事冲击，如春秋以前的“南夷”与“北狄”入侵，十六国时期的“五胡乱华”，

① 何星亮. 中国历史上民族融合的特点[N]. 中国民族报，2010-03-12.

② 李中华. 中国文化概论[M]. 北京：华文出版社，1994.

宋元时期契丹、女真、蒙古人接连南下，直至明末满族入关。这些勇猛剽悍的游牧民族虽然在军事上大占上风，甚至多次建立起强有力的统治政权，但在文化方面，却总是自觉不自觉地被以华夏农耕文化为代表的先进的中原文化所同化。匈奴、鲜卑、突厥、契丹、女真、蒙古等游牧或半农半牧民族在与先进的中原文化的接触过程中，几乎都发生了由氏族社会向封建社会的过渡或飞跃。军事征服的结果，不是被征服者的文化毁灭与中断，而是征服者的文化皈依和进步。而在这一过程中，中国传统文化又多方面地吸收了新鲜养料，如游牧民族的骑射技术，边疆地区的物产、技艺等，从而增添了新的生命活力。正是从这个意义上我们说中国传统文化犹如万里长江，是由无数高山上的涓涓细流，汇合成奔腾的大河，一直向前发展，从不中断，直到汇入大海。所以，中国传统文化在发展中既是一脉相承的，又汇入综合了我国各民族的智慧，形成了独特的具有强大生命力的文化体系，成为人类文化史上的伟大奇观。在北京中华世纪坛(见图 2-1)的《建造序言》里有这样一句话："文明圣火，千古未绝者，唯我无双；和天地并存，与日月同光。"中华文明之所以绵延不绝，一个重要原因就是文化的力量深深地熔铸在中华民族的生命力、创造力和凝聚力之中。

图 2-1　中华世纪坛

二、伦理至上　心怀天下

(一) 重人伦、轻自然

中国传统文化有各种表现形态，居中心地位的是以伦理道德为核心、以儒家伦理中心主义为出发点的信念。中国传统伦理政治思想，不仅决定了中国古代人的文化人格，而且决定了中国传统文化的民族特征。中国传统文化是人类历史上最成熟的伦理文化之一，两千多年前便形成了较完备的理论形态和实用化、世俗化的基本价值取向，具有积极的入世功能。它之所以能够绵延不断，作用至今，实在得益于伦理—政治这一文化类型的粘合作用。

道德作为维系社会正常生活的纽带，总是与政治问题密不可分，成为政治文化的主要内容。其突出表现则是“德政”思想，即强调道德感化作用和身教作用，不仅把道德实现视为人生实现的最真实内容，还是政治上的最终目标，同时把道德的社会政治的实现视为理想的社会形态。伦理—政治型文化观认为，道德人格在社会生活与政治生活中有一种无形的，然而却是强大的影响力，道德威力是一种比法律更为重要、更为有效的统治手段。封建统治者主要用伦理训条，而非法律精神治理国事；每个人首先考虑的不是遵从国家法治，而是如何在错综复杂的人际关系中履行伦理义务。中国传统文化以德立言，提出“内省”“慎独”等系统的道德修养理论，作为个体自我修养的原则。“修身”是中心环节，“格物、致知、诚意、正心”是修身的内容，而“齐家、治国、平天下”乃是在修身基础上“明明德”的三个扩展步骤，即所谓以内圣求外王，提倡立德、立功、立言等。至于中国历代名贤则是以自己的实践，正面强化了立德、立功、立言的思想，引导人们以求善名为立身行事的重要目标。中国传统文化作为一种伦理—政治型文化，对维护专制王权起到极为重要的作用，受到统治阶级的格外推崇。因此，它很难摆脱保守主义的局限，在封建社会条件下,也难以突破宗亲血缘关系而达到趋向人的独立价值存在和自主人格的人学本体层次。它在维护既定社会结构的稳定和人伦关系和谐的同时，也失却了改造现实、引导人们进取开拓的超越目的性力量。

中国传统哲学的特点是“一天人”“合知行”“同真善”，不把外在自然界作为一个客观的认识对象来研究，而把它作为一个具有人伦情感的整体来体验，其结果是不注重探求自然规律，只注重践履人伦关系、道德原则。儒家思想在这方面表现特别明显。以孔子为例，据统计，《论语》中有关自然知识的材料共54条，涉及天文、物理、化学、动植物、农业、手工业等方面的现象，不可谓不丰富，但究其内容都是“利用自然知识以说明政治、道德方面的主张，而不以自然本身的研究为目的”。古代哲人们普遍认为“万物与我为一”，单纯自然的东西被看作雕虫小技。孔子曾背后斥责热衷于农耕园圃的学生樊迟为“小人”，强调“君子博学于文，约之以礼”①；汉代董仲舒、唐代韩愈都继承了先秦儒家的这种精神宗旨，宋明理学更是把关于伦理道德的知识看作唯一真正的学问。中国封建教育制度与科学技术相脱节，教育内容、考试内容都排斥科技知识，用行政力量将儒家重人伦、轻自然的传统固定下来，尤其是隋唐以后的科举制度，更驱使士人记诵章句之学，对儒家经典奉若神明，而在古代学术史上，关于严密逻辑结构的理论和关于技术性控制的实验，以及二者之间相互联系验证的操作，都没有得到重视和发展。当然，我们应该看到，从汉唐到宋元明，中国的科学技术在相当长的时间里居世界领先地位，但是，当16、17世纪近代自然科学在西方产生并大踏步前进的时候，中国却落后了。直到19世纪为止，中国思想史上从来没有出现一次科学革命，中国的自然科学长期停留在经验或技术的水平上，没有形成

① 出自《论语·雍也》。

近现代形态的各种自然科学理论体系。这其中的原因是多方面的，从文化史的角度看，中国传统文化重人伦而轻自然的倾向，也是其中主要原因之一。

(二) 群体主义

中国传统文化以社会群体作为价值主体形成了一种社会本位的价值系统。社会群体被看作产生一切价值的最终依据，以社会群体作为产生文化价值的实体。肯定社会群体的价值具有形而上的意义，一切价值和意义皆是由社会群体派生出来的。相反，一切个体皆没有独立的自己的价值。个体的存在和价值完全是由社会群体派生的。一切个体只有在满足社会群体的要求、实现社会群体的利益时才能获得自己的价值。一切对个体有用的东西如果不把它纳入社会群体的价值系统中就得不到价值肯定。个人不但不是独立的价值实体，也没有衡量、评价价值的独立地位。整体主义原则是中国封建社会最重要的道德原则，它认为群体的利益绝对高于个人的利益，个人的个性、尊严、价值是微不足道的、偶然的。以家族、血缘、宗法和自然情感为脐带，培养群体人格，于是，以天下为归依的“孝”和“忠”便成为传统文化价值观的核心内容，其中，孝视为忠的基础。“为家尽孝”和“为国尽忠”也成为中国人推崇的两大美德。

(三) 宗法制

中国社会的最大特征是家族本位，家构成社会的本位与本体。个体的社会角色首先是家庭成员，然后才是社会公民。血缘在中国伦理中，不仅是一种基本的人伦关系，而且是其他一切关系的前提。在血缘文化中，由于社会伦理是从家族中诞生的，家庭命运也就是个人命运，家族便成为中国伦理的本位。

就生产力而言，中国传统社会属农业社会形态，其社会的基本单位为家庭。家庭承载着生产、生活和繁衍后代的主要功能，由家庭为中心辐射和扩散的血缘关系形成农业社会的主要联结纽带。从家庭—家族—宗族的血缘关系衍生出维护和强化这种关系的宗法文化，并上升为儒学，成为中国古代的正统和主流文化。宗法，是指调整家族关系的制度，它源于氏族社会末期的家长制，依血缘关系分大宗和小宗，强调前者对后者的支配及后者对前者的服从(见图 2-2)。中国君主制国家产生之后，宗法制与君主制、官僚制相结合，成为古代中国的基本体制和法律维护的主体，在历史上还是西周的重要政治制度。这种宗法制是以血缘关系为基础，核心是嫡长子继承制。理论化、组织化的宗庙族祠制度，是宗法制度赖以存在发展的基础。在宗法文化主导下，国家也成了皇帝的家天下。两千年来，中国历经多次改朝换代，也出现过动乱分裂，但政治文化的主体并未发生实质性的变化，核心仍是宗法文化。宗法文化至今仍影响着现代中国，包括社会、政治、文化、经济等诸多层面。

中国传统文化往往是把人作为整体的“类”来理解，即认为人是社会动物，把人的个体价值归结为人的社会价值，以社会标示个人，强调人的社会义务与责任，强调人对社会的服从。个人在宗法血缘的纽带上，在家与国同构的网络中，都有一个特定的位置。这个特定位置是个人存在的根据，个人正是凭借这个位置，与他人组合成个体与社会的一体化结构。要求人们推己及人，营造社会群体的团结和谐氛围，还要求人们对社会有牺牲奉献精神，用以维系社会群体的存在和发展。这样，人与人、人与社会、国家整体关系的联系，在外观上都蒙上温情脉脉的宗法血缘的面纱。

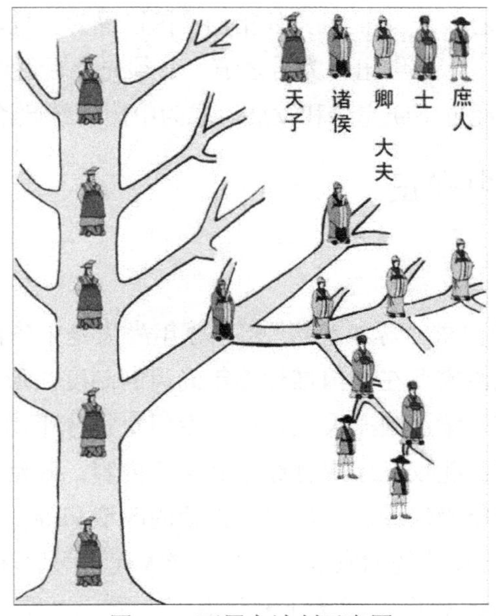

图 2-2　西周宗法制示意图

中华民族因为群体意识的作用，有着强大的向心力和凝聚力，讲求为国为民献身，以一己之私为耻，促进了个体对家国义务的履行，民族传统文化因而能经受种种冲击、考验，连绵不断，长久不衰。然而，它也诱发了家长主义、王权主义乃至专制主义，抑制了人的个性和能动性的充分发挥。

(四) 民本思想

中国传统文化的民本思想渊源深远。民为邦本思想在夏朝就已出现，始见于《尚书·五子之歌》①“皇祖有训，民可近不可下。民惟邦本，本固邦宁”，意思为祖先早就传下训诫，人民是用来亲近的，不能轻视与低看；人民才是国家的根基，根基牢固，国家才能安定。孔子曾指出：“民以君为心，君以民为体。”“心以体全，亦以体伤。君以民存，亦以民亡。”②荀子还曾形象地说：“君者，舟也；庶人者，水也。水则载舟，水则覆舟。”③荀子认为“庶人安政，然后君子安位”④。孟子提出“民为贵，社稷次之，君为轻”⑤的“民贵君轻”说，并以此构建了以“仁政”为核心，以性善论为基础和特色的完整学说。孟子的民本思想与国家利益、国家命运紧密联系在一起，他呼吁关心、关注民众的利益和疾苦。《春秋·谷梁

① 夏朝时期，禹的孙子太康即位，他荒淫无度，百姓为之悲哀，他到洛水南面去打猎，穷国君主羿趁机篡夺了夏国的政权，太康的母亲和五个弟弟被赶到洛河边，太康的弟弟追述大禹的告诫而作《五子之歌》，表达怨恨与哀悔。

② 出自《礼记·缁衣》。

③ 出自《荀子·王制》。

④ 出自《荀子·王制》。

⑤ 出自《孟子·尽心下》。

传》则说"民者，君之本也"。民为邦本的思想在以法家思想为指导的秦王朝遭到摒弃，但通过秦末农民起义和秦王朝的速亡，人们对这一思想进一步加以肯定。西汉的政治家贾谊不仅重新强调"民者，诸侯之本也"，而且具体指出"国以民为安危，君以民为威侮"[①]。唐太宗李世民则从隋亡的教训中，总结出"为君之道，必须先存百姓"[②]的道理。在中国几千年的封建社会中，民本思想经过不断完善和发展，成为中国传统政治文化的重要内容。

三、崇老尚古　持中守正

(一) 尊年尚齿

宗法伦理的基本精神要求"尊年尚齿"[③]。尊年尚齿是中华民族的传统美德，形成于尧舜时期，西周时期为统治需要在全国推行尊年尚齿的制度，形成了中华尊年尚齿礼制，其主要内容有：收养外族长辈；国家设置官吏，专门负责尊年尚齿；免除徭役，生活上给以保障；政治上给以优待；礼仪程序中有尊年尚齿的内容；政治体制上体现出对老者的尊重与重用等六个方面。尊年尚齿经过历代封建王朝的改造和推行，成为维护贵族统治的行为规范和社会准则。首先，在传统的农业社会里，老人代表经验和传统，"老"意味着智慧、德行、威信、权力等，因此孟子说："天下有达尊三：爵一、齿一、德一。"[④]传统的传授、监督、检查的权力都集中在长者手中。老人集家长、师长身份于一身，在他的生活范围里，既是专制的君主，又是神圣的教主。其次，对于年长于己者的尊敬称为尚齿，尚齿要求按出生年月排列以示尊重。因此，儒家视"孝"为"仁"之本，而孟子的仁政理想中对老人的衣帛、食肉都作了构想。尊年尚齿传统客观上保留了古文化，有利于继承发扬传统，同时也形成了一种因循守旧、依傍前人的思想作风，阻碍了创造性思维的发展。

(二) 信而好古

任何民族文化中都有对历史的回顾和对未来的憧憬。中华民族的价值观念是以上古的"黄金时代"为价值取向，以恪守宗法伦理道德作为最高的人格理想，以宗法社会的传统作为价值评判的标准。一方面，建立在农业基础上的宗法社会，只求稳定不求发展，以尚古为美德。政治伦理讲正统，学术思想讲道统，文学艺术讲文统，信而好古[⑤]，"我注六经"[⑥]。崇古的同时，又以经验至上，人们总是回头向过去寻找社会理想，法先王之道，复"三代"之礼，把上古三代时期氏族社会的粗陋生活图景当作最高的社会追求和理想境界。另一方面，求稳喜静，厌恶变革。一切可能给生活带来不确定性和风险的东西，都使人紧张、担心。多言多败，多虑多事，认为社会变革不是无事生非，也是自寻烦恼。崇古

---

① 出自《新书·大政》。

② 出自《贞观政要·君道》。

③ 出自唐·令狐德棻等《周书·武帝上》："尊年尚齿，列代弘规，序旧酬劳，哲王明范。"

④ 出自《孟子·公孙丑下》。

⑤ 出自《论语·述而》："述而不作，信而好古。"意思为相信古代传下来的东西，只复述而不创作。

⑥ 出自宋·陆九渊《语录》："或问先生：何不著书？对曰：六经注我！我注六经！""我注六经"意即帮助阅读者尽量理解六经的本义。六经是指经过孔子整理而传授的六部先秦儒家经典，即《诗》《书》《礼》《易》《乐》《春秋》的合称。

意识的浓厚，还表现为祖先崇拜与先王崇拜观念。原始宗教中就形成祖先崇拜，殷周时代把天帝与祖先神联结到一体，形成先王崇拜。儒墨道法各派皆法先王以重其说，借先王以推行其政治理想，其中又以儒家的先王崇拜观念最典型、最完善，对后世影响最大。宗法社会本所固有的尊祖敬宗的伦理观念，被儒家理想化、完善化，得到进一步强化。先王崇拜与尊祖敬宗皆是以宗法社会尚古心理为内在依据，经过思想家们的理论强化，遂成为中国文化重要特征。

(三) 致中和　守正道

中和是中庸之道的主要内涵。中和，本指中正平和，以后引申为符合中庸之道的道德修身境界的一种原则。中和出自《礼记·中庸》："喜怒哀乐之未发，谓之中，发而皆中节，谓之和；中也者，天下之大本也；和也者，天下之达道也。致中和，天地位焉，万物育焉。"这句话的意思是喜怒哀乐没有表现出来，叫作中；喜怒哀乐情绪表现出来适度有节，叫作和。中是天下最大的根本(务本)；和是天下通行的道理(乐本)。君子达到中和，天地都会赋予他应有的位置，万物均能各得其所，达到和谐的境界。中国人有着强烈的"中"的意识和崇拜，中国古代特别注重中土、中原、中州。中原与四夷，以及由此而扩展延伸的四海、九州、神州、天下，这和中华文明发源地中原地区所处的地理位置紧密相关。西周初年周公(姬旦)[①]就在阳城(今登封市告成镇)建立了周公测景(影)台[②](见图 2-3)，以为此地是天下之中。他认为，在天上北极星是众星之王，号称"天帝之星"，位于天的中央。那么观星台就必须建在地的中央。经测定，他认为阳城为"天下之中"。于是，他就在这里立圭表测日影。其制与《周礼》所记土圭测日影之说相符。

【知识小贴士】

《中庸》，原为《礼记》之一篇，旧说《中庸》是子思所作，其实是秦汉时儒家的作品，中国儒家的经典之一，它也是中国古代讨论教育理论的重要论著。北宋随着义理之学的兴起，程颢、程颐极力尊崇《中庸》。南宋朱熹又作《中庸集注》，并把《中庸》和《大学》《论语》《孟子》并列称为"四书"。宋、元以后，《中庸》成为学校官定的教科书和科举考试的必读书，对古代教育产生了极大的影响。《中庸》是我们民族的古典哲学，曾广泛而深刻地影响了中国历史的发展，在经济全球化的今天仍然光芒四射，为世人所瞩目。

---

① 周公，姬姓，名旦，是周文王姬昌第四子，曾两次辅佐周武王东伐纣王，并制作礼乐。因其采邑在周，爵为上公，故称周公。周公是西周初期杰出的政治家、军事家、思想家、教育家，而且在天文地理上也颇有建树，被尊为"元圣"和儒学先驱。周公一生的功绩被《尚书·大传》概括为"一年救乱，二年克殷，三年践奄，四年建侯卫，五年营成周，六年制礼乐，七年致政成王"。

② 周公测景(影)台：我国最早的天文观测仪器是专用土圭观测日影，而最早装置圭表的观测台是西周初年因周公营建洛邑选址时，曾在此建台观测日影而得名。表(直立的柱子)高八尺(267厘米)，圭是与表相连的座子。太阳照射表的影子落在圭上，夏至之日正午投影最短，仅有一尺五寸(50 厘米)，冬至日的日影则最长。利用土圭观测日影，就能比较准确地测定二至二分(冬至、夏至，春分、秋分)，测定出太阳年的长度，这为历法的制定提供了可靠的依据。在周初分封诸侯国时，周公还根据各地夏至时的日影长度来确定"诸侯受封土地的疆界"。该遗址位于今登封市告成镇。

图 2-3　周公测景(影)台

守正，语出《汉书·刘向传》:“君子独处守正，不桡众枉。”正，即正气，它代表着一种正义的精神和堂堂正正、至大至刚的人格力量。《史记·礼书第一》曰:“循法守正者见侮于世，奢溢僭差者谓之显荣。”司马迁认为有周以来，礼崩乐坏，世风良莠不齐，他号召人们要分辨是非，恪守正道，弘扬正气。守正，就是守住责任与担当，守住良知、守望高尚。守正，就要胸怀正气、行事正当。守正，就是要恪守正道。“正”者，大道也，既包含道德操守，又包含客观规律，还包含正确理论。一切被实践所证明了的正确东西，以及从无数次成功失败中得出的宝贵经验，都谓之为“正道”。《礼记·大学》论道:“心正而后身修，身修而后家齐，家齐而后国治。”“守正”是根基，一些根本性的东西被抛弃了，或变得似是而非，随之而来的往往不会是我们向往的自由和幸福，而是混乱和灾难。守正对于个人来讲是如此，对于一个国家来讲亦是如此。一些国家出现这样那样的问题，原因很多，但在守正与出新中迷茫，盲目求变而失去根基，是其重要原因。

【名言典故】 穷则独善其身，达则兼济天下

“穷则独善其身，达则兼济天下”出自《孟子·尽心上》，意思是穷困时就洁身自好修养个人品德，得志时就使天下都能这样。相传孟子对宋勾践说：“你喜欢游说各国的君主吗？我告诉你游说的态度：别人理解也安详自得；别人不理解也安详自得。”宋勾践问：“怎样才能做到安详自得呢？”孟子说：“尊崇道德，喜爱仁义，就可以安详自得了。所以士人穷困时不失去仁义；显达时不背离道德。穷困时不失去仁义，所以安详自得；显达时不背离道德，所以老百姓不失望。古代的人，得意时恩惠施于百姓；不得志时修养自身以显现于世。穷困时独善其身，显达时兼善天下。”意思就是，当一个人被时代和当局所器重时，就要负起重任，就要有所作为；在不被人看中时，就要不断地完善自己，甘于寂寞，修身养性，博闻强识。

四、兼收并蓄 多元一体

中华文化还有一个特点就是拥有巨大的包容性，即求同存异和兼收并蓄。从中华文明的发源上看，中华文明并非仅有黄河一源，长江中下游以及西辽河等区域同样是中华文明的重要源头。黄河文化和长江文化二者在发生的时间上是相同的，但有不同的特征。如果说黄河文化具有内陆文化的特征，那么由于长江自古以来航运便利，出海口通畅，长江文化已带有海洋文化的特征。黄河文化和长江文化反映在文化思想方面，也呈现出不同的风格特征。《诗经》作为写实主义文学的典范，产生在黄河流域；而浪漫文学的鼻祖《离骚》，则产生在长江流域。儒家思想的代表孔子和孟子，诞生在黄河下游；道家思想的代表老子和庄子，诞生在长江中游和下游。自古以来，黄河和长江这“两源”文化，就相互交融而各自存在。中华文化除了起源是多元的，学术思想也是多元的。儒、释、道三家并存，就是学术思想多元的表现。儒家在汉代地位隆起，直至唐宋元明清，一直占据主流。另外，老子、庄子的思想同样对中国文化有重要影响，他们的思想倾向于“自然化”，出发点和归宿都本诸自然，这与孔孟思想有很大的不同。如果讲孔孟是社会化的思想，所面对和解决的是人与人的关系；而老庄所面对和解决的是人和自然的关系，主张人和自然是一体的，弃绝任何目的性的刻意人为，而以随顺自然、崇尚自然、自然而然为旨归。除了孔孟代表的儒家、老庄代表的道家，还有佛教思想和道教思想。道教是中国的本土宗教，产生于东汉，在魏晋南北朝时期流行于南北社会，一直影响到后世，今天仍然存在。佛教是在东汉时期自印度传来，南北朝时期和隋唐时期佛教势力很大。佛教试图解决人生的痛苦特别是生死问题，给个体生命以精神的出路。佛教内部有很多宗派，经历了长期的中国化过程，直至演化出禅宗，主张通过自修达至精神的超越之境。在中国文化里面，除佛教、道教之外，儒家也一向称为“儒教”。需要解释的是，“儒教”的“教”，不是宗教的意思，而是教化的教。古代的官员，一般都负责一方的教化。唐以后有一种说法叫“三教合一”，就是说儒、释、道三家，不是有你无我、互相排斥、水火不容，而是互补共生的关系。在此可见儒家思想的包容性。因为自汉以来，儒家一直占据主流思想地位，如果不是儒家的包容性，佛道两家不可能获得充分发展的空间。儒、释、道关系，历来是互补的。由于儒家思想的包容，中华文化滋生出另一个特点，就是“不排外”，即使偏远地区，比较闭塞的地区，那里的民众也不排外，对异风异俗，能够采取一种尊重和欣赏的态度。中华文化是多元一体的文化，所谓“一体”，不是单指汉族，而是指整个“中华民族”。南北朝时期人才鼎盛，可以看到多民族竞争并立的局面。唐朝与东西南北各族的交流交往非常频密，和中亚文化互动频繁。唐朝之所以出现盛世局面，主要在于它的开放与包容。胡人和很多国家的人都可以到长安为官，和日本的关系也很热络①。因此，“中华”是个大包容的概念，中华文化的最大特点在于它的兼收并蓄和多元一体。

【重大发布】

2018 年 5 月 28 日，国家文物局发布了“中华文明起源与早期发展综合研究”成果。“中华文明起源与早期发展综合研究”简称为“中华文明探源工程”。项目于 2001 年被正式

① 刘梦溪. 学术与传统[M]. 北京：时代华文书局，2017.

提出，2016 年中华文明探源工程 4 期完成结项。中华文明探源工程以考古资料实证了中华大地 5000 年的文明。距今 5800 年前后，黄河、长江中下游以及西辽河等区域出现了文明起源迹象。距今 5300 年以来，中华大地各地区陆续进入了文明阶段。距今 3800 年前后，中原地区形成了更为成熟的文明形态，并向四方辐射文化影响力，成为中华文明总进程的核心与引领者。中华文明探源工程同时丰富了对人类文明起源的认知，实证了中华文明“多元一体、兼容并蓄、绵延不断”的总体特征。

第三节　中国传统文化的地理环境

任何文化的生成与发展，总是在一定的地理环境下实现的，不同的地理环境是不同的文化类型出现和不同的文化特征形成的深厚物质基础。中国传统文化也同其他各国文化一样，在其形成和发展过程中受到地理环境的影响。在文化的产生和发展阶段，由于人们对自然的支配能力远低于自然对人的影响力，地理环境就成了制约人类文化生成的首要因素。地理环境，从广义来说，可以分为三类：“自然环境(或称自然地理环境)、经济环境(或称经济地理环境)和社会文化环境”[①]。狭义的地理环境仅指“自然地理环境”。本章中探讨的地理环境即属后者。自然地理环境，主要指地形、地貌、气候、水文、植被、海陆分布等，总的来说，发展变化的速度较为缓慢，人们往往难以察觉。地理环境为塑造不同的文化类型和不同的文化特性提供了物质基础，决定了人们的生产、生活方式，决定了人们的饮食结构和习惯，自然而然地决定了他们的思维方式和行为方式，并最终决定了他们的文化特征。

一、中国地理环境的基本特征

(一) 四周天然阻隔、相对封闭

中国地处世界最大的亚欧大陆的东部，东临浩瀚的太平洋。除东南及东部面向海洋外，东北、北部、西北、西部、西南皆与欧亚大陆连接，但却被河流、沙漠或高原峻岭所阻隔，形成了一个相对封闭的地理单元。具体来说，中国西部是被称为亚洲中轴的帕米尔高原，它向四方伸延出几条大山脉，把亚洲分为东亚、西亚、南亚和北亚。这里高山峻岭，山路崎岖，虽有一线可通，且汉代已开通了丝绸之路，然而这干寒荒凉之地，在古代却是难以逾越的。中国西南是世界上最高的山脉——喜马拉雅山脉，它是中国与南亚的天然分界，难以逾越。另外，西南的横断山脉及其江河、热带丛林也是中国与南亚、东南亚的天然阻隔。中国北部是广漠无垠的草原和沙漠，地势起伏不大，在中国古代，从贝加尔湖到外兴安岭一线，南、北族人因严寒等原因又几无交往，形成了一个人文空间带。中国东部及东南是广阔的海岸线。

(二) 地势西高东低，自西向东呈现出三大阶梯式的地形地貌

具体来说，第一阶梯是西部的青藏高原，平均海拔在 4000 米以上，号称“世界屋脊”；

---

① 张岱年，方克立. 中国文化概论[M]. 北京：北京师范大学出版社，2004.

第二阶梯是青藏高原以北、以东，海拔在2000～1000米之间，蒙古高原、黄土高原、云贵高原、塔里木盆地、准噶尔盆地、四川盆地、汾河谷地等相间分布，地形复杂多样；第三阶梯则是北起大兴安岭，中经太行山，南至巫山、云贵高原东侧一线以东的中国东部地区，平均海拔在500米以下，海拔200米以下的东北平原、华北平原、黄淮平原、长江中下游平原及江南红土盆地都分布在这一地区，滨海地带更低于50米。

(三) 季风气候显著，各地干湿冷暖差别悬殊

就干湿度而言，中国大陆以距离海洋远近形成了从东南向西北由湿润、半干旱到干旱的逐渐递变。东部阶梯除华北以外一般湿润多雨，中部阶梯除云贵高原以外一般为半干旱、干旱气候，西北内陆则成为最干旱地区。就冷暖度而言，中国大陆由南向北以名山大川为天然分界，呈现出热带、亚热带、暖温带、中温带、寒温带的渐次递变。具体说，台南、滇南一线以南为热带，以北至秦岭、淮河一线为亚热带，以北至长城一线为暖温带，长城以北、以西为中温带，大兴安岭、黑龙江一带为寒温带。

中国传统文化赖以生存发展的地理环境并不是一成不变，也是处在不断运动变化之中的。地形地貌方面，从辽东湾到杭州湾的大部分沿海地区都是最近两三千年陆续成为陆地的。许多大江大河都有过决口和改道的历史，尤以辽河、海河、黄河、淮河最为突出。许多湖泊的形状、面积都发生了很大变化，有的甚至消亡，如洞庭湖、罗布泊、梁山泊等。植被减少、水土流失、草原退化、沙漠扩大等现象越来越严重，尤其是西北地区，许多绿洲和繁华城市消失，如古楼兰文明。气候方面，西北内陆在地质史上曾经是温暖湿润的地方，猿人时期今华北一带也比现在要温暖湿润得多，那时森林茂密，河流纵横，沼泽四布，虎、豹等猛兽时常出没，马、牛、羊、鹿等食草动物成群结队。尧舜禹时期，洪水横流，泛滥于天下。著名学者竺可桢指出五千年来中国气候的大势是由暖变冷。他将五千年的气候变化分为四个大的时期：温暖期(前3000—前1100)、寒暖交错期(前 1100—1400)、寒冷时期(1400—1900)、“仪器观测期”(1900—)。他同时认为，近3000年来我国先后于公元前1000年、公元400年、公元1200年和公元1700年出现了四次低温期①。

二、中国地理环境对传统文化的影响

中国自然地理环境对中国传统文化的影响是多方面的，其中主要表现在以下三个方面。

(一) 文化的多样性与多元一体格局

中国是一个幅员辽阔的泱泱大国，自然条件千差万别，地形、地貌、气候条件复杂多样。中国的南北跨越30个纬度，东西跨越60个经度，南北温差相差近50℃，东西年降水相差几千毫米，山脉和河流都有各种走向，这种自然特点把中国大地分成大大小小的不同区域。地理环境的复杂多样性导致了中国文化的多样性，各具特色的区域文化就是明证。早在先秦就形成

① 竺可桢. 中国近五千年来气候变化的初步研究[J]. 考古学报，1972(1)：15-38.

了各种区域文化，如中原文化、齐鲁文化、燕赵文化、三秦文化、荆楚文化、吴越文化[①]、巴蜀文化、岭南文化等，以后又有关东文化、草原文化、雪域文化、湖湘文化、闽南文化[②]等。这些区域文化各具特色，如中原文化人文渊薮、博大精深；燕赵文化多慷慨悲歌；荆楚文化轻灵精奇；湖湘文化朴质霸蛮；闽南文化重乡崇祖；岭南文化开放风气等。正所谓“百里不同风，千里不同俗”，不同的地理环境，使人们的生活方式与思想观念很不一样，衣食住行不同，风俗习惯也不同。中国有 56 个民族，每个民族都有自己的特色，各民族的文化是很不一样的。中国文化虽然存在巨大的多样性和差异性，但又具有统一性，形成了中国文化大一统的局面。各种文化共存构成了中国文化的显著特点，这正如《易经》所言“天下同归而殊途，一致而百虑”。这些风采各异的地域文化共同构成锦绣中华的历史画卷，成为世界民族文化的奇葩。

(二) 文化的封闭性与自成一体

一面临海三面环山相对封闭的地理环境，造就了中国文化相对封闭、独立的特性。中国的文化基本上是在本土上独立成长的，如儒家、道家、法家、阴阳家、道教等。这些思想和宗教流派在世界上自成一体，影响深远。又如汉字，汉字完全是中国人创造的，从伏羲画卦、仓颉造字到秦始皇书同文，中国人始终使用象形文字符号体系，不像其他的文字，如英文、法文、德文、西班牙文、印度文、阿拉伯文等，基本上都是来自腓尼基文字。又如中国的书画艺术，更是中国人的独创。中国的四大发明——造纸术、火药、指南针、印刷术，也是由中国人独立创造的。其他的中国文化也是如此。虽然也有外来文化通过陆上丝绸之路和海上丝绸之路传到中国，比如佛教，但佛教自它传入中国的那一天起，就一直是在按照中国文化发展的需要宣传自己的理论，当时的中国人是把它看作中国历史文化的一部分来处理的。经过中国化的佛教已经不是印度经院哲学的佛教，而是中国人自己引申发挥的，与印度本土的佛教大不一样。宗教是这样，其他的思想学说也是如此。在漫长的历史发展中，中国文化始终保持着一种自我状态独立地向前发展。

由于地理环境的封闭性，加上中国发达的农业文明以及中华先民的勤劳智慧，古代中国在西方近代文明兴起之前，长期成为世界东方乃至整个世界最强盛的国度，因而产生了“天朝上国”的自我陶醉、自我封闭观念。尤其是明清两朝基本上奉行闭关自守的对外政策，严重阻碍了中外经济文化的交流，影响了科学技术的进步，这是直接导致近代中国落后挨打屈辱历史的原因之一。

---

① 吴越文化又称江浙文化。一般意义上说，吴越文化泛指吴越地区即以“吴侬软语”为特征的吴语地区的文化。从分布区域上说，吴越文化区以太湖流域为中心，其范围包括今上海、江苏南部、浙江、安徽南部、江西东北部。以钱塘江为界，吴越文化可细分为“吴文化”和“越文化”，两者“同俗并土、同气共俗”，逐渐在相互交融、激荡、流变与集成中形成统一文化类型。总体而言，吴越文化具有海纳百川、聪慧机敏、经世致用、敢为人先的精神特质，与北方各区域文化形成鲜明的对比。河姆渡文化和良渚文化是吴越文化最为突出的文化形态。

② 闽南文化是一种超区域、超国界的文化。一般意义上认为，闽南文化是由闽南人及其移民后裔共同创造的、以闽南方言为载体的文化。闽南文化具有迁移文化、中原文化、海洋文化和百越文化的特征。林华东把闽南文化的精神内涵概括为：重乡崇祖的生活哲学、爱拼敢赢的精神气质、重义求利的价值观念和山海交融的行为模式。

(三) 典型的农耕文明与南北差异

人类的生命活动与水息息相关，中华文化从产生开始就呈现以河谷型文化为主的文化形态，中华民族在黄河和长江流域繁衍生息，创造辉煌灿烂的中国早期的黄河文明和长江文明。

中国的大部分地区处于亚热带和温带，非常适宜人类居住，其次东部地势平坦，大多是冲积平原，土地肥沃，还有许多源远流长的大江大河提供了农业灌溉和航运的便利。适宜的降水量和热量为农作物的生长提供了良好的条件。优越自然地理条件为发达的农业文明奠定了优越的物质基础，也锻造了中国人基于农耕文明的民族文化性格。长期以来，由于绝大部分人口都集中在地理环境相对优越的中原、东南农耕区域，因而造成了人口增长与土地面积不足的矛盾，人们只能在有限的土地上，精耕细作，集约经营，对土地产生了一种特殊的感情，时日积久，便养成了中国人安土重迁、安分守己、乐天知命的民族性格，并由此培养了中华民族对乡土的眷恋和对故国的深切情怀，增强了民族凝聚力。但同时，由于长期的农耕生活和对土地的过分依赖，又限制了中国人的视野，影响了对外的扩展与开放。

中国文化中的地域性差别是非常大的，对这种差别最简单的划分是把中国划分为南北或东南和西北两大块。按照自然地理，以秦岭淮河一线为界。而按照文化地理，明清以来以长江为界。

1933 年，我国学者胡焕庸就提出北起黑龙江瑷珲、南达云南腾冲划一条直线，把中国分为东南和西北两个迥然不同的自然和人文地域，这便是国际学术界著名的“胡焕庸线”。首先由于中国自然地理的一大特点是东部低平而湿润，西部高亢而干寒，中国古代就形成了东南、中原以农耕为主，而西北以畜牧为主的人文生产景观。这与欧洲农牧相间结合、亦农亦牧的情况有很大不同。同时由于从南到北温度和干湿度的变化，决定了淮河、秦岭以南的中国南方产业结构以稻作农业为主，淮河、秦岭以北至长城的中国北方以粟作农业为主，而长城以北则以游牧业为主。自然地理造成长期性的文化基因传承和沉淀，也极大地影响了中国南北文化的差异。农耕与游牧文明构成了中国古代文明的主体。一般来说，农耕民族依恋土地，重农轻商，居安思危，保守平和；游牧民族迁徙不定，重牧轻农，勇猛好斗。在中国历史上，农耕民族与游牧民族有过长期的对垒，如军事上有长城的建筑、战争的对立，文化观念上如中原与周边、内地与边疆、蛮荒之地与礼仪之邦等的对立。但是，农耕民族与游牧民族通过迁徙、聚合、战争、和亲、互市等途径达到彼此交流，互相融合。北魏孝文帝迁都洛阳之后，便积极推展大规模的汉化运动，“禁胡服”“断北语”“通婚姻”“改姓氏”“重文教”。由于这些政策的推行，胡人的生活形态有了很大的转变，胡、汉的血统彻底混合，彼此之间的隔阂逐渐消弭。

【知识小贴士】

胡焕庸线：即著名地理学家胡焕庸在 1935 年提出的划分我国人口密度的对比线，此线北起黑龙江瑷珲、南达云南腾冲，划分中国人口分布为两个密度特征区。该线大致为倾斜 45° 基本直线，东南方 36%国土居住着 96%人口，以平原、水网、丘陵、喀斯特和丹霞地貌为主要地理结构，自古以农耕为经济基础；西北方人口密度极低，是草原、沙漠和雪域高原的世界，自古为游牧民族的天下。在地理学以及人口学上，该线具有重大意义，一直为国内外学者和地理学者所承认和引用。

三、中国古代行政区划沿革

(一) 行政区划的定义

行政区划是国家行政管理的区域性组织系统，是将地理与人口面貌政治化的一种措施。

(二) 行政区划的历史沿革

秦以前，《尚书·禹贡》记载，古代中国分为冀、兖、青、徐、扬、荆、豫、梁、雍九州。不过，九州在当时并非一个确定的行政区划，真正的行政区划设置，当从秦朝实行郡县制起始。

从秦汉到隋代，大体实行“郡县制”：它形成于战国时期，盛行于秦汉。春秋以后，诸侯国之间的征战、兼并不断，领土属地变化极快。国君为了集中权力，在征战中夺得的土地不再分封给属下，而设置县、郡，直接掌握在自己手中。直辖地长官由国君直接任命和控制，职位不得世袭。到了战国后期，这种郡县制行政区划形态基本形成。秦统一六国后，秦始皇采纳李斯的郡县制，分天下为三十六郡，正式标志着在全国范围内政区建制的开始。

从唐宋到辽金，主要实行“道路制”：贞观元年(公元 627 年)，唐太宗以山川形势和自然地理，把全国分成 10 道，道不设长官，随时派员进行巡视。道之下设州，州辖县。到贞观十三年(公元 639 年)，全国共设 10 道、358 州、41 个都督府、1551 个县。北宋至道三年(公元 997 年)改“道”为“路”，全国被分成 15 路。到徽宗时，全国已设 26 路，路之下设府、州及军、监，地方行政区划实行路、府(州、军、监)、县(军、监)三级制。

元明清基本实行“行省制”：元代实行行省制度，包括 1 个中书省和 11 个行中书省。行省下设路、府、州、县，形成了四级地方行政制度。明代改行中书省为承宣布政使司，同时废“路”，省以下设府和直隶州，再下设散州和县，为地方三级行政体制。明朝地方基本上是三权分立的，承宣布政使司主管一省民政和财政，都指挥使司主管军队，提刑按察使司主管刑法。清代为省、府(直隶州、直隶厅)、县(散州、散厅)三级地方行政管理体制。省行政长官称为巡抚，有些省还设总督。总督有兼管数省者，也有只管一省者。巡抚主管一省民政，总督则主管军政。

第四节　中国传统文化的分期与流变

由于研究视角和侧重点的不同，导致中国传统文化的分期法不下近百种，概括起来，主要有以下几种分期法。“三段说”，比较有代表性的是梁启超提出的分期法。他将中国传统文化分为："中国之中国"(秦统一以前)、"亚洲之中国"(秦统一至乾隆末年)、"世界之中国"(乾隆末年至今日)三个递进段落[①]。"四段说"，比较有代表性的是金元浦提出的分期法。他把中国传统文化划分为：中国文化的萌发与争鸣阶段(先秦)、中国文化的一统与多元阶段(汉魏六朝)、中国文化的成熟与辉煌阶段(唐宋)、中国文化的继往与开来阶段(明清)[②]。这种分期法在"三段说"的基础上，对唐宋中国文化发展的"黄金期"给予了相应的重视，把明清视为"继往开来"阶段，提法也很有新意。"五段说"，比较有代表性的是李宗桂提出的分期法。他把中国传统文化分为：孕育期(殷周时期)，具有浓厚的宗教色彩；雏形期(春秋战国时期)，表现为鲜明的人文意识；定型期(秦汉时期)，带有制度化、模式化和程序化的特征；强化期(宋明时期)，带有不同于以往的哲理性和思辨性，以及为封建政治服务的自觉性等特点；转型期(从清朝到"五四运动")，带有新旧杂陈，"死的要拖住活的，新的要突破旧的"的特征[③]。"六段说"，比较有代表性的是冯天瑜等人提出的分期法。冯天瑜等人将中国传统文化划分为：前文明期(猿人到大禹传子)，文明奠基及元典创制期(夏商周至春秋战国)，一统帝国文化探索、定格期(秦汉)，胡汉、中印文化融合期(魏晋南北朝至唐中叶)，近古文化定型期(唐中叶至明中叶)，东西文化交汇及现代化转型期(明末迄今)[④]。"八段说"，比较有代表性的是张岱年、方克立提出的分期法。具体分期是：上古时期(使用文字以前的历史阶段)，中国文化的发生；殷商西周时期，从神本走向人本；春秋战国时期，中国文化的"轴心时代"；秦汉时期，一统帝国与文化一统；魏晋南北朝时期，乱世中的文化多元走向；隋唐时期，隆盛时代；两宋和辽夏金元时期，内省、精致趋向与市井文化勃兴，游牧文化与农耕文化的冲突与融会；明清时期，沉暮与开新[⑤]。

总结借鉴前人成果和中国传统文化的历史发展大走向，从中国传统文化总体特点和主流文化发展形态上看，大致可以把中国传统文化的流变分为四个阶段：①远古时期多元多姿的文化源头(孕育期)；②百家争鸣与中国传统文化的全面产生(发展期)；③有容乃大与中国传统文化的全面昌盛(繁荣期)；④闭关锁国与中国传统文化的转型(转型期)。

一、远古时期多元多姿的文化源头(孕育期)

中国传统文化正是起源于我们现代人看来极为遥远的远古时期。夏之前至远古时期，是中国传统文化的孕育期，主要标志就是远古时期多元多姿的文化源头。关于中华文化的起源，以前一直是视黄河流域为发祥的摇篮，然后向四周辐射。然而，大量的考古和文献资料证明，不但黄河流域，而且长江流域、珠江流域，甚至东北等北方地区以及青藏高原，都有旧石器及新石器时代文化遗址的广泛发现。

北京猿人文化遗址内已发现灰烬，出土了大量因烧灼而变色破裂的石块、骨骼，甚至

① 张品兴. 梁启超全集·中国史叙论(第 1 册)[M]. 北京：北京出版社，1999.

② 金元浦. 中国文化概论[M]. 北京：中国人民大学出版社，2012.

③ 李宗桂. 中国文化概论[M]. 广州：中山大学出版社，1988.

④ 冯天瑜，杨华，任放. 中国文化史[M]. 北京：高等教育出版社，2005.

⑤ 张岱年，方克立. 中国文化概论[M]. 北京：北京师范大学出版社，2004.

还有木炭。这一切确凿地证明了，距今 50 万年前的北京猿人已能熟练地使用火，并能有效地保存从自然界取来的火种。火的使用是旧石器时代先民的一项具有划时代意义的文化创造[①]。在仰韶文化[②]遗址中诸多考古发现，如陶器制造、纺织做衣、绘画雕塑、文字、历法、宫室营建等，同文献记载中炎帝黄帝时代的创造发明相吻合。在河姆渡文化遗址中，如栽培水稻、居住“干栏式”房子、驾驭舟楫、信奉崇尚凤鸟、掌握髹漆、挖凿水井等都有力地证明在 7000 年前长江流域同样有着繁荣的原始文化。珠江流域奇特的葬式、独特的南方建筑形式、完整的陶器、层次清楚的文化序列，令中外考古专家为之迷醉。

与物质文化的发展相适应，远古时期的观念文化也呈繁花初绽的现象，而原始宗教与原始艺术便是其主要的存在形态。中华先民原始宗教崇拜的对象非常广泛，大致可分为自然崇拜[③]、生殖—祖先崇拜和图腾崇拜三大类。在封建社会，祭祀是非常隆重的仪式，这种对自然的崇拜演化到最后，从最早的祭天演化到后来的封禅[④]。与自然崇拜和生殖—祖先崇拜相比，图腾崇拜则是较为高级的宗教形式。部落经过血与火的洗礼相互融合，推动了多元文化的融汇，使文化向心力不断加大，融铸成以华夏为代表的多元向心的文化形态。而龙这个不同部落图腾的混合物，也就升格成为华夏族共同的图腾。当初形象各异的龙，最终汇成角似鹿、头似驼、眼似龟、项似蛇、腹似蜃、鳞似鱼、爪似鹰、掌似虎、耳似牛的完整形象，而且还被神化成能幽能明、能巨能细、能短能长、春分登天、秋分潜渊的神龙，赋予其超人的神力。这一形象改造的过程，也就是多元文化趋于融合的过程。

这些都有力地说明，中华文化从一开始就是多元共存的。

【知识小贴士】

良渚文化是我国长江下游太湖流域一支重要的古文化，是一处新石器时代晚期文化遗址群，因 1936 年原西湖博物馆施昕更先生首先发现于余杭市(现变更为杭州市余杭区)良渚镇而命名，距今约四五千年，是中华文明的重要源头之一。在良渚文化时期，农业已率先进入犁耕稻作时代；手工业趋于专业化，琢玉工业尤为发达；大型玉礼器的出现揭开了中国礼制社会的序幕；贵族大墓与平民小墓的分野显示出社会分化的加剧；刻画在出土器物上的“原始文字”被认为是中国成熟文字出现的前奏。“中华文明探源工程”表明，良渚社会的复杂化程度及强大的动员能力，说明距今 5200 年到 4500 年期间，中国的长江下游地区已经出现初期的国家，进入了早期文明社会。

---

① 关于火在人类历史中的作用和地位，恩格斯在《反杜林论》中曾有这样精辟的论述：“就世界性的解放作用而言，摩擦生火还是超过了蒸汽机，因为摩擦生火第一次使人支配了一种自然力，从而最终把人同动物界分开。”他还肯定地指出：“甚至可以把这种发现看作人类历史的开端。”

② 仰韶文化，于 1921 年在河南省渑池县仰韶村被发现，所以被称为仰韶文化，是黄河中游地区重要的新石器时代文化。它的持续时间大约从公元前 5000 年至公元前 3000 年，分布在整个黄河中游从今天的甘肃省到河南省之间。

③ 自然崇拜：把自然物和自然力视作具有生命、意志和伟大能力的对象而加以崇拜的原始宗教形式，出现于新石器时代。

④ 封禅：封为“祭天”(多指天子登上泰山筑坛祭天)，禅为“祭地”(多指在泰山下的小丘除地祭地)；即古代帝王在太平盛世或天降祥瑞之时的祭祀天地的大型典礼。

二、百家争鸣与中国传统文化的全面产生(发展期)

中国文化在走过了远古的萌生时期之后，至夏、商、周开始进入了真正意义上的发生期。这是中国文化第一次巨大的变化。王国维说："商周间大变革，是旧制度废而新制度兴，旧文化废而新文化兴。"这个时期的主要标志就是"礼乐文化"的形成，确立了中国以人伦为本位的政治伦理型文化的基本走向。从新石器时代晚期，中国进入了古史传说中"三皇五帝"[①]的"圣人时代"，相当于西方人讲的"英雄时代"，经历了华夏集团战胜东夷、苗蛮集团取得中华民族主导地位的历史，历经夏、商、周三代终于形成"华夏"或"诸夏"族系。夏商时，据考古证明，中国有了城市，创制了文字、青铜器，并建立了国家，开始迈入文明时代。殷周时，形成了国家所有的公田制度"井田制"，西周建立后，又以血缘为纽带实行领主分封制，并形成家国同构的宗法制社会。在文化形态的发展上，"殷人尊神，率民以事神，先鬼而后礼"[②]，"神巫文化"居主导地位。至西周时，周人已认识到"天命靡常"，注重"敬天保民"，周公开始"制礼作乐"以维护统治秩序。文化形态由"神本"转向"人本"，开始实现"求善"与"求治"的统一，标志着以人伦为本位的伦理政治型文化初步形成，而与之相适应的"华夏"或"诸夏"逐渐成为周边部族认同向往的"礼仪之邦"[③]。

春秋以来，由于社会发展和人口增加，私田大量开垦，"井田制"遭到破坏，诸侯争夺土地，人口日盛，以血缘宗法关系为纽带的世卿世禄制和分土封侯制瓦解，开始出现"礼崩乐坏"[④]的局面。这不仅标志着周天子权威的失落，而且意味着中国历史从此进入了诸侯纷争的春秋战国时代。这一时期，中国逐渐形成三晋、齐鲁、燕赵、楚、吴越、巴蜀等几个文化圈，经历了春秋时代的民族融合，形成"内诸夏""夷夏大防"的传统民族意识，战国以后，韩、赵、魏、齐、燕、秦、楚七雄都成为"冠带"之国，形成文化认同。然而就在这战乱纷飞的动荡时代，中国文化进入了自己的第一个辉煌时期——百家争鸣时期。正是经由各具特色的诸子百家的探索和创造，中国文化精神的各个侧面得到充分的展开和升华，中华民族的文化走向才大致确定。因此，春秋战国被称为中国文化的"轴心时代"[⑤]。

---

① 三皇五帝，是后世对远古时期帝王的简称。目前史学家大部分的意见是燧人氏、伏羲氏、神农氏称为"三皇"，黄帝、颛顼、帝喾、尧帝、舜帝称为"五帝"，这些说法起源于春秋战国。

② 出自《礼记·表记》。

③ 席岫峰. 化成天下的历史轨迹——关于中国文化历史分期及发展走向[J]. 社会科学战线，2013(10): 155-160.

④ 礼崩乐坏：指周代封建制度("封邦建国")的规章制度遭到极大的破坏。

⑤ "轴心时代"是德国著名哲学家雅斯贝尔斯的一个著名的命题。他在1949年出版的《历史的起源与目标》中说，公元前800年～公元前200年，尤其是公元前600年～公元前300年，是人类文明的"轴心时代"。"轴心时代"发生的地区在北纬30°上下，就是北纬25°～35°区间。这段时期是人类文明精神的重大突破时期。在轴心时代里，各个文明都出现了伟大的精神导师——古希腊有苏格拉底、柏拉图、亚里士多德，以色列有犹太教的先知们，古印度有释迦牟尼，中国有孔子、老子……他们提出的思想原则塑造了不同的文化传统，也一直影响着人类的生活。而且更重要的是，虽然中国、印度、中东和希腊之间有千山万水的阻隔，但它们在轴心时代的文化却有很多相通的地方。

三、有容乃大与中国传统文化的全面昌盛(繁荣期)

中国传统文化的繁荣期包括三个分段：秦汉、隋唐和宋元。这一阶段的主要标志就是先形成了“经学独尊”局面，开启了“经典文化”时代，进而形成经、玄、佛、道兼容并包和“胡汉融合”局面，同时也是中国传统文化全面走向昌盛的伟大时期。秦以变法而强，吞并六国，统一华夏，实行“车同轨”“书同文”“度同制”“行同伦”“地同域”，从政治和制度层面实现了“大一统”。汉承秦制，但以秦亡为鉴，由崇法转而尊黄老，实行休养生息，并“制礼”以整合统治秩序。至汉武帝“罢黜百家、独尊儒术”，把董仲舒倡导的以“三纲五常”为核心的儒学上升为“经”，并定为“名教”，成为主流意识形态，以“易、诗、书、礼、春秋”为主要内容的“经学文化”基本定格，从此确立了中国文化以儒家经学为主导的基本走向。由于汉的统一和影响，“华夏”之称也逐渐被“汉人”之名替代，两汉“经学”也因之常被后人称为“汉学”。在汉以前，中国文化总体上尚处于域内自身体系发展阶段，相当于梁启超所讲的“中国之中国”的时代。自汉末以来，世族豪族拥兵割据，北方游牧民族乘虚而入，开启一个分崩离析的时代。中央集权削弱和长期的封建割据，客观上削弱了政治对学术的干预和对思想的禁锢。先秦游说天下之“士”，在汉魏时与“宗族”逐渐结合起来，形成了许多世家大族。西晋时颁布占田荫客制，从法律上肯定士族的经济特权，门阀士族成为支配社会生活的主要角色，中国进入世族统治时代。门阀士族的文化品格，表现出强烈的身份意识，注重家讳家谱、门第声望，讲求文化修养、仪表风雅，追求超达清贵、不尚事功等文化取向，深刻地影响了当时的社会文化风气。有人讲，“汉末魏晋六朝是中国政治上最混乱，社会上最痛苦的时代，然而却是精神上极自由、极解放、最富智慧、最具热情的一个时代”①。其主要标志就是经学和名教的衰颓，代之而起的是玄学兴起、佛教输入和道教勃兴，尽管经学仍占据主导地位，但已打破独尊优势，形成儒、玄、佛、道多元并存交融，呈现出兼容并包的气象和格局。这一时期也是农耕文化与游牧文化之间冲突与整合的时代。

经过魏晋南北朝时的五胡入华和胡汉融合(有人称之为胡化与汉化的较量时期)②，隋唐形成“华胡一体”的汉族(唐人)。隋唐王朝统治核心的关陇集团，本身就是一个胡汉合流的统治集团，难怪鲁迅先生讲唐人“大有胡气”③。传统的夷狄“非我族类，其心必异”④，强调“夷夏大防”的歧视和戒备心理淡化了，有的是优越的民族自信与平和心态，自然也产生了“怀柔远人”“爱之如一”的民族开明政策。这“给温文儒雅却受缚于礼教而显得冷淡僵硬的汉文化注入了新鲜血液”⑤，不仅有“胡气”，也融“佛气”，更现“大气”。国力强盛是文化繁荣的基础，在隋唐大统一、经济社会繁荣和全方位对外开放的基础上，这种

① 宗白华. 美学散步[M]. 上海：上海人民出版社，1981.

② 阴法鲁. 中国古代文化史[M]. 北京：北京大学出版社，2010.

③ 鲁迅. 鲁迅全集：第 12 卷[M]. 北京：人民文学出版社，1981.

④ 出自《左传·成公四年》。

⑤ 李永平. 中国传统文化教程[M]. 北京：中国人民大学出版社，2012.

基于民族融合和对外开放而产生的文化融合效应，在隋唐时得到了充分释放，呈现出自信恢宏的“盛唐气象”。唐代中叶以来，领主庄园经济向地主—自耕农经济转型，两税法代替租庸调制，征税从以人丁为主向土地为主转变。

在唐以后，因科举盛行，门阀世族淡出政治；官僚政治转向“崇文抑武”，形成文官政治，开启士大夫政治先河。城市经济繁荣，市民阶层兴起。伴随着这些社会变革，唐中叶以来中国文化开始转折。始自中唐韩愈复兴儒学“道统”、李翱提倡“复性说”，到宋明时，由儒、道、释三教合流走向三教合一，产生了思辨儒学体系——理学，以儒治国、以道治身、以佛治心的理念逐步得到士大夫的广泛认同，以儒为本位、儒道释三足鼎立的基本格局最终形成。文化也开始分野，除了士大夫的雅文化，市井俗文化渐趋兴盛。从总体特征上看，“民族文化的气质从汉唐的雄强外拓转向精致内敛”[①]。与唐代相比，不仅文化的“气度”“格调”不同，其国力与相适应的文化“吞吐力”也难与盛唐时相比。

自唐至清，也是“近古民族同化、民族融合加快、加深的时代”[②]，这一时期契丹、女真、蒙古相继争夺入主中原，仿照中原王朝模式建立政权，拥有国号、年号、政权机构和相关的礼仪制度，汉化程度至深，这与魏晋南北朝时的“汉化”与“胡化”交融有很大的不同，同时区域内的民族融合也在发展，由民族融合带来的文化融合出现了全面“汉化”的态势[③]。

四、闭关锁国与中国传统文化的转型(转型期)

明清两代进入了中国传统文化的总结性和反思时代，标志着中国传统文化发展到了其盛极而衰的最后阶段。这种总结性主要体现在如下几个方面：首先，日趋滋长的反传统思想，如王守仁的心学思想、李贽反封建专制主义的进步思想，以及清初三大杰出思想家黄宗羲、顾炎武和王夫之的文化反思。明清之际会产生日趋滋长的反传统思想，最根本原因在于空前严厉的文化专制。明清文化专制最突出的表现就是大兴“文字狱”。其次，从明代的复古浪潮到清代的“考据学”[④]。文字狱的残酷及血腥，使明清文化人士把眼光越来越避开现世，而把目光投入了古代，把精力投入了“考据学”。“物不古不灵，人不古不名，文不古不行，诗不古不成”[⑤]便是这种情形的真实反映。明清统治者调动大量的人力物力，对几千年浩如烟海的典籍文物进行收集、钩沉、考证、考辨，编纂了大型类书《永乐大典》[⑥]《古今图书集成》、大型字典《康熙字典》、大型丛书《四库全书》等。最后，适应当时社会经济和文化思想发展变化的市民文学逐渐发展起来，小说、戏曲应运而生，成了明清时代文学的主流。小说有明清四大名著《红楼梦》《三国演义》《水浒传》《西游记》，

---

① 李永平. 中国传统文化教程[M]. 北京：中国人民大学出版社，2012.

② 吴小如. 中国文化史纲要[M]. 北京：北京大学出版社，2007.

③ 席岫峰. 化成天下的历史轨迹———关于中国文化历史分期及发展走向[J]. 社会科学战线，2013(10): 155-160。

④ 考据学，又称朴学，是清代新兴的以考据为治学内容的一门学科。它源于清初，形成于乾嘉，衰落于道光，因此又称乾嘉学派。

⑤ 出自李开先《闲居集・昆仑张诗人传》。

⑥ 《永乐大典》，是中国最著名的一部大型古代典籍，编纂于明朝永乐年间，保存了14世纪以前的中国历史地理、文学艺术、哲学宗教和百科文献。《永乐大典》共计22877卷、目录60卷，分装成10095册，全书字数约37000万字。

戏曲有《牡丹亭》影响最大。

早期启蒙思想的勃兴，理学走向衰微，并开启了“西学东渐”的历程，中国传统文化开始步入向近代文化转型的历程。清中叶以来，英国等西方列强用炮舰加商品打开了中国的大门，强行将中国纳入全球化的世界市场体系，使中国逐渐沦为半殖民地半封建社会，同时也带来了中西文化的强烈碰撞冲突，以“救亡图存”“变法自强”为主题，中国文化进入了反思自觉时期。1840 年爆发的鸦片战争终于使西方列强以其坚船利炮把中国推向了衰落与耻辱的时代，面对列强瓜分、民族危亡的局面，中国人逐渐产生了现代意义上的民族自觉意识。在文化反思上，经历了“文化自卑”向“文化自强”的转变，从认为“技不如人”，主张“师夷长技以制夷”，搞“洋务运动”，到认为“制不如人”，搞“戊戌变法”，再到认为“文化不如人”，开启“新文化运动”，“古今”“中西”之争异常激烈，中国传统文化的发展也由此进入了一个衰落、蜕变与新生并存的历史阶段。

本章思考题

1. 为什么中华民族能创造出中华大一统的奇迹？
2. 为什么说中国传统文化是伦理道德型文化？
3. 中国传统文化具有哪些主要特点？
4. 中国自然地理环境对中国传统文化的影响主要表现在哪些方面？
5. 你是如何理解闽南文化基本特征和精神内涵的？

第三章

中国传统思想文化

中国传统思想文化浩如烟海，蓄积深厚，是中国传统文化长期发展的思想基础和内在动力，也是推动和指导中华民族文化不断前进的思想武器。它经历了一个长期复杂的发展历程，各有时代特色。本章分先秦、两汉、魏晋、隋唐、宋明、清代六个时期，来梳理在历史演变中不断丰富和发展的中国传统思想文化。通过对不同历史时期最有代表性的思想学术流派、思潮和思想家及其主要观点的介绍，系统地阐述了中国不同历史时期学术与思想的渊源、发展和基本精神，勾勒出中国传统思想文化的发展脉络图，清晰呈现了中国传统思想文化的核心价值、基本特征特色及其对中国传统文化的深刻影响。

第一节　先秦子学

著名学者易中天说："先秦诸子百家是民族的根、民族的魂。"在中国学术史上，先秦是诸子百家争鸣、学术发展繁荣的黄金时代。春秋时代王室衰微，诸侯争霸，各家代表人物，以及诸多学人士子周游列国，或著书立说，或聚徒讲学，或质疑辩难，为诸侯出谋划策，到战国时代呈现出一种诸子蜂起、学派林立的文化现象，形成了"百家争鸣"的局面，中国术语上把这一时期称为诸子百家或百家争鸣时期。由于社会地位、思考方式和学统承继上的差异，诸子在学派风格上各具鲜明的个性特征。东汉班固在《汉书》中把先秦以来的学派流传最为广泛的儒家、道家、法家、墨家、名家、阴阳家、农家、纵横家、杂家和小说家归纳为十家。先秦时期诸子百家的各种思想学术流派的成就，与同期古希腊文明竞相辉映，其中影响最大的当属以孔子、老子、韩非子、墨子为代表的儒家、道家、法家和墨家四大哲学体系。

一、儒家

儒家原先是先秦诸子百家之一，其创始人是孔子(见图 3-1)。儒家在先秦时期和诸子百家地位平等，秦始皇"焚书坑儒"[①]后，使儒家受到重创。而后汉武帝听从董仲舒"罢黜百

① 焚书坑儒，又称"焚诗书，坑术士"，出自《史记·儒林列传》"及至秦之季世，焚诗书，坑术士，六艺从此缺焉"。史载秦始皇在公元前 213 年和公元前 212 年焚毁书籍，坑杀"犯禁者四百六十馀人"。

家，独尊儒术”的建议，对思想实施钳制使儒家重新兴起。其后儒家学说经历代统治者的推崇，以及孔子后学的发展和传承，成为中国传统文化的主流思想和民族传统的标记。自汉以来，儒家思想在绝大多数的历史时期都作为中国的官方思想，在每一个中国人的深层观念中无不深深打下儒家思想的烙印。正如近代学者胡卫红所说：“两千余年来，儒家思想早已融入中国人的灵魂中，融入中国人的血液中，融入中国人的一言一行中。它已经成了中国人先天文化基因的一部分。”习近平总书记指出：“孔子创立的儒家学说以及在此基础上发展起来的儒家思想，对中华文明产生了深刻影响，是中国传统文化的重要组成部分。儒家思想同中华民族形成和发展过程中所产生的其他思想文化一道，记载了中华民族自古以来在建设家园的奋斗中开展的精神活动、进行的理性思维、创造的文化成果，反映了中华民族的精神追求，是中华民族生生不息、发展壮大的重要滋养。”[①]儒家思想既是中华民族宝贵的精神财富，也极大地推动了亚洲乃至世界文化的发展，成为人类文明的重要组成部分。如今，在韩国、日本和越南等国家，伦理和礼仪都深受到儒家思想仁、义、礼等观点的影响。

图 3-1　唐吴道子绘孔子像

(一) 重血亲人伦

“仁”是儒家整个道德政治体系的核心。《论语》中提到“仁”的共有百余处，都是从不同角度宣扬仁、阐述仁，使人领悟到仁的真谛。尽管孔子在不同场合对“仁”有不同的

① 习近平. 在纪念孔子诞辰 2565 周年国际学术研讨会暨国际儒学联合会第五届会员大会开幕会上的讲话[N]. 人民日报，2014-09-24.

解释，但归纳起来，“仁”的核心就是“仁爱”。孔子的学生樊迟问仁，子曰：“爱人。”[①] 孔子所说的“仁”，既有亲疏远近，也有等级差别。首先，在亲疏程度上要爱亲人，即血缘亲情之爱，这是“仁”的根本。“孝悌也者，其为仁之本与。”[②]孔子在强调孝悌为仁爱之根本的同时，又将亲情之爱推广开来。“泛爱众，而亲仁”[③]，进而泛爱众，即爱一切人。“四海之内，皆兄弟也。”[④]子贡问孔子：“如有博施于民而能济众，何如？可谓仁乎？”孔子回答说：“何事于仁，必也圣乎！”[⑤]在孔子看来，博施于民而能济众是仁的最高境界。孟子说人应有“恻隐之心，此仁之端也”[⑥]，君王要施行“仁政”，“以不忍人之心，行不忍人之政”[⑦]。“大同”是“仁”的最终归途。儒家文化倡导的最高理念，就是建设大同社会。“大道之行，天下为公”[⑧]，这是儒家社会政治理想的最高境界，也是中华文化的精神家园和中华民族的安身立命之地，几千年来一直激励着仁人志士为之奋斗。其次，在等级差别上，儒家要求不同的人伦关系要体现不同的仁爱。人伦，就是人与人之间的道德关系。人伦一词，最早见于《孟子·滕文公上》。书中载，上古时候，人们“逸居而无教，则近于禽兽”，圣人“使契为司徒，教以人伦”。在《尚书·尧典》中，已有“慎徽五典”的说法，即要以五种美德教导自己的臣民。据《左传》解释，“五典”就是“父义、母慈、兄友、弟恭、子孝”。后来，孔子在齐景公问政于他时提出“君君，臣臣，父父，子子”[⑨]，增加了君臣关系。孔子当时尤其崇尚周礼，极力主张按照周礼的要求恢复君臣父子的秩序，反对各种僭越行为。最后由孟子在整理和总结中国以往道德关系和道德规范的基础上，全面地概括了封建社会里基本的五种人伦关系，这就是儒家讲的“五伦”，即君臣、父子、夫妇、兄弟、朋友。对应每种人伦关系，孟子还规定了相应的人伦义务，要做到“父子有亲，君臣有义，夫妇有别，长幼有序，朋友有信”[⑩]。孟子认为，父子之间有骨肉之亲，君臣之间有礼义之道，夫妻之间挚爱而又内外有别，老少之间有尊卑之序，朋友之间有诚信之德，这是处理人伦关系的道理和行为准则。儒家认为这些关系是不可更改，不容置疑，甚至有些是与生俱来的、无可选择的，即“天伦”。人在社会生活中，不但要尽职、尽责，而且要尽伦。这与西方哲学不同，西方哲学是个人主义的，中国哲学是整体主义的，西方哲学张扬的是个性自由，中国哲学着眼的是人伦和谐。正是因为儒家把人纳入到伦理关系中，倡导人伦义务，并按照规定的义务进行伦理教化，所以中国传统哲学变成了伦理学，充满了人气，充满了中国特色的人文气息。

---

① 出自《论语·颜渊》。
② 出自《论语·学而》。
③ 出自《论语·学而》。
④ 出自《论语·颜渊》。
⑤ 出自《论语·雍也》。
⑥ 出自《孟子·公孙丑上》。
⑦ 出自《孟子·公孙丑上》。意思为用怜悯体恤别人的心情，施行怜悯体恤百姓的政治。
⑧ 出自《礼记·礼运》。
⑨ 出自《论语·颜渊》。
⑩ 出自《孟子·滕文公上》。

(二) 重现世事功

重现世事功就是重视创造现世的事业功业。儒家有着希望凭借自己一己之力而“治国平天下”的强烈愿望，为天下苍生造福，为社稷着想，建立不朽功业的同时，也让自己的功绩流芳百世。孔子言必称尧舜，是因为尧舜的功绩在先。儒家从忧患意识出发，探讨的是个人与整体之间的关系，强调的是个人对整体的义务和责任、入世与担当。和西方人比较，中国人讲担当，讲奉献，讲追求，讲责任感和使命感，讲忧患意识，讲究人生在世是要做出一番事业来，追求名留青史，建功立业，这些思想一代一代地往下传承。重现世事功的内涵应该包含以下三个方面。

首先，责任意识。儒家怀有强烈的对国家、民族命运的责任意识，这是现世事功的核心内涵。春秋时子产鲜明地提出“苟利社稷，死生以之”[①]。孔子看到周王室衰微、诸侯混战，为挽救危局，他周游列国，虽饱受磨难亦不肯放弃。当自己的政治理想不能实现时，便致力于平民教育，培养了大批人才，而其思想更是影响了后世两千多年。孟子救世心切，声称：“如欲平治天下，当今之世，舍我其谁也？”[②]东晋时祖逖为北伐中原“闻鸡起舞”。唐代韩愈“欲为圣明除弊事，肯将衰朽惜残年”。到宋代，理学家们为重建社会秩序，积极承担培养治理天下人才的重任。周敦颐志向远大，“志伊尹之所志，学颜子之所学”；张载评价程颢“救世之志甚诚切”；陆九渊坦陈“使天欲平治天下，当今之世，舍我其谁？苟不用于今，则成就人才，传之学者”；范仲淹《岳阳楼记》中的“先天下之忧而忧，后天下之乐而乐”的名句使岳阳楼著称于世。朱熹就任漳州知府时写下“地位清高，日月每从肩上过；门庭开豁，江山常在掌中握”。正是因为有这种强烈的责任意识，以致顾炎武在回顾宋代历史时称“靖康之变，志士投袂，起而勤王，临难不屈，所在有之”。宋代文天祥“人生自古谁无死，留取丹心照汗青”，明代于谦“粉身碎骨浑不怕，要留清白在人间”，清代林则徐“苟利国家生死以，岂因祸福避趋之”的名言为无数后人景仰。

【名言典故】当今之世，舍我其谁也

出自《孟子·公孙丑下》。孟子离开齐国，充虞在路上问：“老师似乎很不快乐的样子。可是以前我曾听老师您讲过：‘君子不抱怨上天，不责怪别人。’”孟子说：“那是一个时候，现在又是一个时候。从历史上来看，每五百年就会有一位圣贤君主兴起，其中必定还有名望很高的辅佐者。从周武王以来，到现在已经七百多年了。从年数来看，已经超过了五百年；从时势来考察，也正应该是时候了。大概老天不想使天下太平了吧，如果想使天下太平，在当今这个世界上，除了我还有谁呢？我为什么不快乐呢？”。

其次，忧患意识。儒家典籍中关于忧患意识的内容很多，如《周易》中有：“君子以思患而豫防之”[③]“君子以恐惧修省”[④]“作《易》者，其有忧患乎？”[⑤]《论语》中也有

---

① 出自《左传·昭公四年》。

② 出自《孟子·公孙丑下》。

③ 出自《周易·既济》。

④ 出自《周易·震卦》。

⑤ 出自《周易·系辞下》。

多处，如“君子忧道不忧贫”[①]。《荀子》也告诫君子要善待百姓，“水则载舟，水则覆舟”。孟子也说“生于忧患而死于安乐也”[②]。《淮南子》则称“诸子之学皆起于救世之弊”。《元史·抄思传》总结了人在三种情况下可成就一番事业，即“知畏惧，成人；知羞耻，成人；知艰难，成人”。最典型的反映儒家忧患意识的，当是范仲淹的名言“居庙堂之高则忧其民，处江湖之远则忧其君”。汤一介先生就说过，“自孔子以来，从中国历史上看，儒家学者多对社会政治抱有‘以天下为己任’的忧患意识”。正因为以如履薄冰、如临深渊的心态，谨慎、小心、周详地考虑问题，有为君子、士人才能成就担当的责任，完成历史使命。

最后，奉献精神。翻阅史书，我们可以看到为担当而奉献，甚至献出生命的人比比皆是。南宋岳飞英勇抗击金军，令金兵感叹“撼山易，撼岳家军难”，但由于秦桧等陷害，最终屈死风波亭。明代张居正誓言“大丈夫既以身许国家，许知己，惟鞠躬尽瘁而已，他复何言。”作为万历时期的内阁首辅，他辅佐万历皇帝开创了“万历新政”，《明史》称，他为政期间“海内殷阜，纪纲法度，莫不修明。功在社稷，日久论定，人益追思”，但仍然没有逃脱死后被清算、抄家毁墓的命运。至于因劝谏而遭惩罚的事例更俯拾即是，如宋代苏颂、宋敏求、李大临等熙宁三舍人，就因犯颜直谏被罢官；明代杨继盛为弹劾奸臣严嵩遭“弃世”。即使这样，仍有许多志士敢于担当，勇于奉献。像南宋时期理学家胡宏，鉴于道学衰微、风教大颓，声称“吾徒当以死自担”；明代海瑞曾备棺上谏。所以鲁迅说：“我们自古以来，就有埋头苦干的人，有拼命硬干的人，有为民请命的人，有舍身求法的人……虽是等于为帝王将相作家谱的所谓‘正史’，也往往掩不住他们的光耀，这就是中国的脊梁。”

儒家重现世事功因具有强烈的责任意识、深沉的忧患意识、勇于奉献的精神，在漫长的封建社会对促进国家统一、社会进步、经济发展、文化繁荣等发挥了积极的作用。时至今日，它仍然具有一定的启发作用，值得传承与借鉴。

(三) 重实践理性

西周时期实现了从夏商以来中国思想敬鬼神到重人本的重大转变。周公提出了“敬德保民”[③]“以德配天”[④]等思想为中心的神权政治学说。“敬德”，是因为“皇天无亲，惟德是辅”[⑤]，有德才会得到上天的保佑。“保民”，是因为“民之所欲，天必从之”[⑥]，“保民”实际上就是保社稷、保国家。只有“敬德保民”，才能维持自己国家长治久安。“以德配天”是指君主的权力是“天”授予的，是“天命”，但不是固定不变的，只有有德者才可承受天命，失德就会失去天命。在天道观上，儒家承继西周史官文化，以“天命”与“人德”相配合的思路，宣扬“畏天命，畏大人，畏圣人之言”[⑦]，同时又对神灵崇拜作淡化处理，

---

① 出自《论语·卫灵公》。
② 出自《孟子·告子下》。
③ 出自《尚书·周书》。
④ 出自《尚书·康诰》。
⑤ 出自《尚书·蔡仲之命》。
⑥ 出自《尚书·秦誓》。
⑦ 出自《论语·季氏》。

甚至声明“未能事人，焉能事鬼”[①]“未知生，焉知死”[②]，实际上是把超自然的信仰放到了现实人事的从属地位。在历史观方面，标榜“信而好古”[③]，每每试图恢复“周公之礼”，将捍卫三代典章文物当作自己的神圣使命，同时亦不排斥对不符合时代潮流的礼俗政令加以适当的变通修改。在社会伦理观方面，以“仁”释礼，把社会外在规范化为内在道德伦理意识的自觉要求。

(四) 倡导内圣外王

“内圣外王”[④]这一思想是道家思想代表人物庄子所提出的，但它却成为儒家思想的精髓和主旨。内圣外王，指内具有圣人的才德，对外施行王道。在修身治国关系上，它设计出一整套由小及大、由近及远的发展人格和安邦定家的方案，完成了从理想到实践的飞跃，为巩固政教体制提供了切实可循的途径。孔子把周公当作自己的人格楷模，孔子的儒家学派把周公的人格典范作为最高典范，周公告诫儿子“然一沐三握发，一饭三吐哺，起以待士，犹恐失天下之士”[⑤]。周公又说“故易有一道，大足以守天下，中足以守其国家，小足以守其身，谦之谓也”[⑥]。作为儒家经典之一的《礼记·大学》中有一段论述：“古之欲明明德于天下者，先治其国；欲治其国者，先齐其家；欲齐其家者，先修其身；欲修其身者，先正其心；欲正其心者，先诚其意；欲诚其意者，先致其知。……心正而后身修，身修而后家齐，家齐而后国治，国治而后天下平。”集中反映了这一思想大意。作为孔子之孙子思的再传弟子——孟子，则进一步阐发了孔子的仁学思想，他提出了仁、义、礼、智的四端说，并将儒家学说发展成一套比较完整的“达则兼济天下，穷则独善其身”的修身理论。孟子提出“天将降大任与斯人也，必先苦其心志，劳其筋骨，饿其体肤，空乏其身，行拂乱其所为，所以动心忍性，增益其所不能”[⑦]。这也是儒学之所以在当时能成为“显学”的实践学派的根本原因。《礼记·大学》说：“古之欲明明德于天下者，先治其国；欲治其国者，先齐其家；欲齐其家者，先修其身；欲修其身者，先正其心；欲正其心者，先诚其意；欲诚其意者，先致其知；致知在格物。”[⑧]理学代表人物朱熹将其归结为八目：格物、致知、诚意、正心、修身、齐家、治国、平天下。所以，儒家认为外王要从内圣开始。“内圣”是“外王”的前提和基础，“外王”是“内圣”的自然延伸和必然结果，并且指出了从内圣到外王切实可行的途径：修身—齐家—治国—平天下。汉武帝“独尊儒术”以后，孔孟之道更是成为中国传统文化的道统之学。汉代以后，儒学几经变化，礼教德治的精神始终一贯，从而成为中国传统文化的正宗。

---

① 出自《论语·先进》。
② 出自《论语·先进》。
③ 出自《论语·述而》。
④ 出自《庄子·天下篇》。
⑤ 出自《史记·鲁周公世家》。
⑥ 出自《易经》。
⑦ 出自《孟子·告子下》。
⑧ 出自《礼记·大学》。

【名言典故】握发吐哺

“握发吐哺”，就是从“一沐三握发，一饭三吐哺”简化而来。《史记·鲁周公世家》记载有周公教育儿子伯禽的一段话，说自己虽然地位极高，但仍然“一沐三握发，一饭三吐哺，起以待士，犹恐失天下之士”。从中可以看出，他对人才非常重视，对前来求见的贤士无不是迫不及待地接见，唯恐错过。有时，正沐浴着，或是正吃着饭，恰逢贤士到来，那就立刻起身，一次次地把头发握起来，一次次地吐出口中的食物，去诚心接待贤士。“周公吐哺，天下归心。”这是曹操《短歌行》中的至理名句，可谓说尽了后人对周公的无限敬仰。

(五) 提倡中庸辩证的思想方法

中庸出自于《中庸》，据朱熹注，为不偏不倚、无过无不及之意。中庸之道是儒家核心观念之一。实行“中庸之道”，必须尊重天赋的本性，循着这种天性而行就合于道。实行“中庸之道”既是率性问题，也是修道的问题。

中庸之道的理论基础是天人合一。天人合一的含义是合一于至诚、至善，达到“至中和，天地位焉，万物育焉”[①]“可以赞天地之化育”[②]“可以与天地参矣”[③]的境界。“与天地参”就是天人合一。天人合一的“天”，是善良美好的天，天人合一的“人”是像善良美好的天那样善良美好的人，天人合一就是人们自觉修养所达到像美好善良的天一样造福于人类和自然的理想境界。

中庸提出了五达道、三达德、九经、慎独自修、忠恕宽容、至诚尽性等主要内容，对为人处事、人性修养有重要影响，能指导形成正确的人生观及价值观。具体来讲，五达道主要是运用中庸之道调节五种人际关系。这五种基本人际关系是君臣、父子、夫妻、兄弟以及朋友之间的关系。调节五种人际关系主要依靠三达德，三达德就是智、仁、勇。智、仁、勇是天下通行的品德。九经就是中庸之道用来治理天下国家以达到太平和合的九项具体工作，这九项工作是：修养自身，尊重贤人，爱护亲族，敬重大臣，体恤众臣，爱护百姓，劝勉各种工匠，优待远方来的客人，安抚诸侯。这九项工作是使天下国家达到太平和合理想的重要保证。慎独自修要求人们在自我修养的过程中，坚持自我教育、自我监督、自我约束。忠恕宽容要求人们将心比心、互相谅解、互相关心、互不损害、体仁而行、并行而不相悖。至诚尽性是施行中庸之道的重要原则。

二、道家

道家是先秦诸子中与儒学并驾齐驱的另一大流派，其创始人是老子(见图 3-2)。老子总结了古老的道家思想的精华，形成了道家完整的系统理论。老子以后，战国时期，道家内部分化为不同派别，著名的有六大派，除了老庄学派外，杨朱学派、黄老学派、彭蒙田骈

---

① 出自《中庸》。
② 出自《中庸》。
③ 出自《中庸》。

慎到派、老子学派和宋尹学派都曾兴盛一时，其中以黄老学派最盛。道家以“道”为核心，提出自然、无为和自由等思想，对中国哲学、文学、科技、艺术、音乐、养生、宗教等影响深远。李约瑟说：“中国人性格中有许多最吸引人的因素都来源于道家思想。中国如果没有道家思想，就像是一棵深根已经烂掉的大树。”“道家思想乃是中国的科学和技术的根本。”道家提倡的人生态度、生活方式及生态美学精神，都对当今的世界具有重大启发。儒道两派在许多方面都既走向对立，又相成统一。“从某种意义上来说，老庄道家与以孔孟为主的儒家是相对立的，但是又可以起到互补的作用：当儒家走向极端的时候，老庄作为它的对立面可以起到补充作用；老庄思想走向极端的时候，儒家又可以反过来作为其补充，这就构成了互相对立又互相补充的关系。”①

图 3-2　老子像

（一）儒家注重人事，道家尊崇“天道”

儒家注重人事，可以说儒家非常重视人的努力。儒家有一句话叫作“尽人事，由天命”。这个“由天命”也不是一个消极的意思，而是指一件事情有时机成熟与不成熟的问题。所以必须要“尽人事”，只有“尽人事”才能够创造一些机遇，儒家就是这样一种生活态度。“道”在《道德经》《庄子》中多处提到，而且根据不同的场合也可以作不同的解释。关于“道”为何物，到目前为止依然是众说纷纭，莫衷一是。据南怀瑾先生的统计，“道”在传统古书中大约有三种意义与用法：一是人世间所要行走的道路；二是代表抽象的法则、规律及实际的规矩，也可以说是学理上或理论上不可变易的原则；三是形而上的道。越来越多的学者认为，“道”是抽象的、形而上的规律或法则。道家尊崇“天道”，《庄子·庚桑楚》说：“夫春气发而百草生，正得秋而万宝成。夫春与秋，岂无得而然哉？天道已行矣。”郭象注：“皆得自然之道，故不为也。”天道，即万物的规则、万物的道理，一切事物皆有一定的运行规则。道家认为，天道是不可抗拒的，也不可改变。自然界是存在于人的意识之外而不停运动的，人要尊崇自然，要按照自然规律来发展经济社会，顺应事物自然生长变

① 李永杰. 道家思想对当今世界仍具重大启发[N]. 中国社会科学网，2014-07-30.

化的原则，不要勉强去做，不要违反天性。

(二) 儒家讲求文饰，道家向往“自然”

《论语·雍也》：“子曰：‘质胜文则野，文胜质则史。文质彬彬，然后君子。’”这句话道明了孔子所向往的君子人格形象，也就是我们耳熟能详的“文质彬彬，然后君子”。从整句话看，一个品格高尚、礼仪修养高雅的人必须具备两种素质，即文与质。所谓“文”，是指人的外表的文饰，以及后天“诗书礼乐”教养。“质”即指一个人与生俱来的质朴无华的天性。只有质朴文采配合均匀，才是一君子。所以，孔子认为“质”和“文”两者都不可偏废。道家向往“自然”；道法自然，是出自老子《道德经》的哲学思想。道法自然语出《道德经》第二十五章“人法地，地法天，天法道，道法自然”。其中，“法”字为动词，意为效法、遵循。“自然”，不是指“客体”(如自然界)，而是指事物的“存在方式”和“状态”，即一般所说的“自己如此”。自然是道家哲学的最高价值。在道家看来，自然的就是最好的、最合理的、最有价值的。道法自然，意思是“道”所反映出来的规律是自然而然、顺其自然、不勉强和不强迫从事，要尽可能地提高自然的程度让事物自成其功。老子用了一气贯通的手法，将天、地、人乃至整个宇宙的生命规律精辟涵括、阐述出来，宇宙天地间万事万物均效法或遵循“道”的“自然而然”规律。道家的自然主义是一种深邃的哲学思想，时至今日更加显示出其重要的警示作用和启悟价值，对于现代人类寻找新的文化对策，缓解人类生存危机，都是不可多得的思想资源。

(三) 儒家主张“有为”，道家主张“无为”

《论语·宪问》记载这么一个故事：“子路宿于石门。晨门曰：‘奚自？’子路曰：‘自孔氏。’曰：‘是知其不可而为之者与？’”。从这位看门人的话中，也可以看出当时普通人对孔子的评论。儒家主张有为，提倡人生在世，是要做一番事业。“修身、齐家、治国、平天下”“天行健，君子以自强不息；地势坤，君子以厚德载物”[①]“用之则行，舍之则藏”[②]，这些古语无不体现着儒家的“有为”思想。道家则倡导“无为”。首先，在个人修炼上老子提倡“无为”。“是以圣人后其身而身先，外其身而身存，非以其无私邪？故能成其私”[③]，老子认为“无为”便是无私，不争先，置身度外，因为无私，才能达到自己理想的目的。“功成、名遂、身退，天之道”[④]，“无为”就是要功成身退，这是天道。“天之道，不争而善胜”“夫唯不争，故无尤”，无为就是不争，不争便能取胜而又没有祸害。“知足不辱，知止不殆，可以长久”“故知足之足，常足”，“无为”就是知足，知止，这样便可以常满足，可以长久。其次，在治国安邦方面，老子用“无为”思想来诠释他的政治哲学。“民之饥，以其上食税之多，是以饥。民之难治，以其上之有为，是以难治。”[⑤]老子说统治者为了满

① 出自《周易》。

② 出处《论语·述而》。意思为当为世所用时，则积极努力地去做；当不为世所用时，则退而隐居起来。

③ 出自《道德经》。

④ 出自《道德经》。

⑤ 出自《道德经》。

足私欲而做出祸害百姓、违反天道的行为，所以使百姓饥饿，国家难治。“天下神器不可为也，为者败之，执者失之”[①]，是说统治者采取“有为”的原则去治理天下，所以只会失败。“无为”便是指去除私欲，顺着民心，顺着天道去处事的原则。“道常无名。朴虽小，天下莫能臣，候王若能守之，万物将自宾”[②]，治理天下的人，要是能遵守天道的无为，则万物将自宾从，自化育。“我无为，而民自化；我好静，而民自正；我无事，而民自富；我无欲，而民自朴”[③]，“无为”便是好静、无事、无欲，人民便会顺化、纯正、富足、纯朴。“取天下常以无事，及其有事，不足以取天下”[④]，“无为”便是无事，不制造逆民心、违天理的事端，无事才可以取天下。“是以圣人无为，故无败，无执，故无失……以辅万物之自然而不敢为”[⑤]，“无为”就是顺从、辅助自然的发展，而不敢干预。老子认为道法自然，而自然是无为的。无为，并不是消极的无所作为，它是在尊重客观规律的前提下，充分发挥主观能动性，去认识世界、改造世界。《道德经》中的“无为而无不为”“为无为，则无不治”说明了这一点。汉朝、唐朝由乱到治、由弱到强也证明了它。与孟子大约同时代的庄子则进一步发挥了老子的这一无为思想，庄子主张“不以心捐道，不以人助天”[⑥]，是说不要以心智去违背自然之道，不要以人为的造作去帮助自然，乃至毁灭自然。庄子在自己的人生活动中，处处遵循这种无为的生存方式。《庄子·秋水》中就记载庄子拒聘为相的故事。

【名言典故】庄子拒相

典故出自《庄子·秋水》。相传，庄子在濮水钓鱼，楚王派两位大夫前往表达心意，请他当楚国的丞相。他们对庄子说：“希望将国内的事务劳累您啊！”庄子拿起鱼竿没有回头看他们，说：“我听说楚国有一只神龟，死的时候已经有三千岁了，国王用锦缎将它包好放在竹匣中珍藏在宗庙的堂上。这只神龟，它是宁愿死去留下骨骸而显示尊贵呢？还是宁愿活在烂泥里拖着尾巴爬行呢？”两位大夫说：“宁愿活在烂泥里拖着尾巴爬行。”庄子说：“你们回去吧！我宁愿像龟一样在烂泥里拖着尾巴活着。”

【知识小贴士】

文景时期，吸取秦灭的教训，笃信黄老，继续推行汉初无为而治的思想，采取了轻徭薄赋、与民休息的措施，减轻农民的徭役和赋税等负担，着力于恢复农业生产，稳定封建统治秩序，注重发展农业生产。《汉书·食货志上》说，“文帝即位，躬修俭节，以安百姓”，对于当时经济的恢复和发展，有重要的意义。文景时期，提倡节俭，重视“以德化民”，社会比较安定，经济得到发展，海内富庶，国力强盛。历来被视为封建社会的“盛世”，史称“文景之治”。

---

① 出自《道德经》。
② 出自《道德经》。
③ 出自《道德经》。
④ 出自《道德经》。
⑤ 出自《道德经》。
⑥ 出自《庄子·大宗师》。

(四) 儒家强调个人对家族、国家的责任，道家醉心于个人对社会的超脱

儒家的“有为”是要有为于社会，人的个体价值与追求应当与社会价值密切挂钩，人的自身追求必须对社会有用，有用于社会而作为才是人身自我价值实现的根本；人生态度上，儒家是积极进取的，对社会现实有强烈的关切和历史使命感，以天下为己任，对同类和他人具有强烈的同情心。道家和儒家在精神上也不是全然对立，而是存在着相互接近、相互沟通的要素。例如，在天人关系上，儒家虽然有“天人合一”之说，但其主调仍然是宗法伦理，所以天人谐调还是要归结为人际谐调。道家则有所不同，它以超脱社会伦常为目的，于是把复归“自然”当作寄托身心的不二法门，这就使天人谐调从人际谐调的从属地位独立出来而成为“第一义”。而且，道家所谓的“自然”，绝不等同于儒家的“天命”或“天理”，它是一种超功利的境界，带有玄思的品格和自适的情趣。从这个角度上来把握与发挥天人关系的作用，恰好可以补救儒家在这方面的缺陷，给局限于人伦世界的儒家学说打开新的天地。

人性是复杂的，人生是多变的，思想史上流行的观点认为，“达则兼济天下，穷则独善其身”①是作为中国文化精髓的“儒道互补”的体现：前半句表达了儒家的理想主义和入世精神，而后半句显示出道家的豁达态度与出世境界。后世不少士大夫文人正是从儒家指示的这条“独善”之路找到了通往道家思想之门。儒和道就这样由对立走向了互补，相反而又相成。

三、法家

法家的代表人物有韩非子(见图 3-3)、管仲、子产、商鞅、慎到、申不害等人，韩非子则集法(法令)、术(策略)、势(权势)之大成，建构起完备的法家理论和朴素辩证法思想。

图 3-3 韩非子

(一) 反对礼制

法家重视法律，而反对儒家的“礼”。他们认为，当时的新兴地主阶级反对贵族垄断经济和政治利益的世袭特权，要求土地私有和按功劳与才干授予官职，这是很公平的、正确的主张。而维护贵族特权的礼制则是落后的、不公平的。

(二) 法律的作用

法律第一个作用就是“定分止争”②，也就是明确物的所有权。其中慎到就做了很浅显的比喻：“一兔走，百

① 出自《孟子·尽心上》。

② 出自《管子·七臣七主》。

人追之。积兔于市，过而不顾。非不欲兔，分定不可争也。”意思是说，一个兔子跑，很多的人去追。但对于集市上的那么多的兔子，却看也不看。这不是不想要兔子，而是所有权已经确定，不能再争夺了，否则就是违背法律，要受到制裁。第二个作用是“兴功惧暴”[①]，即鼓励人们立战功，而使那些不法之徒感到恐惧。兴功的最终目的还是富国强兵，取得兼并战争的胜利。

(三)“好利恶害”的人性论

法家认为人都有“好利恶害”[②]或者“避害就利”[③]的本性。像管仲就说过，商人日夜兼程，赶千里路也不觉得远，是因为利益在前面吸引他。打鱼的人不怕危险，逆流而航行，百里之远也不在意，也是追求打鱼的利益。有了这种相同的思想，所以商鞅才得出结论：“人生有好恶，故民可治也。”[④]

(四)“不法古，不循今”的历史观

法家反对保守的复古思想，主张锐意改革，认为历史是向前发展的，一切的法律和制度都要随历史的发展而发展，既不能复古倒退，也不能因循守旧。商鞅明确地提出了“不法古，不循今”[⑤]的主张。韩非子则更进一步发展了商鞅的主张，提出“时移而治不易者乱”[⑥]，他把守旧的儒家讽刺为守株待兔的愚蠢之人。

(五)“法”“术”“势”结合的治国方略

商鞅、慎到、申不害三人分别提倡重法、重势、重术，各有特点。其中，法是指健全法制；势指的是君主的权势，要独掌军政大权；术指的是驾驭群臣、掌握政权、推行法令的策略和手段。到了法家思想的集大成者韩非子时，韩非子将三者紧密结合，他认为法、术、势三者都是“帝王之具”，帝王就是专制主义的中央集权的君主，具就是工具。专制主义的统治者有这三种工具，就可以有效地统治臣下和劳动人民。

在从春秋争霸到秦并六国的过程中，法家学说就政治层面而言，远较其他各家的影响大。西汉武帝尊儒以后，法家的影响逐渐式微，作为严格意义上的法家就从政治舞台上消失了。

【名言典故】李斯和他的仓鼠哲学

“李斯者，楚上蔡人也。年少时，为郡小吏，见吏舍厕中鼠食不洁，近人犬，数惊恐之。斯如仓，观仓中鼠，食积粟，居大庑之下，不见人犬之忧。于是李斯乃叹曰：‘人之贤不肖譬如鼠矣，在所自处耳！’”这是司马迁《史记·李斯列传》开头的一段话。在李斯的

---

① 出自《管子·七臣七主》。
② 出自《荀子·荣辱》。
③ 出自《吴子·图国第一》。
④ 出自《商君书·错法》。
⑤ 出自《商君书·错法》。
⑥ 出自《韩非子·心度》。

眼里，厕所与大粮仓中的老鼠完全属于两种不同的生活环境，因此李斯发出这样的感叹：贤人与小人其实就像老鼠一样，区别就是所处的地位不同罢了。李斯一生的奋斗准则，就在不断实践着他的“仓鼠哲学”。“仓鼠哲学”既让他功成名就，也让他身败名裂，给后人留下了深刻的思考。

四、墨家

墨家的创始人为墨子[①]，墨家是一个纪律严明的学术团体，其最高的领袖被称为“巨子”。墨家学派有前后期之分，前期思想主要涉及社会政治、伦理及认识论问题；后期墨家在逻辑学方面有重要贡献。墨家提出了“兼爱”“非攻”“尚贤”“尚同”“天志”“明鬼”“非命”“非乐”“节葬”“节用”等观点，以兼爱为核心，以节用、尚贤为支点。在当时的百家争鸣时期，社会影响最大的是儒墨两家，故有“非儒即墨”之称。

(一) 兼爱

兼爱，就是主张爱无差别等级，不分厚薄亲疏。墨子以兼爱为其社会伦理思想的核心，认为“天下兼相爱则治，交相恶则乱”[②]，即认为天下之乱，起于人与人不能兼爱。他认为，“臣与子不孝，君与父不慈”，以及“大夫之相乱家，诸侯之相攻国”，直至盗贼之害人，都是互不相爱的结果。如果天下人能“兼相爱”“爱人若爱其身”，那就天下太平了。他反对儒家所强调的“爱有差等”的观点，提倡“兼以易别”，要禁止“强执弱”“富侮贫”“贵傲贱”“诈欺愚”，反对贵族、富人欺压下层民众。他提出“兼相爱，交相利”[③]，把兼爱与实现人们物质利益方面的平等互利相联系，表现出对功利的重视。“兼爱”有利于自己，不“兼爱”则有害于自身，墨子将伦理道德和功利主义紧密地结合在一起。墨子尚贤、尚同、节用、节葬、非攻等主张均以兼爱为出发点，他希望通过提倡兼爱解决社会矛盾。兼爱以天志为源头，引导出天爱万物，养万物，包容万物，从而得出人也该爱万物，养万物，包容万物。

(二) 非攻

非攻，就是反对一切非正义的战争，对于正义的战争，并不反对。墨子主张非攻，是特指反对当时的“大则攻小也，强则侮弱也，众则贼寡也，诈则欺愚也，贵则傲贱也，富则骄贫也”的掠夺性战争。墨子以是否兼爱为准绳，把战争严格区分为“诛”(诛无道)和“攻”(攻无罪)，即正义与非正义两类。“兼爱天下之百姓”的战争，如禹攻三苗、商汤伐桀、武王伐纣，是上中(符合)天之利、中中鬼之利、下中人之利的，因而有天命指示，有鬼神的帮助，是正义战争。反之，大攻小，强凌弱，众暴寡，“兼恶天下之百姓”的战争，

---

① 墨子(约公元前468年—公元前376年)，姓墨名翟，世称墨子，战国时期著名思想家、政治家、军事家、社会活动家和自然科学家。

② 出自《墨子·兼爱上》。

③ 出自《墨子·兼爱中》。

是非正义的。墨子还坚决无情地揭发了当时战争给人民带来的沉重负担和无尽的灾难。

(三) 尚贤

尚贤，就是崇尚贤能之才。墨子从治国安民的目的出发，提出了“尚贤”是“为政之本”的观点。他指出，国家之所以“不得富而得贫，不得众而得寡，不得治而得乱”，原因在于“王公大人为政于国家者，不能以尚贤事能为政也”。他认为当政急务在“众贤”，即搜求大量人才，以适应时代的需要。墨子反对儒家“亲亲有术，尊贤有等”的看法，主张“不党父兄，不偏富贵，不嬖颜色”“有能则举之，无能则下之”。他强调，国家用人应打破等级身份，“官无常贵，民无终贱”“虽在农与工肆之人，有能则举之，高予之爵，重予之禄”，让其有职有权，发挥作用。这反映了小生产者要求改变自身的经济政治地位、参与政权的愿望，是对以血缘为基础的贵族等级制度的冲击，在当时具有进步意义。

(四) 明鬼

明鬼，就是辨明鬼神的存在。墨家认为鬼神不仅存在，而且能对人间的善恶予以赏罚。墨子列举古代的传闻、古代圣王对祭祀的重视及古籍的有关记述，以证明鬼神的存在和灵验。墨家明鬼理论是为兼爱理论张本，而并不是对超自然有兴趣。明鬼和天志的理论只是为了教人相信，实行兼爱，将得上天奖赏；反之，将受上天惩罚。这是墨子倡导的宗教规范。墨子明鬼的目的，主要是想借助超人间的权威以限制当时统治集团的残暴统治。

(五) 天志

天志，就是天的意志。墨子认为，天是有意志的。天喜欢义，憎恶不义；希望人们相互帮助、相互教导，反对人们相互攻击、相互敌视。“天志”是墨子为实现其“兼相爱，交相利”的社会理想而提出的表现形式。“天”有赏善罚恶的意志，“天志”规范制约人们的思想和行为，“天志”是法律的来源，“天志”是最好的法律，“天志”的核心是“兼相爱，交相利”。墨子推崇“天志”的目的在于强调法律的公正和平等。

墨家学派不仅是学术上独树一帜的派别，而且是一个组织严密的政治团体。其具体表现是，以“巨子”为首领，徒众的进退出处，都听命于他，不得违反。墨子是第一代巨子，据称，“墨子服役者百八十人，皆可使赴火蹈刃，死不还踵”。这种为实现学派宗旨而义无反顾的精神，是墨派显著的特点。

战国后期，墨家汇合成二支：一支注重认识论、逻辑学、几何学、几何光学、静力学等学科的研究，是谓“墨家后学”(亦称“后期墨家”)，另一支则转化为秦汉社会的游侠。前者对前期墨家的社会伦理主张多有继承，在认识论、逻辑学方面成就颇丰。后期墨家除肯定感觉经验在认识中的作用外，也承认理性思维在认识中的作用，对前期墨家的经验主义倾向有所克服。它还对“故”“理”“类”等古代逻辑的基本范畴作了明确的定义，区分了“达”“类”“私”三类概念，对判断、推理的形式也进行了研究，在中国古代逻辑史上占有重要地位。

但是战国以后，墨家已经衰微。到了西汉时，由于汉武帝的独尊儒术政策、社会心态的变化，以及墨家本身并非人人可达的艰苦训练、严厉规则和高尚思想，墨家在西汉之后基本消失。

第二节　两汉经学

一、经学释义

《辞海》把“经”字定义为历来被尊崇为典范的著作或宗教的典籍，亦指记载一事一艺的专书；但在中国汉代独尊儒术后特指研究儒家经典[①]学说，训解、阐明其蕴含义理的学问。经学是中国古代学术的主体，仅《四库全书》经部就收录了经学著作一千七百七十三部、二万零四百二十七卷。经学中蕴藏了丰富而深刻的思想，保存了大量珍贵的史料，是儒家学说的核心组成部分。

二、经学的产生与发展

经学产生于西汉。春秋末年(公元前6世纪至公元前5世纪)，孔子返回鲁国编订和整理了一些传统的文献，形成了《诗》《书》《礼》《易》《乐》《春秋》六经[②]，后世儒生们以六经学习儒家思想。在春秋战国时期，六经已被尊为宝典。秦始皇的焚书坑儒，致使大量先秦典籍消失，六经除了《易经》之外，其他未能幸免于难。西汉文景时期开始展开了大量的献书和古籍收集工作，使之传世。因《乐》亡佚，遂成为五经。古老的经书内容深奥，主要靠经师的传授得以流传。经学研究的工作，主要就是注疏经书。所谓注，就是直接对经典的文字的意义等加以解释说明，但有些注因为太简要或年代也久远了，因此后代人为注再作解释，称作疏。除了注、疏之外，其他如“解”“考证”“集解”“正义”等，名虽不同，但作法大多类似，都是对于经书的一字一句详加研究，希望能了解它真正要表达的意思。经书的内容难以理解且充满争议，但却又是包括解释宇宙秩序、政治、道德规范，甚至日常生活等一切的准则及正当性来源，所以研究经书便成为汉代以来最重要的学术活动。

汉武帝即位后，为了适应大一统的政治局面和加强中央集权统治，采纳董仲舒“罢黜百家，独尊儒术”[③]的建议，将经过董仲舒改造过的儒家思想，作为官方认可的统治思想，还专设五经博士，负责讲授儒家经典。从此儒学独尊，由于《乐》已无书，《诗》《书》《礼》

---

① 所谓儒家经典，一般是指儒学十三经，亦即《周易》《尚书》《诗经》《周礼》《仪礼》《礼记》《春秋左传》《春秋公羊传》《春秋谷梁传》《论语》《孝经》《尔雅》《孟子》。

② 关于六经是否是孔子所作，长期以来一直有争议。据司马迁在《史记·孔子世家》记，孔子编辑了《书》，删定了《诗》，编订了《礼》和《乐》，作了《易》的一部分，并根据鲁国的史料创作了《春秋》。

③ 出自《汉书·董仲舒传》。

《易》《春秋》五经超出了一般典籍的地位，成为崇高的法定经典，也成为士子必读的经典。因此在东汉时有“遗子金满盈，不如教子一经”[①]的说法。《汉书经籍志》中，把当时的学术区分为“经、史、子、集”四种，即以经学为首，这种分类方式一直到清代仍为人所接受。汉代儒生们即以传习、解释五经为主业。自此经学正式宣告诞生，可以将经学视为先秦原初儒学的继承和发展。经过各学派间的长期分化、传承而演变出“西汉五经”“东汉七经”“唐九经”“开成十二经”“宋十三经”“朱子四书五经”等体系。儒家经学，历朝都有，但是在思想活跃的先秦、两宋时期以子学、理学的形态出现，而在思想不活跃的两汉、清代则以经学形式出现。

两汉经学在传播过程中，逐渐形成两种不同学派。一派称今文经学，所讲授的经典用汉代通行的隶书写成，基本倾向是结合当时政治，发挥经典中的微言大义；另一派称古文经学，其经书用籀文、蝌蚪文书写，一般着重于文字训诂和典故的解说，不联系当时实际。武帝立五经博士，所立的都属今文经学。古文经学未受重视，只能在民间传授。汉朝是经学发展最为繁荣和昌盛的时期，儒生通过对经学进行阐述与发展，使经学的思想深深渗透到普通民众之中。

三、董仲舒和今文经学

董仲舒(公元前 179—公元前 104 年)是今文经学派的重要代表人物，了解了他的学说，也就了解了西汉今文经学的本质。董仲舒以研究春秋公羊学为主，融合阴阳家、黄老、法家思想，建立了“天人感应”的目的论思想体系。西汉前期以黄老之学为尊，汉武帝于元光元年(公元前 134 年)举贤良对策，董仲舒上对策三篇，提出“罢黜百家，独尊儒术”，为汉武帝采纳。从此，他的学说成为汉代官方认可的正宗思想。董仲舒提出了许多影响较大的建议，绝大部分被汉武帝采纳并得到实行。

(一) 大一统

董仲舒的社会理想是一个大一统的和谐安定社会。他说：“《春秋》大一统者，天地之常经，古今之通谊也。”[②]他认为《春秋》最重“元”，“谓一元者，大始也”[③]。“元”就是大一统的开始，并且还认为“唯圣人能属万物于一而系之元”[④]，因此他希望汉武帝是圣人，能成就建立封建大一统帝国的功业。大一统的根本特征是思想的统一。董仲舒在他的贤良文学对策中，向汉武帝提出“推明孔氏，抑黜百家”的建议，主张“诸不在六艺之科、孔子之术者，皆绝其道，勿使并进”[⑤]。汉武帝采纳了这一建议，于是儒学便从此成为官学，上升到至尊的地位。

---

① 出自《汉书·韦贤传》。
② 出自《汉书·董仲舒传》。
③ 出自《春秋繁露·玉英》。
④ 出自《春秋繁露·重政》。
⑤ 出自《汉书·董仲舒传》。

(二) 三纲五常

董仲舒说:“王道之三纲,可求于天”[①]“天不变,道亦不变”[②],董仲舒以“天人感应”[③]的神学思想宣称:帝王授命于天,是秉承天意统治天下的,因此称为“天子”。按照这个说法,帝王自然具有绝对的统治权威。董仲舒从天人关系出发,建立一套“三纲”“五常”的伦理学,为维护封建帝王的绝对统治服务。“三纲”指:君为臣纲,父为子纲,夫为妻纲,“五常”指仁、义、礼、智、信。三纲五常是中国儒家伦理文化中的重要思想,在漫长的封建社会中起到了极为重要的作用。

(三) 更化

秦行法家政治,刑罚惨苛。汉律大体沿袭秦律,路温舒在《尚德缓刑书》里说,“秦有十失,其一尚存,治狱之吏是也”。董仲舒说阳是天之德,阴是天之刑,刑主杀,德主生,天亲阳而疏阴,重德而不重刑。所以他主张更化,就是要求以仁德代替严刑,也就是要求以儒家学说代替法家学说。董仲舒认为,富贵人家奢侈淫佚,贫苦人家穷急愁苦,这实在是需要更化的时候了,限田是更化的关键所在。董仲舒建议限田,不许豪富占田过限;释放奴婢,禁止擅杀奴婢;减轻赋税,节省徭役,让庶民的负担略为宽舒。董仲舒这个对农民充满同情心的正义性建议,后来得到汉武帝的采纳,但专禁商贾占田,没收他们的田宅和奴婢,不是董仲舒普遍限田的原意。

(四) 推阴阳灾异

汉武帝认为,一切宜忌,以五行家为主。五行家得汉武帝的尊信,成为日常生活的指导者,儒家和它合流,是很自然的。《春秋》记录天变灾异,原来并不含什么迷信的意义。陆贾在汉高帝时作《新语》,说“治道失于下,则天文度于上,恶政流于民,则虫灾生于地”,足见西汉儒者,已开始推灾异。董仲舒取《春秋》所记天变灾异广泛地予以附会穿凿,使“公羊学”彻底地阴阳五行化。董仲舒创阴阳五行化的儒学,借天变灾异来附会经义,本意在利用天变灾异来进行谏诤,剥去迷信部分,正如他在对策里所说,“以此见天心之仁爱人君而欲止其乱也。自非大亡道之世者,天尽欲扶持而安全之,事在强勉而已矣”,其实质上仍是孔孟的仁义学说。自从董仲舒开出这一条道路,公羊家以外各家的经师,都认为这是一条最合时的道路,把大量迷信成分加入到经学里,借以取得朝廷的信任。经学阴阳五行化,成为西汉今文经学的基本特点。

(五) 断狱

儒家谈德治,向来与法家刑名之学对立。董仲舒据《春秋》经义附会汉朝法律,决断了许多疑难大狱,儒法两家合流。西汉初萧何定法律凡九章,到汉武帝时,律和令增至三百五十九章。其中死罪律四百零九条,凡一千八百八十二目,又有死罪例一万三千四百七

---

① 出自《春秋繁露·基义》。
② 出自《汉书·董仲舒传》。
③ 出自《尚书·洪范》。

十二条。法令繁多，连掌管法令的官吏也不能全部看完。官吏按罪人贿赂的有无，任意引用一条法令作根据，判轻罪为死罪，或判死罪为轻罪。董仲舒断疑狱二百三十二件，大体上从轻判决，救活了许多人命。他的判词集合成《公羊董仲舒治狱》十六篇，流传久远，至东晋时还有人引用它来辩护自己的冤狱。

【知识小贴士】

西汉五经：《诗》《书》《礼》《易》《春秋》。

东汉七经：除上述五经外，另外二经究竟为何一向聚讼纷纭，据王国维《汉魏博士考》，应为《孝经》与《论语》。

唐九经：即将五经中的《礼》拆为《仪礼》《周礼》与《礼记》，《春秋》拆成《左传》《公羊传》与《谷梁传》。

开成十二经：唐文宗开成十二年，于九经上添《尔雅》《论语》《孝经》，刻做石经。

宋十三经：北宋时，承继唐代九经定制，但是《孟子》的地位有所上升，南迁以后，《孟子》的地位已经不可动摇，升格为经，与开成十二经合做十三经。

四书五经：为朱子所定，于五经上增设“四书”，即《论语》《孟子》《大学》《中庸》。随着朱子学的繁盛，这也成为儒家经典最为著名的编订方式。

第三节　魏晋玄学

一、玄学释义

玄学是汉末魏晋时期至宋朝中叶出现的一种崇尚老庄、研究幽深玄远问题的哲学思潮。“玄”这一概念，起源于《老子》中的一句话“玄之又玄，众妙之门”。西汉之扬雄在《太玄·玄摊》中说：“玄者，幽摊万类，不见形者也。”魏王弼在《老子指略》解释道：“玄，谓之深者也。”玄学是魏晋时期的学术主潮。

二、基本特点

玄学是在东汉末年经学衰落之际，抛弃了天人感应之论，冀以清谈和思辨禅补注经烦琐等阙漏，以自然为本为体，以名教为末为用，探讨本末的有无，即宇宙的本体问题；对此哲学目的，又以“得意忘言”为方法，以辨名析理为其思维形式，由是而成为一整套哲学体系。在晋元嘉十六年国家开设五馆中，玄学馆为其中之一，这也标志玄学的确立并为朝廷认可。玄学大体上分为三派：以何晏、王弼、向秀、郭象等为代表的玄理派，以王衍为代表的清谈派和嵇康、阮籍、“七贤”等名流的狂放派。玄学的思潮还开创了中国文化史上的新时期，其核心内容牵涉哲学上各个领域，其中包括本体论、知识论、语言哲学、伦理学、美学等，都是前人未有触及或未能深入探讨的问题。魏晋玄学影响广泛，泛浸及医学，自然主义的养生观、重术尊方的发展理路，以及“医者意也”[①]的思维方式等，都与玄学的影响有关，这也铸就了魏晋南北朝时期医学的自觉自为的特征。

(一) 以“三玄”为主要研究对象

魏晋时人注重研究《老子》《庄子》和《周易》，称之为“三玄”。《老子》又称《道德经》，《庄子》又称《南华经》，此二书被视为“玄宗”。并以《老子》《庄子》注解《周易》，例如：王弼著的《周易注》与《周易略例》两书，就是以老庄解《周易》的代表作。在玄学家那里解释的易学，已经不是先秦时的易学，也不是汉儒象数学的易学，而是老庄化了的玄学的易学。

(二) 以辩证“有无”问题为中心

魏晋玄学把老庄哲学中的“有无”问题当作讨论的中心课题。以何晏、王弼为代表的玄学贵无派把“无”当作世界的根本和世界统一性的基础。崇有论者裴頠则反对贵无思想，否认无能生有，认为有是自生的，自生之物以有为体。

(三) 以探究世界本体为其哲学的基本内容

秦汉时期的哲学，注重宇宙生成问题，魏晋玄学则主要讨论宇宙本体问题。玄学贵无派把“无”当作“有”的存在根据，提出了“以无为体”的本体论思想。郭象既反对“无中生有”说，亦反对有必“以无为体”说，主张有之自生说，并认为“有”是各个独自存在的，不需要一个“无”作为自己的本体。

(四) 以解决名教与自然的关系问题为其哲学目的

先秦的老庄学以崇尚自然、反对名教(即儒家礼教)为基本特征，而魏晋玄学的老庄学，除了阮籍、嵇康之外，总的来说是以调和儒道、调和自然与名教为根本目的。王弼用以老解儒的方法注《周易》与《论语》，把儒道两者调和起来；郭象提出了名教即自然的理论，认为“圣人虽在庙堂之上，然其心无异于山林之中”[②]，是为“游外弘内”；嵇康声称“非汤武，而薄周孔”[③]，提出了“越名教而任自然”[④]的主张；阮籍讽刺儒家之徒是处于裤裆中的虱子，表现了反儒的倾向。然而阮籍、嵇康反儒主要是反对当时司马氏集团宣扬的虚伪的儒家礼教，他们并不反对维护封建纲常的名教，所以又都各自强调儒家礼乐的作用，认为真正的礼乐教化可以达到移风易俗的目的。

---

① 医者意也，语出汉代名医郭玉，其云：“医之为言意也，腠理至微，随气用巧，针石之间，毫芒即乖。”体现了其对实施医术的慎重。

② 出自《庄子·逍遥游》。

③ 出自《与山巨源绝交书》。

④ 出自《与山巨源绝交书》。

(五) 以“得意忘言”[1]为方法

玄学的主要代表王弼、郭象等针对汉儒支离烦琐的解释方法，强调在论证问题时应注意把握义理，提出“得意忘言”“寄言出意”的方法。

(六) 以“辨名析理”为其哲学的思维形式

魏晋玄学家重名理之辨，善作概念的分析与推理，因此玄学的思辨性很强，辨析名理成为玄学哲学思维形式的基本特征之一。魏晋玄学在中国哲学发展史上占有重要的地位。它不仅上承先秦两汉的道家思想，克服了汉代经学的弊病，开创了糅合儒道学说的一个新的哲学时期，还对尔后的佛学，乃至宋明理学都产生了深远影响。它提出的“本末”“体用”等宇宙本体论思想，与西汉讨论宇宙生成论的哲学相比，在理论思维上是一个很大进步。

第四节 隋唐佛学

作为世界三大宗教之一，佛教对我国有着深远的影响。佛教起源于印度，于西汉末年传入中国，东晋南北朝广泛传播，隋唐时期得到了空前的发展。隋唐佛学思潮是我国汉传佛教史上引人注目的文化现象，也在中国化过程中展现了其具有的强烈生命力。佛教进入中国后，到了唐朝，六祖慧能创造禅宗之后，它的一个标志就是中国化和本土化了，和中国的文化融在一起了，它强调的是思想性和人的境界。隋唐时代，中国佛学的地位虽然不及印度，但当时的中国作为亚洲中心，从国际上看，中国的佛教或比印度的影响力更为深远。可以说佛教传入我国后，在隋唐时期达到鼎盛。《西游记》中的西天取经就是以佛教为背景，这里的西天指的就是古印度。而唐僧取经在历史上也是确有其事，发生在唐太宗贞观三年，距今1300多年。《西游记》虽然是一部神魔小说，但可以看出在唐朝时期人们对于佛学的向往。

一、隋唐佛学勃兴的缘起

隋唐时期，佛教出现一派鼎盛局面，发展十分迅猛，影响空前广泛，这绝非偶然。它既有佛学自身发展的内在逻辑使然，也有隋唐政治、经济、文化发展的支撑所配合。

首先，魏晋南北朝时期，佛教学者在传播佛经过程中所创造出“连类”与“格义”[2]的方法，使佛经翻译逐渐越过了语言和文化思想的障碍，从而促成了印度佛教文化与中国文化的逐步融合。例如，后秦僧人、中国佛教四大译经家之一的鸠摩罗什，曾与其弟子共译出《大品般若经》《法华经》《维摩诘经》《阿弥陀经》《金刚经》及《中论》《百论》《十二

---

① 出自《庄子·外物》。

② 冯友兰在《中国哲学史新篇(第四册)》中注解：“《高僧传》说，佛学大家慧远，向听众讲佛学的‘实相义’，费了很多的时间，听众越听越糊涂。慧远又用《庄子》的道理作解释，引‘《庄子》义以为连类’，听众就明白了。《高僧传》又说，另一个大佛学家法雅，因为他的学生对中国原有的思想有一定的了解，而对于佛教哲学了解得很少，他就把佛教的哲学同中国原有的思想联系起来互相解释。这种办法，当时称为‘格义’。”

门论》《大智度论》《成实论》等一系列经论。

其次，隋唐王朝看到了佛教在缓和社会矛盾、维护政权稳固方面的重大作用，对佛教给予了极大的扶持。隋朝时，隋文帝与炀帝都出巨资扶助卷帙浩繁的佛经的翻译出版。到唐朝时，虽在佛教发展的历史上曾几度有所曲折(如唐太宗、唐玄宗时对佛教的禁令，以及唐武帝灭佛)，但实际上佛教势力仍在迅速发展。唐太宗李世民主张“丧乱”之后，应令天下寺院“度人为僧尼”①；要求起义农民“灭怨障之心，趣菩提之道”②。武则天由于篡政的需要，更是借用佛教压制道教，曾下诏明令“释教宜在道法之上，缁服当处黄冠之前”，还亲自参与组织了《华严经》的翻译。唐玄宗和唐肃宗都先后诏天竺僧人不空在宫内立坛为之“灌顶”③。唐代宗李豫更是在宫内设“内道场”，“令僧百余人于宫中陈设佛像，经行念诵”④。

再次，隋唐王朝的经济繁荣，为佛教的发展奠定了物质基础。当时寺院除了自身的田园收入外，还时常得到朝廷、地方政府的资助。《旧唐书·辛替否传》曾介绍“十分天下之财，而佛有七八”。虽有夸大之嫌，但透过它也可见当时佛门经济之雄厚。

最后，隋唐佛学与空前繁荣的隋唐文化密不可分。李世民授命孔颖达等经学家编定《五经正义》，推进儒学的发展。道家先哲备受尊崇，《老子》被封为“上经”或“真经”，而《庄子》《文子》《列子》等书，亦分别被封为《南华真经》《通玄真经》《冲虚真经》⑤。唐高宗时《老子》被列入考试士人的必读之书，道教文化得到了有效传播，涌现出许多有成就的道教学者。以唐诗为代表的文学、艺术成就都达到了前所未有的境界。隋唐佛学就是在与其他文化相互影响、相互交融的进程中得到发展。

二、隋唐佛学兴盛的具体表现

隋唐佛学兴盛既有其外在表现，如寺庙建设增多、寺庙经济改善和僧侣地位提高等；也有其内在表现，即佛门自身教派、教义的大发展。

(一) 寺院众多，寺院经济发达

据史书所载，隋代佛教寺院达四五千所，到唐代，寺院竟然增到四万多所。当时佛门为扩大经济收入，除经营朝廷划拨的田地外，还千方百计大量兼并土地。当时，“造寺不止，费财货者数百亿；度人无穷，免租庸者数千万造”。同时，随着佛教的兴盛，还大肆开凿石窟，最为壮观的艺术成果，当数敦煌“莫高窟”⑥和“龙门石窟”。

---

① 出自《广弘明集·度僧于天下诏》。

② 出自《广弘明集·为战亡人设斋行道诏》。

③ 出自《大宋高僧传·唐京兆大兴善寺不空传》。

④ 出自《旧唐书·王缙传》。

⑤ 出自《旧唐书》卷二十四《礼仪志四》。

⑥ 莫高窟：亦称千佛洞。它始建于前秦建元二年(公元366年)，主要工程奠定于唐代，唐后亦有所续建。今尚存壁画45000多平方米，彩塑像2100余尊。作品反映了以唐代为主体的我国古代(从6世纪到14世纪)社会中的佛教生活片断及绘画造型艺术的光辉成就。

(二) 佛门信徒人数猛增

相传，隋代有“僧尼三十来万人”。史书记载，“中宗以来，贵戚争营佛寺”。[①]禅宗的奠基之地——黄梅的双峰山与东山，“法门大启，根机不择”，“缁门俊秀，归者如云”。禅宗四祖道信在双峰山时，学徒“归趣者五百余人”；五祖弘忍居东山，“门人有千余众”，“道俗受学者天下十八九”；慧能在曹溪寺“广阐禅门，学徒十万”[②]。以致后来唐武宗废佛时，全国“还俗僧尼”，竟有“二十六万五百人”[③]之多。

(三) 僧侣地位显著提高

隋唐时期，僧侣在政治、经济、文化各方面都享有许多特权。例如，天竺僧人不空，因先后为唐玄宗、肃宗行“灌顶”屡加封赠，最后封为“肃国公”，富比王侯。玄奘从印度取回经文之后，唐太宗称赞玄奘“夙标高行，早出尘寰”，并亲自为之作《三藏圣教序》，诏令出版，广泛传播。当时唐王朝允许佛门自制田产，以至到武则天时，出现了“天下公私田宅，多为僧寺所有”的情况。

(四) 佛经翻译数量大增和佛教各宗派形成

根据费长房《历代三宝记》载，隋代共有佛经两千一百四十六部，共六千二百三十五卷之多；唐代时比以前更为增多，据德宗时圆照的《贞元新定释教目录》，共有两千四百四十七部、七千三百九十九卷。从唐高祖武德到德宗贞元年间共一百八十多年，我国译出佛经总数达四百三十五部、两千四百七十六卷，翻译家共四十六人。所以，隋唐时期是我国佛经翻译史最辉煌的一个时期。我国佛教史上一些有影响的教派，也大多数在隋唐时期形成。例如，隋朝时形成的天台宗，以及唐朝形成的唯识宗、华严宗、禅宗、密宗、净土宗、律宗等皆是。这些佛教宗派各有高僧，如天台宗的智顗，唯识宗的玄奘，华严宗的法藏，禅宗的慧能，密宗的不空，净土宗的道绰，律宗的道宣、怀素、义净等，皆是当时学问很高深的佛教大师。

三、佛教哲学中国化体系的理论特征

隋唐佛教各宗派的理论虽然各异，但在其思辨结构上又有其共同性：一是佛教哲学利用形而上学的抽象，在现实世界背后设置一个超现实的神秘本体，赋予其“法性”“佛性”“真如”“圆成实性”等名字。二是又把这个神秘本体同现实世界对立起来，用“缘起论”“中道观”“二谛义”等貌似辩证法的相对主义诡辩，论证世界万物都是待缘而起、虚幻不实的。三是佛教哲学认为只有抛弃人的正常认识能力和认识活动，既破“我执”(认识主体)，又破“法执”(对象世界)，“人境俱夺”，才能得到一种达到“真如”“佛性”的“智慧”，

① 出自《资治通鉴·唐记二十七》。

② 出自《曹溪大师别传》。

③ 出自《旧唐书·武宗本纪》。

实现主体与绝对本体的冥合，进入彼岸世界。这实际上是一种自我意识的循环。自我意识的循环、相对主义的诡辩、神秘主义的证悟，这三种方式的结合，构成了隋唐佛教的一般思辨结构。这对于中国古代哲学本体论与认识论的发展，对于中华民族思维水平的提高，有着重要作用。

在隋唐佛教诸宗派中，最富于思辨特色、对中国哲学发展影响很大的是唯识宗、华严宗、禅宗。

第五节 宋明理学

一、理学概述

宋明理学亦称“道学”，是一种既贯通宇宙自然(道教)和人生命运(佛教)，又继承孔孟正宗(根本)，并能治理国家(目的)的新儒学，是宋明时期占主导地位的儒家哲学思想体系。汉儒治经重名物训诂，至宋儒则以阐释义理、兼谈性命为主，因有此称。

理学流派纷纭复杂，北宋中期有周敦颐的濂学、邵雍的象数学、张载的关学、二程(即程颢和程颐)的洛学、司马光的朔学，以及胡安国、胡宏与张栻的湖湘学派，南宋时有朱熹的闽学[①]、陆九渊兄弟的江西之学，明中期则有王守仁[②]的阳明学等。尽管这些学派具有不同的理论体系和特点，但按其基本观点和影响来分，主要有两大派别：一则是二程、朱熹为代表的程朱理学；二则是陆九渊、王守仁为代表的陆王心学。程朱理学在南宋以后成为长期居于统治地位的官方哲学，陆王心学在明中期以后得到广泛传播。

理学的天理是道德神学，同时成为儒家神权和王权的合法性依据[③]，理学专求“内圣”的经世路线以及“尚礼义不尚权谋”的致思趋向，将传统儒学的先义后利发展成为片面的重义轻利观念。应该看到，理学强调通过道德自觉达到理想人格的建树，也强化了中华民族注重气节和德操、注重社会责任与历史使命的文化性格。张载庄严宣告：“为天地立心，为生民立命，为往圣继绝学，为万世开太平”；顾炎武在明清易代之际发出“天下兴亡，匹夫有责”的慷慨呼号；文天祥、东林党人在异族强权或腐朽政治势力面前，正气浩然，风骨铮铮，无不浸润了理学的精神价值与道德理想。

二、程朱理学

二程曾同学于北宋理学开山大师周敦颐，著作被后人合编为《二程集》。他们把“理”

---

① 朱熹(1130－1200)，南宋哲学家、教育家。字元晦，号晦庵，别称紫阳。祖籍徽州婺源(今属江西)，生于南剑州无溪(今属福建)。随程颐的三传弟子李侗专心学习儒学，成为程颢、程颐之后儒学的重要人物。闽学指以宋代朱熹为首的理学学派，因朱熹曾侨寓并讲学于福建，故称其学派为闽学。

② 王守仁(1472—1529)，明代哲学家，心学集大成者。字伯安，号阳明，浙江余姚人。著作由门人辑成《王文成公全书》。早期奉朱熹理学，转而出入佛老，后转向心学。

③ 周赟.《正蒙》诠译[M]. 北京：知识产权出版社，2014.

或“天理”视作哲学的最高范畴，认为理无所不在，不生不灭，不仅是世界的本源，也是社会生活的最高准则。在穷理方法上，程颢“主静”，强调“正心诚意”；程颐“主敬”，强调“格物致知”。在人性论上，朱熹主张“存天理，灭人欲”，并深入阐释这一观点使之更加系统化。二程学说的出现，标志着宋代理学思想体系的正式形成。南宋时朱熹继承和发展了二程思想，建立了一个完整而精致的客观唯心主义的理学体系。程朱理学在南宋后期开始为统治阶级所接受和推崇，经元到明清正式成为国家的统治思想。故如对宋明理学的概念不做特别规定的话，在通常的意义上便是指程朱一派的理学。

朱熹在哲学上发展了二程关于理气关系的学说，集理学之大成。朱熹认为宇宙万物都是由“理”“气”两个方面构成的，气是构成一切事物的材料，理是事物的本质和规律，在现实世界中理、气相依而不能相离。“天下未有无理之气，亦未有无气之理。”又断言“理在先，气在后”，“有是理便有是气，但理是本”，把“一理和万理”看作“理一分殊”的关系。提出“凡事无不相反以相成”，事物“只是一分为二，节节如此，以至于无穷，皆是一生两尔”。发挥《大学》“格物致知”思想，探讨认识领域中的理论问题，他强调穷理离不得格物，即格物才能穷其理，穷理愈多而知之愈广。在认识来源上，既讲人生有知的先验论，也不否认见闻之知。强调“知先行后”，又认为“知行相须”，注重行在认识中的重要性。强调“天理”和“人欲”的对立，要求人们放弃“私欲”，服从“天理”。在经学方面，朱熹有许多著作，其一生著述极丰。他的《四书》《五经》思想是汉代以后儒学经典解释学的又一次高峰，将《论语》《孟子》《大学》《中庸》集合为四子书，从而取代了五经的权威地位。他的思想在中国元、明、清三代一直是封建社会的官方哲学，标志着封建社会意识形态的更趋完备。

三、陆王心学

南宋陆九渊开创了心学学派，明王守仁继承发扬了陆九渊的“心即理”的学说，完成了心学体系，后人合称“陆王心学”。陆王心学与程朱理学虽有时同属宋明理学之下，但多有分歧。程朱理学为“格物派”(一称“客观唯心主义”)，而陆王心学往往被认为是儒家中的“格心派”(一称“主观唯心主义”)，与程朱理学分庭抗礼，明中期以后“陆王心学”几乎取代程朱理学，在思想领域影响颇大。

陆九渊解说“宇宙”二字为：“宇宙内事乃己分内事；己分内事乃宇宙内事。”[①]陆主张“宇宙便是吾心，吾心便是宇宙”[②]，又倡“心即理”说，断言“天理、人理、物理只在吾心之中。人同此心，心同此理。往古来今，概莫能外”[③]。陆九渊把心和理、心和封建伦理纲常等同起来，企图由此证明所谓封建等级秩序及道德教条是人心所固有的恒久不变

① 出自《宋史·陆九渊传》。

② 陆九渊. 陆九渊集[M]. 北京：中华书局，1980.

③ 陆九渊. 陆九渊集[M]. 北京：中华书局，1980.

的东西，并以朱熹理学批评者的面目出现。认为治学的方法在于“发明本心”[①]，不必多读书外求，而应反身内省，革除物欲，存心养心，立乎其大者。

王守仁继承和发扬陆九渊的学说，集心学于大成。提出“心外无物，心外无理”，认为身之主宰便是心，心之本体便是理，心之所发便是意，意之所在便是物，心外无物。认为“心”与“理”合一，不可分离。认为“良知”乃人察知善恶的本能，世人因受各种物欲蒙蔽而隐没良知，故须下“致”的功夫，以摆脱私欲，恢复原有的善良本性。主张“知是行的主意，行是知的功夫”，并认为“真知”是在实行中得来，所谓“真知即以为行，不行不足以语知”，与朱熹“知先于行”的主张截然不同。明代理学基本以王守仁的心学为中心。王守仁之后，王门诸子几乎遍布天下。黄宗羲的《明儒学案》中将其弟子分成浙中、江右、南中、楚中、北方、粤闽、泰州七派。其中，浙中学派著名的有钱德洪、王畿、徐爱；被称为“王学正宗”的江右派著名的有邹守益、聂豹、罗洪先；泰州学派著名的有王艮、颜钧、何心隐、李贽。明末，王学开始衰微。东林学派顾宪成、高攀龙批判王学末流谈空说玄、引儒入禅的学风，欲用朱学救其弊，提倡治国救世的名实之学。明末两大儒中的黄道周推崇朱学，而刘宗周以“慎独”为宗，对王守仁思想进行改造和发展。

第六节 清代实学

一、清代实学界定

“实学”概念由来已久。“实学”，是以“虚”的、“伪”的学问作为参照系，这个特点也是后来“实学”研究的共同特征。“实学”有广义、狭义之区别。广义之实学是指自先秦以来注重现实、经世致用的学问；而狭义之实学则是指发轫于北宋中叶、昌盛于明末清初直至晚清洋务运动之前的实体达用之学，是在对明末理学及王学末流所造成的种种积弊进行理性反思和深层批判的基础上，形成的一股社会变革思潮和思想解放运动。本节所述特指清代实学。

二、清代实学的代表人物及其学术思想

清代前期，许多有识之士清醒地认识到，晚明理学的空疏无本是导致明王朝覆亡的重要根源。这种反省，流露出对宋明理学空洞说教的强烈不满。清初实学在力矫晚明“束书不观，游谈无根”的空疏学风，易主观玄想为客观考察，改空谈为实证，弃独断是质测，把学术研究领域扩大到自然和社会的众多实际领域，如天文、地理、九经、诸史、风俗、

---

① 出自《槐堂诸儒学案・朱亨道传》。陆九渊的“发明本心”是继承了孟子的“学问之道无他，求其放心而已矣”(《孟子・告子上》)的观点而来的。

吏治、财赋、典章、制度等。其代表人物有顾炎武[①]、黄宗羲[②]、王夫之[③]等。

顾炎武“综贯百家，上下千载，详考其得失之故，而断之于心，笔之于书，朝章国典，民风土俗，元元本本，无不洞悉，其术足以匡时，其言足以救世”[④]。在治学方面，顾炎武主张“经世致用”[⑤]，反对空谈性命，注意广求证据。顾炎武还认为治学和培养道德情操都是为了经世济民。顾炎武在《夫子之言性与天道》即说：“不习六艺之文，不考百王之典，不综当代之务，举夫子论学论政之大端一切不问，而曰‘一贯’，曰‘无言’。以明心见性之空言，代修己治人之实学。股肱惰而万事荒，爪牙亡而四国乱，神州荡覆，宗社丘墟。”[⑥]在治学方法上，“每一事必详其始末，参以证佐”[⑦]。在政治方面，顾炎武反对君主专制，提出“以天下之权，寄天下之人”，才能“天下治矣”。他还主张扩大地方权力，以此来限制君权。他反对君主专制的“独治”，而主张吸收更多的地主阶级分子参政的“众治”。他认为治乱的关键在于人心风俗，因此主张正风俗以治天下。此外，在经济方面，他一方面认为人的自私是常情，另一方面又提倡贫富平均的思想。他极力主张的要点是发展农业生产。顾炎武的学风对清代影响较大。

黄宗羲深受王守仁心学影响，提倡以修儒为心学之本，以慎独为入德之要。力主穷经、治史，指出“学者必先穷经，经术所以经世。不为迂儒，必兼读史。读史不多，无以证理之变化；多而不求于心，则为俗学”[⑧]。倡导经世致用，开创一代求实学风，成为清代史学之祖。批判宋明理学空谈性命和治学，“明人讲学，袭语录之糟粕，不以六经为根柢，束书而从事于游谈”[⑨]，谓“儒者之学，经纬天地，而俗世乃以语录为究竟，仅附答问一二条于伊洛门下，便厕儒者之列，假其名以欺世”[⑩]。哲学上，他主张气本论，认为“理为气之理，无气则无理”[⑪]；在道器关系上，他坚持“器在斯道在，离器而道不可见”[⑫]的观点；在理心关系上，他认为“我与天地万物一气流通，无有碍隔，故人心之理，即天地万物之理”[⑬]，力主“心即气”的观点。黄宗羲也激烈批判封建君主专制，揭露君主“以天下之利尽归于己，以天下之害尽归于人”，君主专制为“天下之大害”[⑭]；提倡“法治”，反

① 顾炎武(1613—1682)，字忠清，江苏昆山人，人称亭林先生，是清朝初年思想家和实学的代表人物之一。

② 黄宗羲(1610—1695)，字太冲，号梨洲，又号南雷，余姚(今属浙江)人，明末清初思想家、文学家，与孙奇逢、李颙并称三大儒，是明末清初实学的代表人物之一。

③ 王夫之(1619—1692)，字而农，号姜斋，衡阳(今属湖南)人，世称船山先生，明清之际思想家和实学的代表人物之一。

④ 出自潘耒《日知录序》。

⑤ 出自梁启超《清代学术概论》。“清初之儒，皆讲‘致用’，所谓‘经世之务’是也。”

⑥ 出自《日知录》。

⑦ 出自《四库全书总目提要》。

⑧ 出自《清史稿》卷四八零。

⑨ 出自《清史稿》卷四八零。

⑩ 出自《南雷文定后集·赠编修弁玉吴君墓志铭》。

⑪ 出自《明儒学案·河东学案》。

⑫ 出自《先师蕺山先生文集序》。

⑬ 出自《明儒学案》卷二十二。

⑭ 出自《明夷待访录》。

对“人治”；反对重农抑商，提倡“工商皆本”[①]。

王夫之以“六经责我开生面”为己任，有鉴于明代学术蛊坏，世道偏颇，强调将理性思辨与经验见闻相结合，以求“思学兼致之实功”[②]。其学术贡献不仅以博大精深的哲学思辨见长，而且“江山险要，士马食货，典制沿革，皆极意研究”[③]。政治上，他提出要“趋时更新”[④]，以发展的眼光看待历史。哲学上，他提出“理在气中”的命题，认为“气者，理之依也”[⑤]，主张“气”是物质实体，“理”为客观规律。在道器观上，认为“道不离器”，指出“天下惟器而已矣。道者器之道，器者不可谓之道之器也”[⑥]。他还提出“静即含动，动不舍静”，即运动是绝对的，静止是相对的朴素辩证法思想，否定理学家主张的形而上学思想。清初三大思想家中，王夫之的唯物主义最为彻底。

三、清代实学的影响

清代实学产生于“天崩地解”的明清之交，其在痛定思痛中高扬的“经世”思想，深刻影响了整个清代儒学历程。颜李学派、浙东史学，特别是在晚清中华民族生死存亡之际的晚清儒学，都从清初的实学中汲取了强大的动力。

清初至康熙年间，由于清兵入主中原所引起的激烈民族矛盾，以及随着资本主义萌芽的发展而产生的市民阶层反抗封建统治的斗争和西方文化对中国传统文化的冲击，推动了实学的高涨；康熙后期和雍正、乾隆、嘉庆时，由于江南资本主义萌芽受到严重摧残，统治者大力复兴和提倡程朱理学，并对知识分子实行高压和怀柔两手政策，以及从雍正开始对外闭关锁国，使实学渐被朴学(考据学)所代；从嘉庆后期开始，清王朝由“盛世”向“乱世”滑落，阶级矛盾以及中华民族与西方殖民主义的民族矛盾均趋尖锐，兼之学术流变的内在因素，使朴学又复转向经世实学。从纵向考察，清代实学是一个动态的历史范畴；从横向考察，它是一个多层次的社会概念；从演变过程看，每当“治世”，它往往埋藏在“纯学术”的外壳内，转向低潮，每当“乱世”，它却沿着“修实政，施实惠”的方向发展，进入高潮时期[⑦]。

实学源于中国，流传于朝鲜、日本等东亚国家，是一门具有广泛社会影响的国际性学问。中国实学传入朝鲜、日本后，与朝鲜、日本本土文化相结合，形成独具特色的朝鲜实学和日本实学。

---

① 出自《明夷待访录》，最早由黄宗羲提出。明清时期中国商品经济发展，出现资本主义萌芽，中国自战国提出的重农抑商思想阻碍生产力发展，必须改变中国小农经济为主的状况。因此，黄宗羲等中国早期启蒙思想家提出工商皆本，认为工商都是和农业一样的本业，并非末业。以此希望改善中国小农经济为主的状况，不再压制工商业，使工商农均衡发展，相互支持。

② 出自《搔首问》。

③ 出自王敔《薑斋公行述》。

④ 出自《读通鉴论》，是由王夫之提出的。王夫之主张法律与整个国家制度一样，是随着社会的变化而发展变化的。法律“趋时更新”是不以任何人的意志为转移的客观规律。

⑤ 出自《思问录·内篇》。

⑥ 出自《周易外传》卷五。

⑦ 葛荣晋. 清代实学思潮的历史演变[J]. 文史哲，1988(5): 38-45.

本章思考题

1. 你认为儒家的文化基因对你的思想道德品质塑造有什么启示和借鉴作用？
2. 儒家和道家是如何走向互相对立又互相补充的？
3. 哪些重要因素契合了春秋战国时期诸子百家争鸣？
4. 作为外来宗教，佛教为什么在中国得到迅速发展？
5. 董仲舒和朱熹分别有哪些主要思想？

第四章

中国传统艺术文化

作为世界上历史悠久的文明古国，在中国这片辽阔的土地上，早在170万年前就有人类活动的足迹。伟大的中华民族在数千年的漫长历史进程中，用双手和智慧创造了光辉灿烂的中国传统文化，为世界文明做出了贡献。中国传统艺术文化是中国传统文化的重要组成部分，具有独特的民族风格和民族精神。中国的传统艺术门类很多，品种齐全，雅俗共存，动静兼具，并以其同一的艺术精神，构成一个巨大的艺术文化体系。大到佛教石窟的众多雕塑，小到民间的各种工艺；雅到京剧、昆曲的艺术表演，俗到穷乡僻壤的民间小调，都体现了中国人对美的理解和追求，表现了他们的艺术才能和文化的趣味。在长期的历史发展和演变中，中国艺术文化形成了自己独特的传统，成为世界文化宝库中最珍贵的遗产之一。

【推荐阅读】

韩鉴堂编著:《走近中国传统艺术》，华语教学出版社，2001年。本书从中国古代艺术品中，选出具有代表性的90件精品，分为玉器、陶器、青铜器、瓷器、雕塑、绘画、书法、建筑8类艺术样式，进行介绍和赏析，使人们对中国的传统艺术文化的大致发展历程和中国艺术精神有一个初步的认识。

第一节　古代文学

中国古代文学经历了一个历史源远流长的发展过程，其起源约与中华文明的起源同步。它与中国的历史、文化紧密相连，形成自己独特的文学发展的脉络，显示出特有的民族性、传承性和时代性的特征。在文学的内涵中，充分体现了中国文字的特殊魅力，显示出以中国古代文字为载体的中国古代文学在内涵上极大的丰富和巨大的张力，这是世界上任何一个民族都无法比拟的。中国古代文学成为中国文化典籍中最丰富、影响最深远，也最具生命力的成果，集中体现着中国文化的基本精神与历史走向。

一、古代诗歌

中国是诗的国度，诗歌源远流长。早在西周至春秋时代，中国诗歌就已产生了大批辉煌篇章，其标志就是《诗经》。《诗经》分为“风”“雅”“颂”三部分。《诗经》善用赋、比、兴手法，句式以四言为主，灵活增减，常以重章叠句、复沓回环的民间歌舞技法增强艺术效果，为后世文学创作奠定了深厚的人文基础和艺术底蕴。

【名句欣赏】

1. 投我以桃，报之以李。(《诗经·大雅·抑》)
2. 关关雎鸠，在河之洲。窈窕淑女，君子好逑。(《诗经·国风·周南·关雎》)
3. 相鼠有皮，人而无仪。人而无仪，不死何为？(《诗经·国风·鄘风·相鼠》)
4. 桃之夭夭，灼灼其华。(《诗经·国风·周南·桃夭》)
5. 巧笑倩兮，美目盼兮。(《诗经·国风·卫风·硕人》)

到了战国，在南方的楚地产生了一种新诗体“楚辞”。它的特点是：句式参差，句尾多用“兮”字，以六、七言句为主。楚辞的主要作者屈原写下了一系列不朽诗作，成为中国文学史上第一位伟大诗人。其创作的《离骚》是中国两千年来最为宏伟瑰丽、感人肺腑的长篇抒情诗之一。《诗经》和楚辞是中国诗文化的两枝奇葩，也是后世诗歌发展的两大源头。中国诗歌以“风骚”二字标榜于世，说明了《诗经》和楚辞的现实主义精神和浪漫主义传统。

汉末魏晋之世进入了“诗的自觉”的时代。所谓自觉，即诗人认识到诗歌具有自身之价值，不必依附政治与伦理的说教，这是对儒家正统“诗言志”论的突破。出现于东汉末年的“古诗十九首”是文人抒情短诗成熟的标志，风格委婉含蓄，质朴精练，长于抒情，被誉为“五言之冠冕”。当时，“世积乱离，风衰俗怨”，文人诗歌却呈现了“五言腾踊”的大发展局面，由“三曹”(曹操、曹丕、曹植父子三人)和“建安七子”组成的邺下文人集团，创作出了大批“骨气奇高，词采华茂”的五言、七言诗歌。如果说中国有诗自《诗经》始，那么，由众多诗人形成诗坛、流派和争相创作的传统，则始于东汉末年的建安时期。到了正始时期，文风复又振作，这时最有代表性的诗人群体是“竹林七贤”(见图 4-1)。“竹林七贤”的共同特点是任情放达、发言玄远、藐视礼法、一腔孤愤，他们常用曲折的方式表达对现实的不满。

西晋太康年间，诗坛上有“三张二陆两潘一左”之称，“三张”指张华、张载、张协，“二陆”指陆机、陆云兄弟，“两潘”指潘岳、潘尼，“一左”便是左思。这批诗人在艺术上追求辞藻的华美，开启了中国诗歌雕琢堆砌之风。

晋宋之际陶渊明的出现，使诗坛骤添异彩。陶渊明向往静谧安宁、真诚无欺的古朴社会，追求淡泊高远、身无外求的人生，不肯浮沉应世，选择了辞官归隐、躬耕自励之路。他最能体味恬静乡村生活的深沉意趣，这便是古人盛赞为“静穆”的美学境界。陶渊明在人格上，成为历代士大夫无比仰慕的“隐逸高士”的楷模；在诗歌成就上，达到了“质而实绮，癯而实腴”的佳境，并开创了“田园诗”这一诗歌体式。因此，朱自清认为陶渊明是中国古代影响最为深远的三大诗人之一。

图 4-1　竹林七贤图(中国画家邓开记绘)

【推荐阅读】

徐正英，阮素雯注评:《陶渊明诗集》，中州古籍出版社，2012 年。

南北朝时期，南方的代表性诗人有鲍照、谢灵运、谢朓等。鲍照既创制了七言歌行，又广开边塞诗歌内容。由南入北的诗人庾信，在稍嫌荒寂的北国文苑中独标清新，在艺术形式上可称为六朝诗歌的集大成者。他调动独特的人生体验，运用南朝诗歌技法描绘北国的阔大背景，进而开创了绮艳、清新、老成的诗风。那一时期的诗歌，南朝清丽婉转，北朝粗犷刚健，各呈风貌。

短暂的隋朝过后，迎来了中国诗歌波澜壮阔、气象万千的黄金时代。大唐一代近三百年中，诗体争奇斗艳，流派异彩纷呈，名家灿若星斗，成就前无古人。

初唐时期，王勃、杨炯、卢照邻、骆宾王号称“四杰”，其诗承“汉魏风骨”，力扫“宫体”颓靡诗风，以健康的歌唱成为盛唐诗歌的先声。开元、天宝年间，史称盛唐，首先出现了两大诗歌流派：一是王维、孟浩然所代表的山水田园诗派，其诗模山范水，描写闲适、虚静的隐居生活，风格清新自然；二是高适、岑参、王昌龄所代表的边塞诗派，题材多写边塞风光与军旅生活，格调雄浑豪放、慷慨悲凉。

嗣后诗坛巨擘李白、杜甫横空出世，占尽天下春色。人称“诗仙”的李白(见图 4-2)继承和发扬中国诗歌浪漫主义传统，以自己天马行空、遗世独立的人格特征和感情炽烈、豪气干云的创作热情，写下了大量清新、飘逸、豪迈的杰作，诚可谓“笔落惊风雨，诗成泣鬼神”，成了后人追摹难及的典范。

人称“诗圣”的杜甫(见图 4-3)承接和光大传统的现实主义精神，结合自己一生颠沛流离的体验，以沉郁顿挫的独特诗风，唱出了离乱时代的深沉悲歌。他的诗歌在艺术上集前代之大成，又开启了后世无数法门。杜诗乃公认的一代“诗史”，古今绝唱。杜甫其人也无愧为诗歌史上的万世楷模，千载诗宗。李杜两位伟大诗人，作为盛唐转折时代的歌手、辉映河山的“双子星座”，无可争议地赢得了世界性美誉。

图 4-2　李白画像

图 4-3　杜甫画像

【名句诵读】李白

1. 长风破浪会有时，直挂云帆济沧海。(《行路难》)
2. 燕山雪花大如席，片片吹落轩辕台。(《北风行》)
3. 两岸青山相对出，孤帆一片日边来。(《望天门山》)
4. 飞流直下三千尺，疑是银河落九天。(《望庐山瀑布》)

【名句诵读】杜甫

1. 会当凌绝顶，一览众山小。(《望岳》)
2. 读书破万卷，下笔如有神。(《奉赠韦左丞丈二十二韵》)
3. 朱门酒肉臭，路有冻死骨。(《自京赴奉先县咏怀五百字》)
4. 出师未捷身先死，长使英雄泪满襟。(《蜀相》)

安史之乱结束后，唐诗的发展面临转折，即总体上由盛唐的浪漫主义热情转向中唐的现实主义冷静思考，经过短期的过渡，唐诗呈现第二次繁荣。中唐后期崛起两大诗派，一是“韩孟诗派”，一是“元白诗派”。前者以韩愈为代表，李贺、刘禹锡、柳宗元、孟郊、贾岛、姚合、卢仝等为辅翼；后者以白居易为代表，元稹、张籍、王建、李绅等为辅翼。韩愈是中国文学史上的全才和大手笔。诗到韩愈，风格又为之一变，其特点一是险怪、奇诡、幽僻，二是以散文手法作诗，喜用奇字、造拗句、押险韵，有时不惜损害诗的韵律。由于韩愈诗才气盛、思力雄、格调高，开北宋诗歌的先河，故被认作宋诗的鼻祖之一。韩孟诗派的刘禹锡、柳宗元诗抑郁深沉，孟郊、贾岛诗寒瘦、清奇、僻苦，尤其值得一提的是“诗鬼”李贺，其诗奇幽冷艳、想象瑰丽、着色璀璨、用语奇峭，虽然有时显得雕琢和晦涩，但其浪漫主义色彩十分夺目。元白诗派中，元稹、白居易是新乐府运动的倡导者。他们主张“文章合为时而著，歌诗合为事而作”，主张诗歌创作“补察时政，泄导人情”，收到“救济人病、裨补时阙”“惟歌生民病”的社会效果。白居易诗风的基本特征是风格平易、通俗、浅近，他既善于长歌悲吟，又喜以短调寄怀。其长诗以脱俗的抒情格调发展了古代叙事诗艺术，《长恨歌》《琵琶行》诸篇优美和谐、动人心弦，传诵至今；“新乐府”“秦中吟”和大量闲适诗则寄托了或讽喻、或感伤的情怀。

【推荐阅读】

吴振华著：《韩愈诗歌艺术研究》，安徽师范大学出版社，2012 年。

晚唐之世，诗歌风格趋于卑弱，衰败色彩变浓，唯杜牧与李商隐成就最高，世有“小李杜”之誉。“小李杜”的诗歌哀怨深沉，与盛唐自然的、脱口而出的诗风明显不同，也与中唐诗奇崛、说理的况味迥然有别。杜牧其诗，题材广阔，议论纵横，笔力拗峭劲健，形式驾驭自如，达到了俊爽清丽、风姿绝代的化境。李商隐作为唐代诗坛的殿军，作诗善熔百家、自成一体，风格深情绵邈、绮丽精工、婉曲缱绻，词旨隐约而意象丰美，尤其是表达爱情体验和喟叹社会政治人生的“无题”诗，更是意蕴隽永、寄慨遥深、沉博绝丽、独擅胜场。

诗到宋代则开出了另一重天地。唐诗的总体成就大于宋诗，但宋诗绕开烂熟的唐诗套路另辟蹊径，故不说二者旗鼓相当，但至少是各有招数。对比而言，唐诗主情，开朗俊健，以境胜；宋诗主理，深幽曲折，以意胜。唐诗美在情辞，故丰腴；宋诗美在气骨，故瘦劲。因此，有识者多主张唐宋互补，清人提出“宋骨唐面”的境界，追求“宋意唐格”，是颇有见地的。

北宋初始的诗坛着意仿效唐诗的“白居易体”“西昆体”和“晚唐体”。到“梅苏”(梅尧臣和苏舜钦)，开始了宋诗的健康走向。梅诗风格闲淡、用思深远，苏诗笔力豪俊、超迈横绝。到欧阳修手里，开始矫正“西昆体”只讲声律辞藻、缺少社会内容的流弊，宋诗的基调已见端倪。欧阳修作诗注重气骨，长于思理，诗歌题材广泛，这对于拓宽宋诗的内容影响深远。自此宋诗进入成就丰硕的繁荣期。

对北宋诗坛影响最大的是“苏黄”(苏轼和黄庭坚)。苏诗形式多样，众体兼长，感情真切动人，写来挥洒自如，特别富于个性，其早期诗的特征以超迈豪横、清雄旷放为主，后期诗则追求淡雅高远、冲淡平和之境。苏轼自号“东坡居士”，身后被推崇为“诗神”与“坡仙”。作为中国文化史上仅见的“十项全能”式巨人，他受到士林和民间永久崇敬的原因，应归结到他既现实又超拔的文化人格定位，以及以毕生之力完善自己“审美人生”的理想追求。黄庭坚倡言“夺胎换骨”“点铁成金”“无一字无来处”，极为注重诗歌语言的借鉴和创造。他作诗宗尚杜甫，瘦硬生新，标新立异，出奇制胜，成为“江西诗派”的宗主。

王安石的诗颇具思想色彩，他以诗笔批判社会现实，抒写人生志趣，反映出士人希望改革的政治要求。他的古体诗痛快淋漓，直抒胸臆；晚年所作抒情小诗，构思新颖、妖娆多姿、千锤百炼、炉火纯青。

北宋重要诗人中，还有属于江西诗派的陈师道与陈与义。

南宋诗人的杰出代表是陆游、杨万里和范成大，他们都吸取了“江西诗派”的营养，而终能自成一家。陆游多方面继承前人的艺术经验，作诗热情似火、气势如虹，唱出了民族灾难深重时代爱国主义的最强音。他是高产诗人，存诗约万首，除沉郁悲壮的爱国诗外，还有意趣横生的多种佳作，诗歌语言简洁平易、婉转流畅，命意清新刻露、托兴深微，其整体诗风才气豪健、议论风发，既华藻、又雅洁，既奔放、又严谨，成为诗歌的一代宗师。

南宋后期，诗坛上有“永嘉四灵”和“江湖诗派”，诗格比较浮弱。至宋末，随着抗元的战鼓，诗歌创作犹自振奋，文天祥(见图 4-4)、汪元量等长歌当哭，浩气长存，为宋代诗坛添了最后一抹光彩。宋诗虽略逊于唐诗，但宋词却不让盛唐。苏轼、辛弃疾的豪放词慷慨激昂、豪放雄壮，具有阳刚之气；柳永、李清照的婉约词缠绵委婉，含蓄动人，蕴含阴柔之美。宋代诗词争奇斗艳、繁花芬芳，共同构筑了中国诗歌史上的第二座高峰。在宋金对峙、山河破碎、生灵涂炭的混乱年代，金代出了杰出的诗人元好问。“国家不幸诗家幸，赋到沧桑句便工”，是后人对他的“丧乱诗”的好评。元明清的诗坛虽有大量作品和流派出现，但成就远不能望诗骚和唐宋诗的项背。然清代中后叶的诗人龚自珍脱颖而出，开近代文学风气之先，他既是封建时代诗坛最后一颗明星，又是近代诗歌史的第一位大诗人。

图 4-4　南宋诗人文天祥所作的七言律诗《过零丁洋》

二、古代散文

中国文学不同于西方的一个重要特点是它的非纯文学的杂文化特征。从先秦启端的中国散文，本身就很难划清文学与非文学的界限，而以广泛的文化关怀和模糊的文体区别为特点。即使是像刘勰这样的文学理论家和萧统这样的文章选家，也将大量非文学文体如奏、议、疏、证、铭、诔放在论述的范围或包括在选文的对象之内。相对于西方的纯文学性散文，中国散文呈现出“杂”的特征；相对于西方文学的独立性，中国散文更多呈现出泛文学的文化特征，成就斐然。

【推荐阅读】

过常宝著:《先秦散文研究》，人民出版社，2009 年。

中国古代散文的雏形可以追溯到殷商时期的甲骨卜辞，《易经》中的卦、爻辞也已经有了文学意味，《尚书》中出现的生动的叙事说理和比喻笔法，可看作中国散文的开端。

春秋战国时期，伴随着社会的巨大变革，散文出现了勃兴的局面，《左传》《国语》《战国策》等优秀历史散文和《论语》《墨子》《孟子》《庄子》《荀子》《韩非子》等优秀的诸子散文，构成了中国散文史上的第一个黄金时代。这一时期的散文，内容上融文史哲于一体，作者不是专门的散文家，但却结构严整，文句精粹，光彩焕发，风致优美，对后代散文发展产生了极为深远的影响。

两汉时期，在封建大一统的广阔社会背景下，不仅散文的品种在前世基础上更加繁多，而且文质相生，异彩纷呈。优秀的作家们将直接的实用性与审美的艺术性有机地统一在一起，创作出了大批反映现实、抒发理想的优秀作品。贾谊、晁错等作家针砭时弊、笔锋犀利的政论散文，司马迁、班固的秉笔直书、爱憎分明的史传散文，形成了中国古代散文的又一个黄金时代。尤其是司马迁的伟大巨著《史记》，不仅以无与伦比的史学成就被公认为“史家之绝唱”，而且在文学领域里开创了中国传记文学的先河，并一举登上无人企及的高峰，令汉代散文愈加发出璀璨的光辉。

两汉之后，散文走向骈化，骈体文成为官方文章正体，散文受到压抑变得无足轻重。但骈文片面追求形式，文风轻浮奢华，虽有妙文奇句，但终难取得令人叹服的成就。在骈文显露出种种弊端之后，文坛出现了两次大的反骈、复古的革新运动，这就是中唐韩愈、柳宗元领导的古文运动和北宋欧阳修主盟的古文运动。韩柳古文运动上承先秦两汉质朴优美的散文，高举复古旗帜，向六朝骈体文发起猛烈的攻击。

北宋前期，作为文坛盟主的欧阳修，继承中唐古文运动的复古革新精神，以更为成熟、更具科学性和前瞻性的散文革新理论以及令人瞩目的散文创作成就，掀起了北宋的“古文运动”。加上王安石、曾巩和“三苏”的积极应和，“古文”创作达到了更高的水平，古文运动取得了全面胜利并泽及元明清各代。欧阳修的《醉翁亭记》、王安石的《答司马谏议书》、苏洵的《六国论》、苏轼的《教战守策》等都成为脍炙人口的传世之作。欧、王、曾、“三苏”及其先驱韩、柳被尊称为“唐宋八大家”。

元、明、清三代，新兴的戏曲、小说呈现出勃勃生机，散文处于江河日下局面，但仍然出现了像刘基的《卖柑者言》、归有光的《项脊轩志》、黄宗羲的《原君》、方苞的《狱中杂记》等经世致用、文风朴实的好文章。晚清时期，一些启蒙思想家、改良主义者都写过不少揭露黑暗现实、鼓吹进步政治主张的散文。龚自珍的《病梅馆记》表达了作者对人格自由和精神解放的渴求。梁启超的《少年中国说》洋溢着改革现实的热情，他所开创的“平易畅达，杂以俚语”的新文体，有力地冲击了传统散文，解放了明清文体，为“五四运动”的白话文铺平了道路，使散文的发展进入了一个新的历史阶段。

第二节　书法艺术

中国书法是一门古老的艺术，从甲骨文、金文演变而为大篆、小篆、隶书，至定型于东汉、魏、晋的草书、楷书、行书诸体，书法一直散发着艺术的魅力。中国书法历史悠久，以不同的风貌反映出时代的精神，艺术青春常在。浏览历代书法，“晋人尚韵，唐人尚法，宋人尚意，元明尚态”。追寻三千多年书法发展的轨迹，其与中国社会的发展同步，强烈地反映出每个时代的精神风貌。书法艺术最典型地体现了东方艺术之美和东方文化的优秀，它具有世界上任何艺术都无与伦比的深厚群众基础和艺术特征，书法艺术愈加受到人们的青睐。

【推荐观赏】

纪录片《中国书法五千年》(8 集)，央视中文国际频道，2013 年。

书法成为一门艺术，是以汉字的方形结构和线条变化为基础的。古人在创造这种方块字的时候，已经融入了中国人对造型美的基本见解，即结构平衡，线条流畅，整齐而有变化，均匀而有对比，这就给书法家提供了施展艺术才能、驰骋艺术想象的天地。另外，汉字结构的写实主义和人体本位精神，使汉字本身就具有自然之美和人文之美的因素，因此书法家们在挥毫洒墨的时候，完全可以依据自己对美的感受，把存在的天地山川之美以及人物房舍之美与汉字的结构美紧密地结合起来，淋漓尽致地表现出来。离开汉字的方形结构，就不可能有书法艺术，西方的拉丁化文字便是最好的证明。

书法艺术源远流长，应是从甲骨文就开始了(见图 4-5)。但是从总体上讲，书法艺术是在汉魏时期才真正形成的。在此以前的《毛公鼎铭文》(西周晚期)、《石鼓文》(春秋时期)、《泰山刻记》(秦代)，由于当时艺术创作的自觉性还没有形成，审美风尚还没有出现，书法理论还没有萌发，所以汉代以前的金石文字还只是书法艺术的产生阶段。当时的书体是金文和秦始皇统一文字以后的小篆，那一时期的书法家无疑以李斯为代表。图 4-6 所示为秦二世时的丞相李斯使用小篆所写的《峄山碑》。

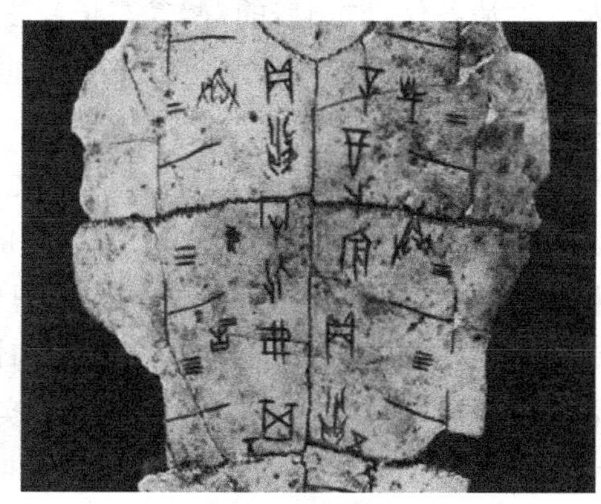

图 4-5　甲骨文

汉代是书法艺术成熟的时期。在这个阶段，隶书定型，草书、行书、楷书也应运而生，终于形成隶书盛行、诸体皆备的辉煌局面。应当指出，隶书的产生是很早的，据史籍记载，秦代由于官狱多事，奏章繁多，为了求得速决速用，官府让隶人(奴隶)们省易抄写，遂称“隶书”。这种书体在秦代只是辅助使用，到汉代逐步定型为横扁形的，从起笔到结体，都有一定的规格，到东汉，隶书成为官定标准字体。这一书体的变革，文字史上叫作“隶变”。这种隶变后通行的隶书，即为“汉隶”。它上承秦隶，又显出汉隶本身点画均匀、舒展自由的特点。汉代的竹简、碑石、印章，大多采用汉隶。1949 年以后出土的大量竹简，如山东省临沂市银雀山汉墓出土的《孙子兵法》《孙膑兵法》(见图 4-7)，湖南省长沙市马王堆汉墓出土的《老子》等，都属西汉墨迹；而著名的《张迁碑》(见图 4-8)、《汉故雁门太守鲜于璜墓碑》《礼器碑》《华山碑》《仓颉庙碑》等，都是有代表性的东汉墨迹。它们有的笔力遒稳，以拙取胜；有的方整劲挺，斩截爽利；有的游行自在，变化若龙，充分显示了汉隶的艺术特色。两汉的书法家应当有很多，但因作品多未署名，故今天尚能知名的甚少，其中蔡邕、曹喜可称代表。江苏省沛县所存的《大风歌碑》，相传即蔡邕所书。

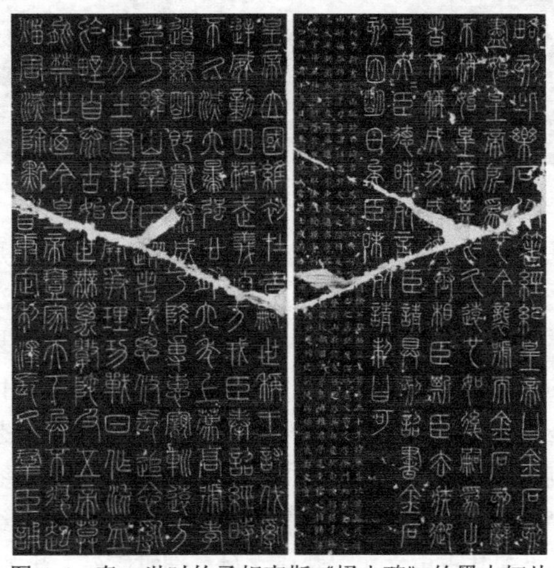

图 4-6　秦二世时的丞相李斯《峄山碑》的墨本拓片

图 4-7　1972 年在山东临沂市银雀山两座汉墓中出土的银雀山汉墓竹简

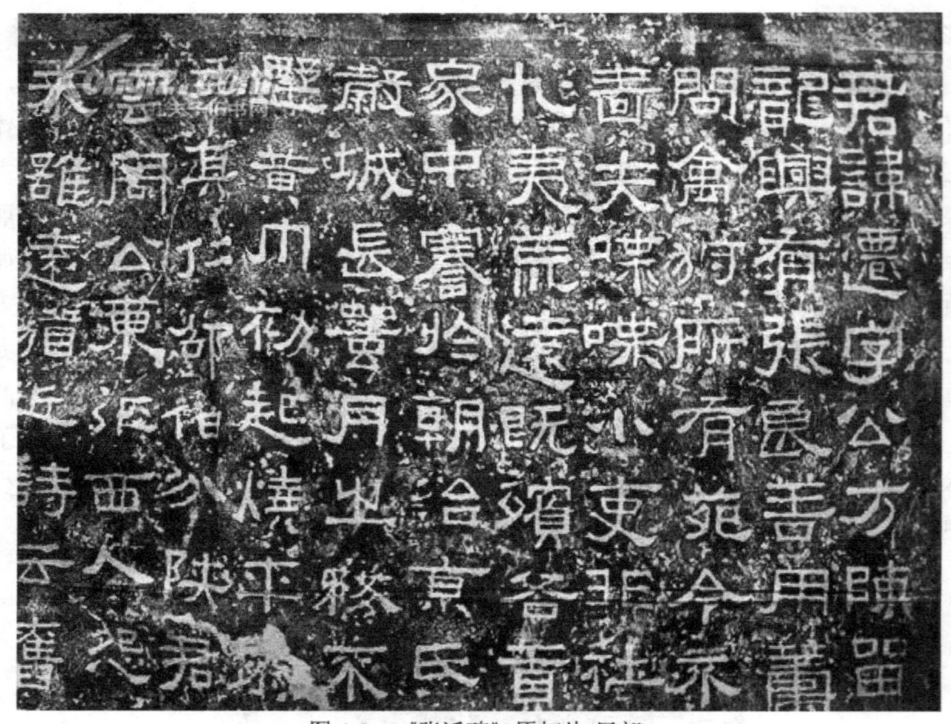

图 4-8 《张迁碑》原拓片(局部)

魏晋南北朝的书法是承上启下、完成书体演变的阶段，其特点是篆、隶、楷、行、草诸体俱臻完善，同时产生了一大批优秀作品和钟繇、王羲之等大书法家。钟繇师承蔡邕、曹喜，又习众家之长，最终完成了楷书的定型化。现在河南省临颍县的《上尊号碑》记述了汉献帝禅位于曹丕的历史事件，碑文即由钟繇书写，是他的隶书代表作，其楷书墨迹迄今未有发现。王羲之(公元 303—361 年，一作公元 321—379 年)的艺术成就更是非凡，因他曾任“右军将军”，后世称为“王右军”，被尊为“书圣”，与钟繇并称为“钟王”，与他的儿子王献之并称为“二王”。他的书法“兼摄众法，备成一家”，终于“贵越群品，古今莫二”。唐太宗称赞说：“观其点曳之工，裁成之妙，烟霏露结，状若断而还连；凤翥龙蟠，势如斜而反直。玩之不觉为倦，览之莫识其端。心摹手追，此人而已。其余区区之类，何足论哉？”据传，他临死前还把王羲之的《兰亭序》(见图 4-9)真迹带入昭陵。南北朝时的书法，风格多在“二王”的影响之下，书法作品大都出自无名书法家之手。值得一提的是陈僧智永，他是王羲之的七世孙，书法深得家风，他写的《千字文》，极受后世推崇。北朝书法，数魏碑最佳，其结构严密，笔力雄厚，清代包世臣、康有为所推崇的魏体正是这一类。现存河南省洛阳市的《始平公造像记》、山东省曲阜市的《张猛龙碑》(见图 4-10)和山东省莱州市的《郑文公碑》，都是魏碑的代表作。

图 4-9　王羲之的《兰亭序》(摹本)

图 4-10　《张猛龙碑》拓片(局部)

隋唐两代是书法艺术的鼎盛阶段，这同隋唐时期高度繁荣的经济和高度辉煌的文化密不可分。由于统治阶级的提倡，书法被列为“书学”，被定为学校中的学习科目，因而无论是理论和创作都达到新的高度。这一时期，不但大书法家较前代为多，而且书法理论专著也远胜前代，其对日本书法的影响也由此肇始。唐初的四大书法家是“虞(世南)、欧(阳询)、褚(遂良)、薛(稷)”。虞世南(558—638)的书法笔圆而体方，外柔而内刚，发笔处出锋，如抽刀断水，传世名作有《孔子庙堂碑》。欧阳询(557—641)的书法以楷书为最好，用笔和结构都有严肃的程式，字体劲险刻厉，与平正中见险绝，“若草里惊蛇，云间发电；又如金刚怒目，力士挥拳”，代表作有《九成宫醴泉铭》《皇甫诞碑》，被推为唐人楷书第一。褚遂良(596—659)深得王羲之三昧，他的书法“字里金生，行间玉润，法则温雅，美丽多方”，其代表作有《大唐三藏圣教序碑》。薛稷(649—713)的名气较前三人为小，但他的字“用笔纤瘦，结字疏通”，实开后世瘦体之先河，其传世作有《升仙太子碑》等。稍后的唐代大书法家还有李邕、张旭、颜真卿、柳公权、僧怀素。李邕从“二王”入手，但又突破“二王”体格，书体介于行楷之间，代表作有《岳麓寺碑》《云麾将军碑》，风格险峭，笔力舒放。张旭以草书出名，因其为人及书法如狂如癫，世称“张癫”。杜甫的《饮中八仙歌》中写有“张旭三杯草圣传，脱帽露顶王公前，挥毫落纸如云烟”，可见张旭的狂态与醉态。

张旭的草书极富神韵和意趣，笔画癫而不乱，狂而不怪，刚柔相济，气韵连贯，其代表作为《肚痛帖》。颜真卿曾受张旭指导，师法前辈而又有独创。他把篆隶笔法用于楷行草书，又把楷书的横画写得细瘦，把点、竖、撇、捺写得肥壮，世称“颜体”，作品极多，著名的有《多宝塔感应碑》(见图 4-11)、《东方画赞碑》《颜勤礼碑》等。柳公权与颜真卿并称“颜柳”，他有意避开颜体竖画的肥壮，把横竖画都写得均匀硬瘦，把点画写得如刀切一般，独创“柳体”，世称“颜肥柳瘦”，代表作有《玄秘塔碑》(见图 4-12)、《符碑》《神策将军碑》等。怀素是继张旭之后的又一唐代草书家，其代表作有《自叙帖》《千字文》(见图 4-13)。

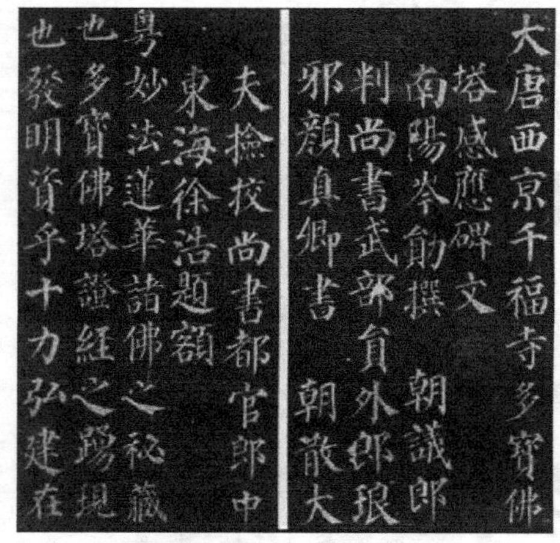

图 4-11　颜真卿《多宝塔感应碑》拓片(局部)

图 4-12　柳公权《玄秘塔碑》拓片(局部)

宋代盛行帖学，书法艺术不甚景气。所谓“帖学”，就是辗转翻刻前代名帖，然后又师法于帖。结果因翻刻走样，难得真谛，限制了宋代书法的创新。可为称道的有宋代四大书法家苏(轼)、黄(庭坚)、米(芾)、蔡(襄)和宋徽宗赵佶的“瘦金体”。元代书法越两宋而直承晋唐，故出现了赵孟頫这样的大书法家。赵孟頫(1254—1322)，篆隶行草无所不学，学而思变，集晋唐书法大成，成为可与“颜、柳、欧”并称的楷书四大家之一，并独占元代书坛，代表作有《仇锷墓碑铭》《兰亭十三跋》《度人经》《洛神赋》《妙严寺记》《止斋记》(见图 4-14)等。

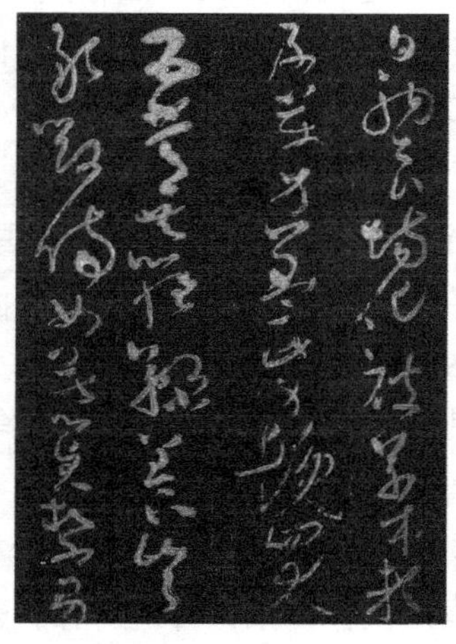

图 4-13　宋・拓本怀素大草《千字文》(局部)

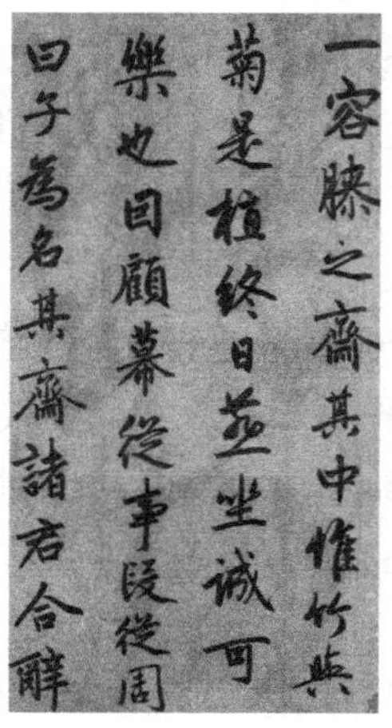

图 4-14　赵孟頫《止斋记》(局部)

明代书法从总体上看犹如江河日下，字都写得呆板齐整，缺少神气，形成所谓的“台阁体”。其间影响较大的书法家主要有祝允明、文征明、董其昌、邢侗、米万钟，有创新的书法家则有张瑞图、徐渭等人，其中“董(其昌)、米(万钟)、邢(侗)、张(瑞图)”被称为晚明四大家。

清代书法中兴，力图摆脱帖学的影响，于是极力提倡“碑学”，并以嘉庆、道光为界分为前后两期，前期重帖学，书法不很景气；后期重碑学，注重了继承与革新，突出了个人风格，因而出现了新的局面。清代书法家极多，有突出成就的如郑燮(又号板桥，其书法作品见图 4-15)、金农、邓石如、伊秉绶、包世臣、何绍基、吴昌硕、康有为等。

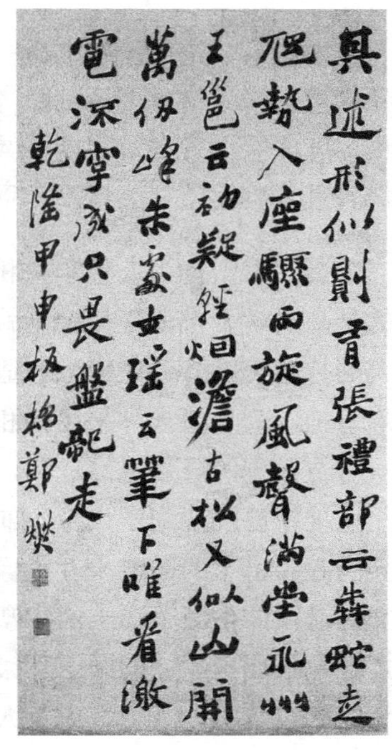

图 4-15　郑板桥书法欣赏

书法艺术的特点是运笔取势，力在其中，以笔法的曲直、行滞，章法的虚实、疏密，结构的奇正、主次，显示出“相反相成”的美感。所谓“运笔取势”，指起笔要注意“逆”，结体要注意“违”，章法要注意“侧”，即形成一定的势态。“逆”就是落笔要取逆势，也叫“逆锋”，即欲行其右，先行其左；欲行其下，先行其上，这就可以使笔划充满力感。“违”就是错杂、多样、变化、参差、互异，即“数画并施，其形各异；众点齐列，为体互乖”，但又要“违而不犯”，即不能杂乱无章。“侧”就是笔画和章法要多取侧势，因为侧势造成的美更富于变化。总之，笔画不要雷同，不要呆板，要讲变化，讲互异，还要讲主次分明，虚实相间，刚柔并济，要讲正中有奇，连中有断，连断自如，开合自成，否则就构不成书法艺术。

第三节　雕塑艺术

中国远古时期重礼教，尊鬼神，艺术重心倾向于工艺美术，在礼器、祭器上发挥艺术天赋，并且同样也形成传统，影响深远。从陶器、青铜器、玉器和漆器等工艺品发展出以装饰功能为主的实用性雕塑，在历代都占有主流地位。它们分为两大类，一类是纯粹的工艺品，例如，象形器皿和供摆设的小型工艺雕刻；另一类为建筑(包括陵墓)装饰雕刻，例如，南朝王陵石刻辟邪和唐代顺陵石狮。实用性除反映在装饰雕刻上以外，还反映在明器艺术与宗教造像上。明器是随葬用品，其中雕塑品占有重要地位，主要是俑和动物雕塑，秦始皇陵陪葬坑的兵马俑和唐三彩俑、马为代表性作品。俑是人殉的取代物，动物雕塑也用来代替活体陪葬，它们的实用性很强，并非纯粹的雕塑艺术品。宗教造像也是如此，它们是供信徒顶礼膜拜所用的，以佛教造像最有代表性，南北朝和唐代的作品比较突出，因为这些时代的佛教造像艺术水平普遍较高。宋元和明清也有好的作品。

【知识小贴士】

雕塑艺术，是造型艺术的一种，又称雕刻，是雕、刻、塑三种创制方法的总称。指用各种可塑材料(如石膏、树脂、黏土等)，或可雕、可刻的硬质材料(如木材、石头、金属、玉块、玛瑙等)，创造出具有一定空间的可视、可触的艺术形象，借以反映社会生活，表达人们的审美感受、审美情感、审美理想的艺术。

中国的雕塑分为人像雕塑和动物雕塑，同书法、绘画一样，都要求表现对象物的神韵。它的最高美学要求就是传神，就是展现对象物的内心世界，刻画对象物的神情仪态。除了动人的神态美以外，还应当有适度的形体美。而艺术家们在创作雕塑作品的时候，也总是以形写神，刻意追求神采飞扬和形神兼备的最佳艺术效果。

考古发掘的成果已经证明，中国的雕塑艺术可以追溯到原始氏族社会。河南省裴李岗文化遗址中已发现陶塑人像，仰韶文化遗址中出土的陶塑人像更多，其中 1964 年在甘肃省礼县高寺头出土的圆雕少女头像(见图 4-16)，是仰韶文化陶塑人像的杰作。而 1986 年在辽西文化遗址的牛河梁出土的陶塑裸体女神像及无头裸体女神坐像，有一尊女神头像与真人头接近，眼珠用碧绿的圆玉球镶嵌而成，显得双目炯炯有神。还有在河南省安阳市商墓中出土的商代石雕，其中，虎首人身石雕用大理石雕成，曲膝跪坐，张口龇牙，显出咆哮、吞噬的神态，也是一件珍贵的艺术作品。

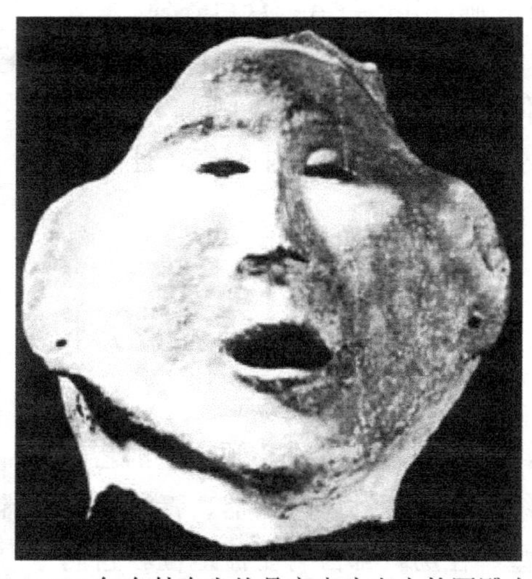

图 4-16　1964 年在甘肃省礼县高寺头出土的圆雕少女头像

数量很多、阵容最大的雕塑作品，应该是发掘于陕西省西安市临潼区的秦始皇陵兵马俑(见图 4-17)。它是迄今为止在世界文化史上空前巨大的彩色陶塑群体，仅现已挖掘的部分，已出土形同真人大小的人俑、车马俑 8000 多件，组成一个气势磅礴、场面肃静的军事阵局，被誉为“世界第八奇迹”。雕塑家们在创作这些人物塑像的时候，注意从多方面去刻画他们的形象，揭示他们的特征，所以有的挺胸直立，目视前方，外表刚毅勇猛；有的浓眉大眼，阔口宽腮，显得勇敢机智；有的性格开朗，有的沉默多思。而马塑像也表现出一种蓄势欲动的神情(见图 4-18 和图 4-19)。这么巨大的彩陶秦俑，不但在政治上显示了秦始皇统一全国以后的气势，而且在艺术上表明了中国古代雕塑的高度成熟。

图 4-17　1974 年在陕西西安临潼区秦始皇陵以东 1.5 公里处发现的兵马俑

图 4-18　秦始皇陵的兵马俑

图 4-19 秦陵铜车马

汉代雕塑是秦代雕塑的继承和发展。一方面是运用寓意手法，造成浪漫主义的艺术效果；另一方面是采取现实主义，展现以人与人为主要关系的现实生活。前者的代表作是陕西省兴平市霍去病墓前的马踏匈奴石雕(见图 4-20)。石雕置于墓前，石马与真马大小相近，造型厚重，结构简练，脚踏一个正在挣扎而又紧张恐惧的匈奴军士，以此表现他北伐匈奴的功绩。霍去病墓石刻，是中国最早、最大、最完整的国宝级大型石刻群。后者的代表作是先后在陕西省咸阳市、江苏省徐州市、河南省洛阳市等地发现的汉代兵马俑和杂技人俑，特别是徐州楚王墓汉代兵马俑(见图 4-21)，已出土 2500 余件，是继秦兵马俑之后的第二大兵马俑军阵。跟秦俑比起来，汉俑要小得多，最大的不过 54 厘米，不及秦俑的 1/3。但这很可能反映了秦汉间艺术观念的变化，即秦代重“写真”，汉代已趋向“写意”。

图 4-20 马踏匈奴石雕

图 4-21　1984 年发现的江苏徐州狮子山汉兵马俑

魏晋南北朝时期由于佛教的流行，中国的雕塑艺术深受佛教的影响，以表现佛教内容为题材的雕塑作品大量出现，云冈石窟(见图 4-22)、敦煌石窟(见图 4-23)、龙门石窟和麦积山石窟(见图 4-24)中有许多这个时期的造像。这一时期人物形象的主流仍然是体态修长、面貌清瘦、直鼻大眼、耳郭长垂的印度佛模样，在塑工上注意圆润，讲究“行云流水”；在形象上注意浓丽淳厚的色调和朴实的装饰美；在精神上，塑像充满宁静、飘逸、洒脱的智慧和神态，表现出人的脱俗情感。

图 4-22　云冈石窟(部分)

图 4-23　敦煌石窟(部分)(1943 年拍摄，美国普林斯顿大学收购收藏)

图 4-24　麦积山石窟(部分)

【推荐观赏】

纪录片《世界遗产在中国：敦煌》(上、下)，中央电视台新影制作中心出品，2008 年。

唐代经济繁荣，文化昌盛，雕塑艺术呈现另一番辉煌气象。这一时期的雕塑作品大多色彩明快，趋于华丽；人物造型比例适度，凝练健康；人物神情温和慈祥，具有浓郁的人情味和亲切感。特别是女性菩萨像，更是体态秀美，气度娴雅，眼含柔情，嘴带微笑，极少神的气味。而龙门石窟唐代奉先寺的卢舍那大佛，面庞丰腴，神情柔美，与两旁的弟子、菩萨、天王、力士等上下呼应，显示出一种秩序井然、气氛和谐的景象(见图 4-25)。唐代帝王陵墓前的石雕作品，也是姿态生动有力，造型略显夸张，注意刻画对象物的性格特征，如唐太宗“昭陵六骏”(见图 4-26)和武则天母亲杨氏顺陵前的走狮、天禄等，都是具有代表性的作品。

图 4-25　龙门石窟卢舍那大佛

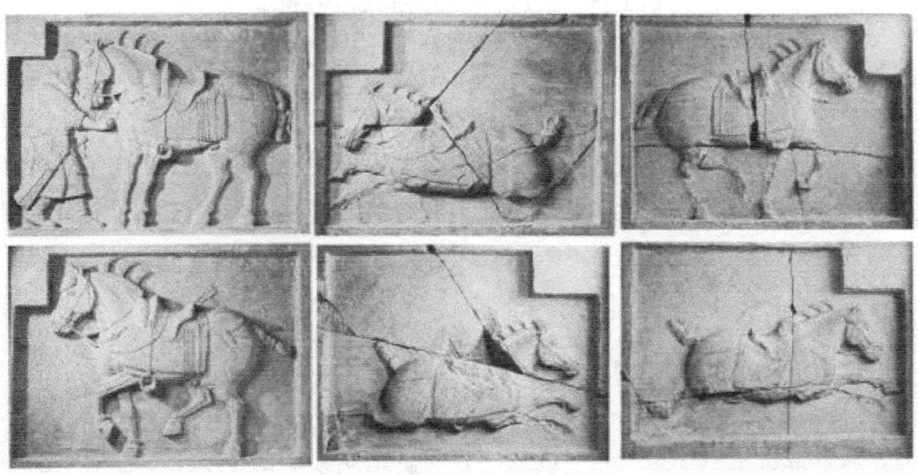

图 4-26　“昭陵六骏”

宋代雕塑虽然没有那种恢宏的气象，但在刻画人物性格、表现人物心理方面却达到很高的水平。这时的神佛造像更加世俗化，造型上注意在人物的日常生活和言行举止中展示人物的心灵境界，注意从面部、眼神、姿态、人物之间的相互关系以及人物与环境的关系去刻画人物的风采和神情。如山西省太原市晋祠圣母殿中的 44 个宫女塑像，因各自主掌的事务不同，她们所穿的服饰和手执的器物也不同，更重要的是她们的姿态自然，神情各异，表现出各自不同的女性美。又如山东省济南市灵岩寺千佛殿的40尊罗汉彩塑，其深沉、恬静和喜怒哀乐的表情，可以引人共鸣，被梁启超赞为“海内第一名塑”。而重庆市大足石刻中的宋代作品(见图 4-27)，在佛教造像中大量展示社会生活场景，与《清明上河图》所描写的风俗画，有同一的时代精神。

图 4-27　重庆市大足石刻中的宋代作品

元代雕塑比较粗犷，明代雕塑过于烦琐，清代雕塑不免庸俗，这都同一个时代的精神面貌有关。总之，中国的雕塑艺术既有各自的时代个性，又有整体的民族共性，即通过一定的形体，充分地表现神韵；依据一定的现实，尽力地表现理想。只要能突出对象物的崇高、神圣、可亲、可敬，不用过多地考虑肌肉和骨骼的透视关系，这正是中国雕塑与西方雕塑的不同之处。

第四节　戏曲艺术

中国戏曲是世界上最古老、最具特色、最富魅力的艺术形式之一。它是一种综合性的表演艺术，并且因地域的差异而形成丰富多彩的剧种。尽管不同的剧种异彩纷呈，却在表演艺术方面保持着虚拟写意的共同特点。这种戏曲种类的多样性和表演艺术的同一性，从侧面说明了中国文化多元统一的结构特征和相融共进的民族精神。

中国的戏曲起源于原始的乐舞，后来巫术盛行，巫人以舞降神，巫舞逐渐演变为“傩舞”和“傩戏”(见图 4-28)。古代还有一些专门以乐舞戏谑为职业的人叫“俳优”“倡优”。以上这些乐舞表演，都可看作戏曲的起源。

图 4-28 今天依然流传在安徽池州的傩戏

秦汉时代，出现了“百戏”，其中包括杂技和歌舞。《汉书·武帝纪》：“三年春，作角觝戏，三百里内皆观。”“戏”的本义是古代的军事行动，所以《说文解字》云：“戏，三军之偏也。一曰兵也。”其偏旁为戈，后也指角力相斗。秦汉时的“百戏”就是由角力相斗演变来的，汉代又称为“角抵戏”。图 4-29 所示为 1957 年成都出土的汉代说唱陶俑。

图 4-29 汉代说唱陶俑(1957 年成都出土)

隋唐两宋，百戏兴盛，节目繁多，内容丰富，有的节目已具备故事情节(见图 4-30)。《隋书·音乐志》记载：“每岁正月，万国来朝，留至十五日，于端门外，建国门内，绵亘八里，列为戏场。百官起棚夹路，从昏达旦，以纵观之。”为了管理宫廷这些歌舞、百戏等的排练、演出活动，唐代开始设立“教坊”。唐玄宗时又在宫廷禁苑里选择了“梨园”作为教练宫廷歌舞艺人的场所，选数百人在此学习歌舞，通晓音律的唐玄宗亲加教正，这些艺人被称为“皇帝梨园弟子”。因此，后世称戏班为“梨园”，称演员为“梨园弟子”，奉唐玄宗为戏曲祖师。在秦汉俳优的基础上，唐代出现了“参军戏”，由参军、苍鹘两个角色做一些滑稽对话和动作，以引人发笑，有时也讽刺朝政和社会现象，到宋代进一步发展成为“杂剧”。后来，南方杂剧发展演变为“南戏”，北方杂剧则发展演变为“元杂剧”，涌现出代表元代不同时期不同流派杂剧创作成就的关汉卿、白朴、马致远、郑光祖，他们被称为“元曲四大家”。明代中叶以后，南戏已成为“传奇”，一直到清乾隆年间，传奇盛行一时，其结构比南戏更完整，曲调也比南戏更丰富，角色分行，表演艺术都接近今天的戏曲。剧种主要有昆腔、弋阳腔、青阳腔、高腔等，剧作家有汤显祖、洪昇、孔尚任等。如今的昆曲、浙江的绍剧、江西的赣剧等就是从南戏和传奇演变而来的。从清乾隆五十年(公元 1785 年)开始，徽班、汉调、秦腔也入京献艺，于是以徽汉二调为主，吸收昆腔、秦腔唱法，又接受北方方言的影响，艺人们创造了新的唱腔，它以京韵念白，并逐渐发展成为今天的京剧。

图 4-30 唐五代陵墓中发现的戏弄俑

在今天现存的戏曲艺术中，以昆腔、秦腔最为古老，对今天丰富多彩的戏曲种类的形成贡献最大。特别是北方广泛流行的梆子戏，也受到秦腔的影响。昆腔曲调高雅，词章优美，为士大夫所欣赏，被称为“雅部”，这在一定程度上限制了它的影响力，但因为它在京师颇有地位，所以对京剧的形成有特殊贡献。直到今天，在京剧唱腔中仍可听到昆腔唱段。清康熙年间，由“南洪(洪昇)北孔(孔尚任)”创作的传奇《长生殿》和《桃花扇》(见图 4-31)，成为中国古代戏曲完美结束的标志性作品。这两部作品各具特色，但都是在亡国之际于爱情和国难之间寻觅历史的兴亡之感和人生之慨，引起了人们对历史和现实的深沉思考，取得了震撼人心的艺术效果。

图 4-31 昆曲《桃花扇》剧照

京剧是流行最广、影响最大、表演艺术最成熟的一个剧种，代表了中国戏曲发展的水平。在表演风格上，分成京、海两大流派。京派重视基本功的训练，严格讲究艺术规范；海派勇于革新创造，注意吸收新鲜事物。通过南北交流，竞相发展，形成了五花八门的京剧流派，出现了梅兰芳(见图 4-32)、尚小云、程砚秋、荀慧生“四大名旦”，李世芳、张君秋、毛世来、宋德珠“四小名旦”及周信芳(麒麟童)、马连良、唐韵笙、张英杰(盖叫天)等大艺术家。

图 4-32　京剧表演艺术家梅兰芳的《贵妃醉酒》舞台照

此外，较大的剧种有豫剧(河南梆子)、秦腔、川剧、越剧、晋剧(山西梆子)、黄梅戏、河北梆子等，其次还有湖南、湖北、广东的花鼓戏，江西等地的采茶戏，西北的道情，华北的秧歌，还有乱弹、高腔、碗碗腔，真是丰富多彩，各具芬芳。在唱腔上，有的用高腔(如北方梆子戏、江西高腔戏)，有的用低调(如山东柳子戏、河南太平调)；有的激越高亢(如秦腔、晋剧、河北梆子)，有的婉转抒情(如越剧、沪剧、黄梅戏)。在表演上，有的庄重严肃，显示出帝都气派，给人的历史感很强(如京剧、昆曲、晋剧、秦腔)；有的轻松活泼，富于民间情趣，给人的现实感较强(如川剧、花鼓戏)。这些都体现了各地历史、文化、风俗习惯及人的精神气质的差异。

【推荐观赏】

纪录片《京剧》(中央电视台，2013 年)、纪录片《昆曲六百年》(中央电视台与江苏电视台合作，2007 年)。

第五节　绘画艺术

中国绘画艺术历史悠久，源远流长，经过数千年不断丰富、革新和发展，以汉族为主、包括少数民族在内的画家和匠师，创造了具有鲜明民族风格和丰富多彩的形式手法，形成了独具中国意味的绘画语言体系，成为我国国粹之一。它的艺术成就和民族风格在东方以至世界艺术中都具有重要的地位与影响。

【推荐阅读】

李永强，陈履生著:《中国名画1000幅》，广西美术出版社，2011年。

从艺术特征上讲，中国画跟西洋画有根本的不同，西洋画注重“形似”，以写生为主；中国画注重“神似”，以写意为主。画人物，着力表现他的精神和个性；画山水、花鸟、树木，则着力表现它们的形态特点和意趣。因此，中国画在构图时特别讲究“立意”，即确立画家所表现的那个意境，而这种意境也正是画家所追求的情趣所在。

在色彩的运用上，西洋画大多是依据一定的光源，表现客观事物的色彩变化，明暗的对比比较强烈，感性的描绘比较突出；中国画运用色彩，主要是为了表现事物的特性，并不依照自然的光源，同时也为了加强作品的情调和气氛，追求一定的装饰效果，因此有时采用非常鲜明的对比色，形成所谓的工笔重彩。在画法上，西洋画很注意描写对象的比例，高低远近给人以真实的感觉；中国画却只注意线条的运用，以线条的疏密、繁简、曲直、刚柔来体现画中丰富的韵律节奏，从而造成一种空灵的艺术效果。

中国画发端于原始人类对自然万物的审美活动。在距今六七千年的新石器时代，远古先民已经在陶器上用红、黑、白等颜料画出鱼、鹿和各种装饰花纹，表现了他们浓烈的审美意识。人面鱼纹彩陶盆①便是其中代表之作(见图4-33)。

图4-33　人面鱼纹彩陶盆

① 人面鱼纹彩陶盆，是新石器时代仰韶文化遗物，高16.5厘米、口径39.8厘米，1955年在陕西省西安市半坡出土。此盆由细泥红陶制成，敞口卷唇，盆内壁用黑彩绘出两组对称的人面鱼纹。人面呈圆形，额的左半部涂成黑色，右半部为黑色半弧形，可能是当时的文面习俗。眼睛细而平直，鼻梁挺直，神态安祥，嘴旁分置两个变形鱼纹，鱼头与人嘴外廓重合，加上两耳旁相对的两条小鱼，构成形象奇特的人鱼合体，表现出丰富的想象力，人头顶的尖状角形物，可能是发髻，加上鱼鳍形的装饰，显得威武华丽。

商周时代，祭祀盛行，殿堂庙宇中布满尧、舜、禹等人的画像和天地山川神灵的图像。王逸《楚辞章句》中说：“楚有先王之庙及公卿祠堂，图画天地山川神灵，琦玮谲诡，及古圣贤，怪物行事。”这些材料说明，绘画在先秦时代已经是成熟而又独立的艺术门类。1949年2月和1973年5月，先后在湖南省长沙市的楚墓中出土了两幅帛画，其中一幅为《人物龙凤》(见图 4-34)，画一女子，垂髻束腰，侧身前行，双手做祈祷状，头顶有一龙一凤，引导死者的灵魂；另一幅《人物御龙》(见图 4-35)，则画一男子，长袍高冠，驭一巨龙，画面采用线描，简洁有力，形象生动，显示了中国传统绘画的基础。

图 4-34　长沙楚墓帛画《人物龙凤》

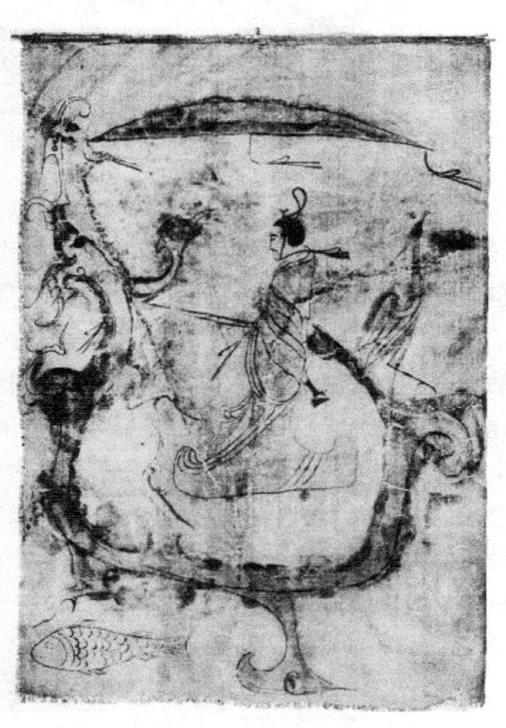

图 4-35　长沙楚墓帛画《人物御龙》

秦代绘画应当直承先秦，但保留下来的作品极少。1976年以来，在陕西省咸阳市秦宫遗址中发现了一部分宫廷壁画，技法虽然比较粗率，但画面上人物远小近大，形似而又传神，人物车马和亭台楼阁用线条勾成，已体现出一定的艺术水平。从秦始皇兵马俑的斑斓色彩估计，秦始皇的地宫内一定有内容生动、色彩鲜明的壁画作品。汉代经历了四百多年，绘画艺术有了很大的发展。由于儒学独尊，绘画成为政治统治和封建教化的一种手段。以人物为主的绘画大都采取了壁画的形式，布满王公贵族的宫殿、官衙、祠堂、庙宇、住宅和墓室，还有大量刻于各种建筑物的石壁上，其内容有历史故事、生活场景、神仙鬼怪和神话传说。迄今最早的汉代墓室壁画是1976年在洛阳市发现的卜千秋墓室壁画(见图4-36)。加上1972年在长沙市马王堆汉墓中发现的西汉帛画及辽宁、内蒙古等地发现的东汉墓室壁画，就可以对汉代绘画有一个基本的了解。汉代画家有姓名流传后世的仅十数人，其中以给王昭君画像的宫廷画师毛延寿最知名。

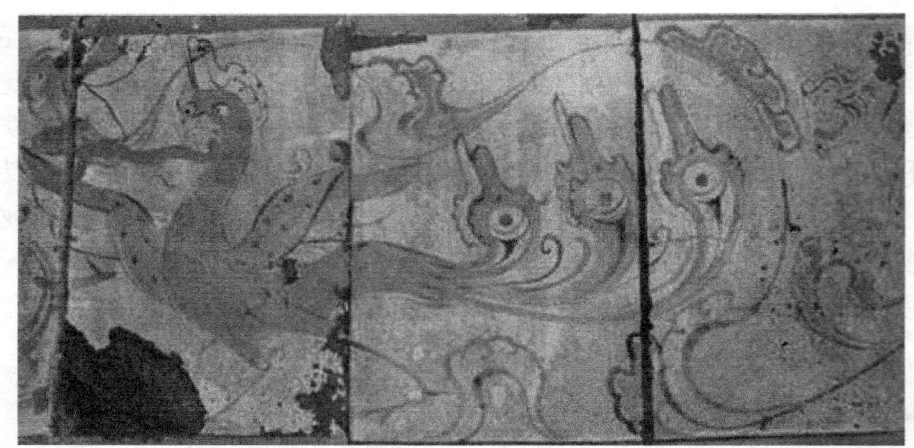

图 4-36　河南洛阳卜千秋墓室壁画之朱雀

魏晋南北朝时期由于佛教流行，宗教画(主要是表现佛教内容的画)取得支配地位。同时由于社会动乱，崇尚清谈，文人士大夫们的普遍心理趋向避世，并企图在自然山水中求得心理平衡和心境和谐，于是山水画形成和发展起来，并出现了关于山水画的理论。这个阶段，佛教艺术发展很快，并给宗教画的兴盛带来巨大影响。三国时的曹不兴是第一位画佛能手。东晋时的顾恺之(348—409)是人物画大师，以画绝、才绝、痴绝被称为“三绝”。他有意识地追求“传神”效果，极注意刻画人物的神态，并总结出“传神写照，正在阿睹中”的绘画理论，给后世绘画艺术以重大影响。现在人们还可以看到他的《女史箴图卷》(见图 4-37)和《洛神赋图卷》。另一位大画家是张僧繇。他在技法上善于革新，创造了一种只用彩色而不用墨骨的“没骨法”，以色彩深浅增强立体效果。还有一位画家是陆探微，所画人物极重笔法，描线如刀刻一般。这三个人合称“六朝三杰”。

图 4-37　顾恺之《女史箴图卷》(局部)

隋唐绘画，成就惊人，是这一时代文化昌盛的形象表现。这个阶段无论是画的种类，还是画的技巧，都显示了绘画艺术的高度发展。著名画家有隋代的展子虔，现存作品《游春图卷》采用青绿重彩渲染春天的气氛，表现苍茫的山水烟景。唐代绘画艺术空前繁荣，涌现出许多绘画大师；宗教画日趋世俗化，以宗教故事反映现实生活；从人物画中产生出仕女画等。阎立本父子兄弟三人(父阎毗、兄阎立德)为唐初著名画家，其中以阎立本成就最高。其画迹流传到今天的还有《历代帝王图卷》《步辇图》等七八种之多。唐代中期最杰出的画家是吴道子(680—759)，历史上被尊为“画圣”。他一生主要创作壁画，作品数量多得惊人，但没有一幅相同。他在艺术上的贡献是发展“线描”，创造了“兰叶描”的线型，丰富了线条在中国画中的表现力。现在有宋人摹画的《送子天王图卷》(见图 4-38)比较接近原作。吴道子之后有张萱和周昉，这两位都是描绘贵族生活的能手。张萱的《虢国夫人游春图》(宋徽宗摹本)、周昉的《簪花仕女图》是他们的代表作。在二人的影响下，形成了仕女画这一画科。唐代山水画的代表人物有李思训、李昭道父子和王维。二李父子喜用强烈而又鲜明的色彩，创造了一整套青绿着色的方法，画面金碧辉煌，世称“金碧山水”。王维则另辟蹊径，从抒情的角度描绘山水，把淡泊恬静的诗意展现在画面上。他不施色彩，而以墨的浓淡表现山水的神韵，被称为“水墨山水”。此外，唐代画家还有画马的曹霸、韩干，画牛的韩滉等。

图 4-38　吴道子《送子天王图卷》(宋人摹画)

五代时是花鸟画的成熟阶段。西蜀画家以黄筌、黄居父子为代表。二黄的花鸟画采用勾线填色的技法，称为“勾勒法”，其画风称为“黄体”，演变为后世的工笔画。江南以徐熙为代表，他的花鸟画直接用色彩点染，不用墨笔勾勒，称为“没骨法”，其画风称为“徐体”，演变为后世的写意画。这时的山水画都以真山真水为范本，着力表现大自然的秀丽和壮美，同时在画中寄托作者的思想感情。著名画家还有荆浩、关同、董源、范宽等。

宋代绘画艺术进入一种新的境界。一方面朝廷在宫内设立了翰林图画院，以科举考试吸收画家，形成“院体画”，其特点是严密精细，注重法度，作品多供帝王观赏，题材多为山水、花鸟。宋徽宗赵佶，擅长书画，其花鸟画尤为突出，其画风格工整艳丽、高贵优美，是院体画的代表人物之一，流传下来的作品有《芙蓉锦鸡图》等。另一方面是反映社会生活的风俗画大量出现，举世闻名的《清明上河图》(见图 4-39)就是由宋代画家张择端创作的。此外，流传至今的宋代风俗画还有李唐的《村医图》、李嵩的《巴船下峡图》以及无名氏的《归牧图》等。宋代的大画家李公麟，擅长人物画，现存作品有《五马图》《维摩居士像》和《免胄图》等。米芾、米友仁父子，赵伯驹、李唐、刘松年、马远、夏珪(一称夏圭)多以山水画、花鸟画闻名。“李、刘、马、夏”被称为南宋画院四大家。其中，马、夏二人创立“水墨苍劲”的画风，马的画集中于一角，夏的画集中于半边，世称“马一角”“夏半边”。在花鸟画方面，宋代还兴起了以梅、竹、兰、菊为题材的“四君子画”。这些画借物抒情，表现了文人的节操和雅趣，代表画家有文同、苏轼、郑思肖、杨无咎等。

图 4-39 《清明上河图》[①](局部)

元代绘画更注意表达艺术家的情绪意兴，突出展示个人思想、感情的色彩，因此，山水花鸟注重水墨写意，“四君子画”大为流行。为了充分表达画家的情趣，作者往往画面题诗，以诗文点醒画意，书法、绘画相映成趣，形成文人画的独特意味，这一特点迄今如此。倪瓒、黄公望、王蒙、吴镇被称为“元代四大家”。《富春山居图》即为黄公望所绘(见图 4-40)。

明代绘画到中叶以后才有生气，这是因为这一阶段的学术比较活跃。出身于苏州一带的文征明、沈周、仇英、唐寅，以水墨写意见长，被称为“吴派四大家”。他们的继起者有董其昌、陈继儒等人，又各成支派，称为“华亭派”“苏松派”。此外，还有以戴进为代表的“浙派”，以吴伟为代表的“江夏派”等。但是，明代写意花鸟画的大师当推徐渭。他放笔纵横，水墨淋

① 《清明上河图》，“中国十大传世名画”之一，为北宋风俗画，是北宋画家张择端仅见的存世精品，属国宝级文物，现藏于北京故宫博物院。清明上河图宽 25.2 厘米，长 528.7 厘米，绢本设色。作品以长卷形式，采用散点透视构图法，生动记录了中国 12 世纪北宋汴京的城市面貌和当时社会各阶层人民的生活状况，是汴京当年繁荣的见证，也是北宋城市经济情况的写照。

漓，随意挥洒，不拘成法，真正发挥了中国画的笔墨趣味，被称为“大写意”画家。明末的大画家中陈洪绶(老莲)擅长人物画，其画作形象夸张变形，高度概括，以表现人物的个性。

图 4-40　黄公望所绘《富春山居图》[①]

清代绘画形成一种仿古的风气，另有一些人则以一种怪异的风格出现。前者以王时敏、王鉴、王翚、王原祁、吴历、恽格为代表，习称“清初六家”；后者则以石涛、八大山人为代表。“扬州八怪”[②]继承了他们的精神，反对仿古的正统派，主张艺术革新，表现个性，艺术上构图简练，造型突兀，画面奇特，笔法刚健，形成独特的艺术风貌，被视之为“怪”。但正是这种突破传统的精神，才能把艺术推向前进。清代末年，在江浙、上海出现了许多有名的画家，显示了江南文化的昌盛，其中最有名的是四任 (任熊、任薰、任颐、任预)和吴昌硕。四任中的任颐(即任伯年)和吴昌硕是这一时期的杰出代表。任颐的山水、人物、花鸟，无一不精；吴昌硕则把书法、绘画、金石篆刻结合在一起，卓然成一大家。

【推荐观赏】

《书画中国》，旅游卫视，2012 年。

第六节　中国传统艺术特征

总体看来，数千年来中华民族生息、繁衍在亚洲东部这广袤富饶的土地上，用心

① 《富春山居图》是元朝画家黄公望为无用师所绘，以富春江为背景，全图用墨淡雅，山和水的布置疏密得当，墨色浓淡干湿并用，极富于变化，是黄公望的代表作，被称为“中国十大传世名画”之一。明朝末年传到收藏家吴洪裕手中，吴洪裕极为喜爱此画，甚至在临死前下令将此画焚烧殉葬，被吴洪裕的侄子从火中抢救出，但此时画已被烧成一大一小两段。较长的后段称《无用师卷》，现藏台北故宫博物院；前段称《剩山图》，现收藏于浙江省博物馆。

② “扬州八怪”在中国画史上说法不一，较为公认的说法是李鱓、金农、罗聘、郑燮、李方膺、汪士慎、高翔、黄慎。

血的结晶建造了粲溢古今的艺术文化，在改造自然和改造社会的斗争中形成了“礼乐一体”的原则、融合互通的精神、注重神韵的技法、用于教化的目的等卓尔不群的民族风格特征。

第一，“礼乐一体”的原则。“礼乐一体”，包含礼必有乐、乐附于礼，以及乐在诸多艺术中独具至尊地位两层意思。这是因为历代儒家学者都把“乐”看作道德感化和政治教化的手段。儒家所推崇的周公“制礼作乐”，即是把礼乐一并作为维持西周奴隶主统治的两大支柱，因而到春秋时期发生了社会变化，孔子便认为是“礼崩乐坏”。由于儒家的不断提倡和发挥，礼乐并列为封建统治者的工具，乐在社会生活和艺术领域中占有崇高地位。孔子曰：“兴于诗，立于礼，成于乐。”足见孔子把“乐”当作人们修身成仁的关键；又曰：“礼乐不兴，则刑罚不中，刑罚不中，则民无所措手足。”可知孔子又把“乐”作为兴邦治国的根本。其后的孟子、荀子及其他儒家学者无不重视“乐”的作用。荀子写过一篇《乐论》来论述音乐的审美、教育作用，认为乐“可以善民心”“移风俗”，使“行列得正”“进退得齐”；认为中平、肃庄的音乐可使“民和”“民齐”“兵劲城固”，敌人不敢入侵；而妖冶的音乐可以导致人民“流轻鄙贱”，引起战争。《礼记》也专有《乐记》一篇，系统论述了音乐的本质、美感、作用及乐与礼的关系等问题。《乐记》认为，“凡音之起，由人心生也。人心之动，物使之然也。感于物而动，故形于声”，“治世之音安以乐，其政和；乱世之音怨以怒，其政乖；亡国之音哀以思，其民困。声音之道，与政通矣”。这里把音乐当作衡量天下兴亡治乱的标尺。正是由于这一缘故，历代统治者都非常重视乐。

第二，融合互通的精神。中国传统文化艺术的诸门类不是各自为域、互不相关的，而是彼此相通、融合为一的。古代所谓的“乐”，实际上不只是音乐，而是音乐、舞蹈和诗歌的综合。墨子评论儒家是“诵诗三百，弦诗三百，歌诗三百，舞诗三百”，即是说《诗》可以朗诵、弦弹、歌唱和舞蹈。其后历代诗词，既可以配曲演唱，又可以闻之起舞。汉唐以后，流行书画，二者结合得难以分家，向来被称为“书画同源”，其理论和技法都是相通的。中国历史上的画家，往往同时又是书法家。诗画也如此，古语说：“诗中有画，画中有诗。”元代以后兴起的戏曲，也是一种综合性的艺术，念、唱、舞、曲、诗、乐共融于一体，缺一无法构成戏曲艺术。如果把戏曲舞台上各类人物的扮相和表演跟历代神佛雕塑作一番比较，也会发现戏曲艺术和雕塑艺术之间也有某种融合。钱穆先生在比较中西文化时指出，中国文化讲“合”，西方文化讲“分”。在中国文化中，诗画一家、书画同源、文史哲自古难分，而西方文化是诗画无关、乐舞独立、文史哲各自为一门学科，甚至歌剧、话剧也各自分野。为什么中国艺术具有这种融合性和相同性？因为中国的艺术讲情、讲趣，讲喜怒哀乐之情、讲远近虚实之趣，而情趣都归之于心，心只一处，所以只能合；而西方艺术则讲理、讲形，讲万事万物之理、讲长短方圆之形，这二者都归于物，物具万象，所以必定分。

第三，注重神韵的技法。中国传统文化艺术注重表现事物的意趣和人的内在感情，要求在艺术创作中突出神似。古代的艺术家和艺术评论家们都非常重视“神似”问题。“神似”

就是要求艺术创作要表现对象的典型特征，揭示它们的内在精神。顾恺之说的“以形写神”，传说他画人很注意一双传神的眼睛；南齐书法家王僧虔说的“神采为上，形质次之”；南齐画论家谢赫说的“气韵生动”；唐代书法家张怀瓘说的“风神骨气”；宋代欧阳修说的“古画画意不画形”等，其含意都是强调艺术创作不能追求形似，而要追求神似。艺术家们所要表现的，不应当是与外界完全相同的客观事物，而应当是这些事物的神采和气韵，是艺术家自己的意趣和感情。中国画特别注重写意，京剧艺术中的脸谱，表演中的哭笑，也都是一种写意，都是追求神似。明代徐渭说“不求形似求神韵”，他自己就是一位大写意画家。明末八大山人朱耷的画更是如此，他画的飞禽走兽，往往是寥寥几笔，墨水淋漓，初看不知是什么东西，细看才知道有无穷意趣。应当说，注重神韵、大笔写意是中国艺术的本质特点。

第四，用于教化的目的。传统艺术很重视艺术的目的性和社会功能。从孔子开始，儒家学者就非常重视《诗经》的思想教育作用。孔子曰：“诗可以兴，可以观，可以群，可以怨。迩之事父，远之事君。”因此，历代儒家都特别推崇《诗经》，认为“正得失，动天地，感鬼神，莫近于《诗》，先王以是经夫妇，成孝敬，厚人伦，美教化，移风俗”。正因为《诗经》有这么大的社会功能，所以孔子才说：“不学诗，无以言。”音乐更是如此。儒家认为乐通于伦理，故审乐可以知政。东汉郑玄说：“听乐而知政之得失，则能正君臣民事物之礼也。”由于汉代以来的封建统治者以儒学作为自己的统治思想，因此特别强调艺术的“厚人伦，美教化，移风俗”的社会作用，要求乐要移情，诗要言志，戏曲表演要教人为善。但是，也存在另外一面，即统治阶级鄙视劳动人民的艺术。远在春秋战国时代，儒家就把“乐”分为“正声”和“淫声”、“雅乐”和“俗乐”两类。“正声”和“雅乐”是统治阶级的艺术，“淫声”和“俗乐”是劳动人民的艺术。在儒家看来，“雅”的艺术有助于教化，“俗”的艺术有伤于教化。因此，封建统治者总是竭力排斥劳动人民的艺术。以元明以来的戏曲而论，它最初发源于民间，而且一直在市民阶层中广泛流行。尽管它的作者们也在创作中表现封建说教，尽管“雅”腻了的统治者也常“俗”一下戏曲，但戏曲艺术一直受蔑视，作家和演员都被视作下等人。而西方艺术不讲明确的社会功能，人们对艺术的要求主要是娱乐、刺激，或得到一种艺术享受，雅俗的界限也不明显。

【知识小贴士】

西汉的《乐记》，是我国第一部系统的音乐理论专著，在中国音乐美学史中占有独一无二的地位。它的思想直接影响了两千年来中国音乐美学理论的发展。《乐记》也是《礼记》49 篇中的一篇，约 5000 余字。《乐记》博大精深，以儒家思想为主，包容其他各派思想，谈到音乐的本源、音乐的特点、音乐与政治的关系、音乐与社会价值、音乐形式与内容的关系等问题，余篇仅留篇目，由篇名看，涉及乐器演奏、音乐创造、音律理论等问题。

本章思考题

1. 建议班级召开小型古典诗歌朗诵会，重温中国古典诗词的艺术魅力。
2. 谈谈你喜欢的中国古代文学形式及理由。
3. 结合本章内容，分析一下中国古代艺术的特色和神韵。
4. 利用网络等条件，写出你喜欢的艺术门类发展简史，并在班里同其他人进行交流。

第五章

中国传统民俗文化

民间风俗简称民俗，是指一个国家或民族中广大人民创造、享用和传承的生活文化。民俗源于人类为适应周围的自然社会环境而创造的文化。中国的民俗文化伴随着先民的生产生活需要而出现，经过长期的集体创造、加工、筛选和沉淀，逐渐在形式和内容上固定下来，成为民间社会公认的大众知识、文化制度与道德原则[①]。

中国民俗发端于上古时期，称为形成期；秦汉国家统一之后，隋唐两代的繁荣安定促进了民俗文化的稳定，称为定型期；宋元明清时随商业化的发展而逐渐丰富，称为繁盛期；清末以来，中国社会经历了巨大变革，传统民俗文化受到剧烈冲击，呈现出现代化趋势。在漫长的形成期，民俗文化大致按照先物质再语言，最后是精神和组织习俗的顺序逐步产生和发育。

民俗的形成期，与生产生活相关的物质类民俗、精神和语言民俗开始发育，基本亲属制度、婚姻习俗和部落组织习惯也在此时出现。民俗的定型期，主要的岁时节日已经出现，节庆的主题开始形成并固化；生产、交通、建筑、居住、服饰、日常社交民俗得到充实；民间文学、艺术、曲艺、工艺美术、游戏竞技等民俗也开始发展并日益精细化。同时，中原民俗与少数民族风俗交融互补，中华各族开始共享统一的民俗系统。民俗的繁盛期，中国社会各阶层出现了文化融合，使祭祖变成民间社会普遍遵从的新习惯[②]。商业化的影响使各种物质民俗更为丰富，娱乐性民俗的种类也大大增加[③]。近代以后中国传统民俗开始发生急剧变革，在西学东渐和政治革命的双重影响下，文化领域的“新文化运动”掀起了一场针对传统文化的大批判，“传统伦理、风俗、人际关系和社会习俗”均成为革新的对象[④]。一方面，不符合现代价值观的习俗被舍弃，如妇女的缠足习俗、一夫多妻等。另一方面，有利于推动现代国家建设的习俗被搜集、保存和改造，如歌谣、故事、服饰和生活习惯都成为文化革新的重要对象。

本章主要介绍人生仪礼、岁时节日、生产、娱乐四种与现代生活密切相关的民俗内容，帮助读者体会传统民俗文化的历史概况、现代变迁和社会意义。

---

① 钟敬文. 民俗学概论[M]. 上海：上海文艺出版社，2009.

② 游彪，等. 中国民俗史(宋辽金元卷)[M]. 北京：人民出版社，2008.

③ 萧放，等. 中国民俗史(明清卷) [M]. 北京：人民出版社，2008.

④〔美〕徐中约. 中国近代史(1600—2000)：中国的奋斗[M]. 朱庆葆，计秋枫，译. 北京：世界图书出版公司，2013.

第一节　人生仪礼

人生仪礼是指个人在人生历程中与上层的礼仪制度不断交融、渗透，渐渐发展为一种社会各阶层都认可的仪式原则，也被称为“礼俗”。

一、诞生仪礼

传统时代，婴儿的诞生意味着血缘和家族的延续，因此，诞生礼很受人们的重视。在传统时代，完整的诞生礼涵盖从祈求子嗣到婴儿满周岁时的所有仪式。

(一) 求子仪式

古代医学知识不发达，人们对生育现象抱有许多神秘主义的看法，认为后代是由主管生育的神祇赐予的，因此，崇拜生育神，施行求子仪式十分常见。中国传统的生育神有女娲、九天玄女、织女、后土娘娘、观音、碧霞元君(泰山老母)、床母、花婆等。

【知识小贴士】

观音原是佛教中的主要神灵。宋代之后，观音信仰在中国民间盛行，与观音有关的佛经得到大量翻译。由于中国信仰中的女性角色稀少，民间根据佛经《观音菩萨普门品》中有关生育的内容把观音塑造为送子观音，这是观音逐渐从男性转变为女性的重要原因。民国之后，送子观音更是成为中国民众信仰的主要生育神(见图 5-1)。

图 5-1　送子观音(局部)，藏于纽约大都会博物馆

祭祀生育神一般从妇女婚后开始。如在两广地区结婚一年妇女不见有孕，娘家就会在通往婆家道路的小水沟上架一座由竹子或藤条编的小桥，象征着把主管生育的“花婆”接到新婚妇女的家里。在福建、江浙等地正月十五或八月十五，娘家为新妇送花灯(其音谐“丁”)、木瓜(其腹中多籽)或柚子(其音谐“佑子”)，也有人到祠堂去钻灯脚(到祠堂悬挂的灯下走上几圈)。虽然这些俗信并无科学根据，其中却包含着中华民族祈盼子孙兴旺、民族延绵不绝的心理。

(二) 生产习俗

孕妇快要生产时，娘家会送来婴儿衣物、玩具和供产妇食用的食品，称为“催生担”，祈求孕妇顺利生产。产后妇女身体虚弱，为了减少疾病，中国各地都有坐月子的习俗。坐月子主要是在生产后的30~42天中采用独特的生活和饮食习惯，促进产妇的身体恢复，主要包括禁止吹风、洗澡和进食生冷。虽然某些坐月子的习惯并不符合现代卫生观念，但它是古代保健知识的积累，在缺少医学知识的古代，避免产妇受凉，最大程度地保障了母婴健康。

(三) 诞生庆祝

为了迎接家庭新成员的到来，孩子出生后要为其举行各种庆祝仪式。在婴儿出生的第三天，第一次给婴儿洗澡，俗称“洗三”，并要说吉祥话，祝福孩子。同时，还要向本家族亲、外婆家和左右邻居送去礼物报喜，常见的礼物有红鸡蛋、油饭等。生了男孩称为“弄璋之喜”，生了女孩则称为“弄瓦之喜”。

婴儿满月后，家人要宴请宾客，称为满月酒。满月酒必备的食品有红蛋、长生果(花生)、长寿面等，表达对孩子的祝福。满月这天家长通常会给孩子剃去胎发，有的人家会把胎毛制成笔，称“状元笔”，等孩子开蒙(上学)时使用，希望孩子学业有成。

周岁生日时，要举行抓周仪式(见图5-2)，预测孩子未来的职业。大人在幼儿身边放置各种物品，象征不同的职业，观察幼儿抓取的物品来判断他未来的志趣，选择算盘、铜钱可能会成为商人，选择笔墨可能会做官等。

图5-2　抓周仪式

中国的诞生礼不仅体现了对于新生命的呵护与关照，其细节还贯穿了中国儒家的“孝悌”观念，借由仪式将幼小的孩子带入各种血缘、地缘关系网络，把他们从生物人转变为社会人。

二、成年礼

成年礼是为了庆祝个人脱离其幼年时期进入成年而举行的典礼。成年礼是个体的社会身份得到确认的标志。根据周代《仪礼·士冠礼》的记载，中国古代贵族男子(士以上的阶层)成年时(20 岁)，必须举行戴三种礼帽(缁布冠、皮弁和爵弁)的仪式。传统的成年礼主要分为两种形式。

一种成年礼是与自然生长规律相结合。古人认为男子在 20 岁，女子在 15 岁时，身体已经发育成熟，因此在这个年龄为他们举行成年礼。男子称为“弱冠之礼”，即从此梳起成人的发饰戴上帽子，与幼年时不同，成年礼后他就成为家庭的正式成员，可以参与各种家庭决策。女子称“及笄之礼”，将头发梳成发髻，用笄子簪上，意味着可以出嫁。现在很多地区都在孩子 16 周岁时为其过“大生日”，是一种古代成年礼的遗留。潮汕地区 16 岁的大生日被称为“出花园”(见图 5-3)，认为孩子 16 岁前灵魂生活在“花园”里，受到花婆的照顾，出花园后就要改变形象和装束。

图 5-3　粤东地区的“出花园”仪式泥塑[①]

另一种是与社会责任相结合，成年礼通常与婚礼结合在一起。如女子出嫁前要绞面——用棉线绞去脸上的绒毛，梳起额前的垂发，使之看上去与长辈更加相近，意味着可以与长辈一起承担起照顾家庭的职责。在许多地方，男子结婚后会分家，并独立祭祀祖先，也是成年的意思。

今天，古代成年礼日益衰落，而这种仪礼曾对青少年向成年人的转变有重要的作用，因此，许多教育机构开始主张复兴这种礼仪。近几年，许多学校开始为年满 18 岁的学生举

① 这组泥塑是吴泥塑国家级传人吴光让所作，藏于广东省博物馆。

行集体“成年仪式”，提醒青少年肩负社会责任。

三、婚礼

婚姻是人类缔结两性关系、繁衍后代的基本社会制度。西周时，中原地区就已经发展出了较为稳定的族外婚制，并形成一套固定的婚礼程序。这套礼仪周代时已经形成，称为聘六礼。

- 纳采：男家向女家提亲，女家同意后，男家备礼求婚。
- 问名：男家问女子之名，以卜吉凶。
- 纳吉：若卜得吉兆，告知女家，视为订婚。
- 纳征：送聘礼于女家正式订婚。
- 请期：卜得迎娶吉日，告知女家。
- 亲迎：至婚期，婿亲至女家迎娶新妇完成婚礼。

周代时，结婚没有公开的庆祝仪式，婚礼一般在黄昏举行①。之后婚礼中逐渐增加了宴宾和庆祝的礼节。

今天的婚礼基本都简化为三个阶段：定亲、迎娶和归省。定亲阶段包含了男女经媒人相识，交换、运算八字，下聘礼和订婚等阶段。

迎娶阶段事情较多。在迎亲之前，男方家庭要为新人准备新房，一应器具以红色为吉，床上要铺上红色缎面的被褥，被里中缝入花生、桂圆、红枣、莲子等物，寓意早生贵子，儿女双全。在迎亲的头天晚上，一个小男孩会在新人的喜床上滚一下，谓之压床。女方的家庭则需要准备好嫁妆担，通常会与迎亲的队伍一起送往婆家。在双方商定的吉时，男方家庭派出的迎亲队伍要到女方家接亲，回到男方家中完成结婚仪式，仪式包括辞别娘家的父母、上轿、落轿、入夫家、拜祖先神灵、为公婆献茶、喝合卺酒等。

完成仪式，宴宾开始。许多地方，娘家的宾客尤其是新娘的兄弟，是婚礼上最尊贵的宾客，会得到特殊的照顾。而宾客们会携带礼物或礼金出席，向新人祝贺，一些地方还有闹洞房的习俗。

归省是结婚的第二天，新娘在新郎的陪同下返回娘家探望父母。女婿和女儿归省会受到娘家亲属的热情接待，女婿正式被介绍给女方的亲属。他们回程时丈人要赠送丰厚的礼品。

【知识小贴士】

传统的迎亲(见图 5-4)过程包含许多“新娘禁忌”，如使用红色花轿接回新娘，新娘用红色盖头蒙面或雨伞遮头，不能见光，上轿前或落轿后双脚不能沾地，要踩在红色地毯或由兄长抱行。在进入婆家大门时有跨火盆的仪式。接亲过程中，遇桥、沟、涵洞等处要燃放鞭炮，惊吓秽神，防止它们侵害新娘等。

---

① 《周易》记载，中国先秦时代曾经有抢婚的习俗，抢婚的时间通常在傍晚，因此“婚”最早也写作“昏”。

图 5-4　首都博物馆北京民俗展厅内的“迎亲”泥塑

四、葬礼

从最普遍的意义上说，葬礼是人类处理死亡现象的一种文化方式。它的意义在于向社会宣告个体生命的终结和社会身份的消亡。对于“重死重丧又讳言生死”的中华民族而言，葬礼有一套烦琐的程序，可以分为以下六步①。

(一) 初终

亡者气绝到移入灵床的阶段。亡者断气后，家属要趁其身体未僵硬，为其清洗身体，并为死者换上预先特制的“寿衣”，有的地方，在将断气时替其先穿上寿衣。断气后，往死者口中塞入钱币或米饭，寓意来世不受饥穷之苦。

(二) 小殓

准备停当后，把死者抬上灵床，灵床可以设在室内或搭棚设在室外，在门口贴上白色对联，有些地方为 80 岁以上的死者贴红对联，称为喜丧。在床脚点一盏长明灯为死者照亮去往阴间的道路。家中布置灵堂，并派人去向亲戚报丧。在家中停灵的时间通常为七天，称为头七，据说，人死后第七天灵魂会返回家中作最后一次探望。家里人在头七要为死者守灵，但第七天要回避，以免被死者看见，不忍离去。期间可以请道士、和尚入室为死者做“招魂”法事，帮助其顺利地进入极乐世界或转世投胎。

(三) 大殓

择吉日将死者装殓入棺，通知亲属葬期并商讨下葬事宜。大殓通常要请道士、和尚等宗教人士主持。

① 郭于华. 生的困扰与死的执着——中国民间丧葬仪礼与传统生死观[M]. 北京：中国人民大学出版社，1992.

(四) 葬前

直系亲属换上麻布丧服，接受亲朋好友的吊唁，堪验风水，选择和挖掘墓穴。

(五) 葬时

也称为出殡，由长子身着麻布丧服，率领其他亲属将死者棺木抬至墓地下葬。待下葬仪式完成，要在坟前祭祀，焚烧纸钱，行叩首礼，礼毕而返。参加葬礼的人在事主家中聚餐后，葬礼才算暂告段落。

(六) 葬后

古代中国，在葬礼后直系后代有三年的守孝期，至少在亡者亡故第 49 日时要再次召集亲戚祭祀亡灵，称为散七。因为传说，人死到再次投胎需要七七四十九天，从此之后，他就重新做人了，葬礼也正式全部结束。

今天，由于受到现代化和城镇化的影响，传统葬礼的简化趋势明显。很少人再沿习七日停灵的习惯，通常只有三日或一日，主要是为了接受亲友吊唁。由于土葬在大部分地区已经取消，出殡(见图 5-5)便成为一种形式，处理遗体的方式是由殡仪馆火化，并埋入公墓或放在殡仪馆的储存室中。

传统葬礼通过以送别死者为线索，展现并规范了家族邻里秩序，并留下了可供后人凭吊的标志物——坟墓。借助对坟墓的祭扫和修缮，中国人世世代代传承着慎终追远的意识，成为民族认同的基础。另外，葬仪程序可以帮助生者接受“生死”变故，并重新调整家庭社会秩序，是塑造中华民族人生观的重要手段，其中的“五服”秩序也是儒家伦理的重要基础。

图 5-5　出殡

【知识小贴士】

由于条件的限制，人们已经简化并修改了传统出殡仪式，但保留了穿着丧服的传统。在葬礼中死者的不同亲属要穿着不同形制的丧服(均由麻布制成)以示亲疏远近，超出五代之外的亲属不必穿着丧服。中国人主要是按照葬礼中不同的丧服形制定义、区分亲属关系，称为“五服”。

第二节　岁时节日民俗

岁时节日也称传统节日，是以中国境内的岁时风物变化和农业作息节奏为基础的庆祝日期。学者认为当代中国岁时节日体系的形成期主要是在汉魏时代，经历了两千余年的发展，形成了丰富多彩的节日庆祝内容。下面介绍中国境内现存的 11 个主要传统节日。

一、春节

春节是中国最重要的传统节日，节期是正月初一到正月十五。

正月初一起大早，开门放一挂鞭炮。一早要敬各方神明，有的地区喜用素供，初一只进食素菜。大人小孩穿上新衣，小孩子给大人拜年，大人之间也相互拜年，问“过年好”，说吉利话，通常称为讨口彩。这一天主要是玩乐和休息，逛庙会(见图 5-6)是各地群众最常见的娱乐形式。忌劳作，不然一年都会非常辛苦；不能扫地，认为会破财等。

图 5-6　龙年北京地坛庙会

正月初二是女儿女婿归省的日子。女儿女婿会带着孩子回娘家拜年，并带去鸡、鸭和酒为礼物，傍晚返回时，丈人也有丰厚的回礼。

正月初三大部分地方人们开始走亲访友，大家族中开始按照辈分轮流办席宴请亲戚。但在闽南的部分地区如同安等，初三则忌讳拜年，因为清初清兵的某次屠城发生在大年初三，为了纪念蒙难的同胞，此地民间保留了初三不拜年的做法。

正月初四是许多地方接神的日子。人们在腊月底送神，正月初四要重新接神，如灶神、床神等，商人尤其重视接五路(东、西、南、北、中)财神，为初五开市做准备。

正月初五大多数店铺都选择开门营业，一大早店铺会燃放鞭炮接财神，庆祝开门大吉，也有人在这一天专门接财神。

正月初六有些地方称为“送穷日”，家庭妇女要清扫屋中的垃圾并扔掉，象征扔掉贫穷。在闽南，正月初六也是清水祖师的诞辰。这天，人们要供奉素饼、水果等，祈求风调雨顺。

正月初七是“人日”，女娲娘娘造人的日子。人把这一天看作自己的生日，魏晋时期正月初七妇女头上要佩戴“人胜”——一种人形发饰。

过完最初的七日，新年的活动基本就结束了，虽然习惯上大家仍把正月十五之前的日子看作“新年”的一部分，但多数人在初七之后都会投入新一年的工作。我国政府规定“正月初一至初三为春节法定假日”。

二、元宵节

元宵节也称为上元节、灯节，是中国的传统大节，这个节日曾经包含很多内容。周代人们有此时向天神“祈谷”的传统；汉代正月十五是皇家和民间点灯祭祀“东皇太一”[①](又称“太乙”)的日子。道教传说正月十五是张天师的生日，称为上元节，是天官赐福日。

现代的元宵节主要是赏灯和游艺：各地要制作并展出花灯，有些地方从正月十三开始就布置和点亮花灯。到了正月十五夜，人们到大街上玩乐和观赏花灯。还有耍狮子、猜灯谜的活动。在古代，赏灯是妇女们少有的出门机会，因此，上元节也是男女结识、缔结姻缘的好时机。这天晚上，孩子们要斗灯，斗败的灯会熄灭，意味着出局。出灯即出丁，暗示着家庭人丁兴旺。

除了围绕花灯的节俗，元宵节还有食用“元宵”或“汤圆”的习惯。汤圆是一种以糯米粉为皮的带馅圆球状食品，放在水中煮熟后食用。它通常象征团圆和生活幸福。另外，部分地区还有“走百病”的习俗，即绕行某个神圣的场所，驱除疾病，抑或祈子求福。

三、二月二

二月初二其时恰逢“惊蛰”节气前后，气候回暖，万物复苏。此时，人们准备投入耕作，二月二也被称为农事节。古代官府二月二有打春牛的做法，县官把一头泥制的春牛用鞭子抽散，宣告开始春耕，人们把打碎的土块捡到自己的田里，祈求谷物丰收。另外，二月二相传是土地公生日(闽南认为是土地婆的生日)，这一天人们敬土地，闽南的商人把这次祭祀称作“头牙”，即开市后第一次祭祀土地公。

二月二在北方称为龙抬头，传说唐代一只主管降雨的天龙违背了玉皇大帝的旨意，私自降雨拯救黎民，被贬至凡间，玉帝说它要重返天庭除非金豆开花，所以这一天人们就将玉米放在锅内翻炒，爆成玉米花，供奉天龙，使他重返天庭。

二月二这一天人们通常还会理发，因为在正月一般不动剃刀。

---

① 据屈原名篇《九歌·东皇太一》称，东皇太一是当时楚国的最高神灵。

四、清明节

清明是二十四节气中最出名的一个，时间在三月上半月。此时万物生长，皆清洁而明净，故称为清明。现代清明节融合了古代寒食和上巳节俗而发展出祭墓、寒食和踏青三个主题。周代，人们有三月祭墓的习俗，但祭祀的时间并未固定。今日中国各地也仍在三月上旬或中旬扫墓，并不固定在清明当日。扫墓是指到祖先墓地祭祀，并清理坟头杂草或修墓。

周代还有清明前后禁火的习俗，汉代把这种习俗说成是纪念贤人“介子推”。在许多地方，清明以冷食为主，如福建一带就有“三月三，吃薄饼”的说法，薄饼是用薄面饼卷菜做成的食物，饼和菜都预先准备，不用现做。

阳春三月，古人常借野外祭墓的机会郊游，这是古代“上巳节”(三月初三)的遗风。上巳节是“祓禊”的日子，即在水边祭祀，然后洗濯污垢，消除不祥。后来演变为到水边游玩娱乐，文人雅士在水溪边饮酒赋诗，称为“曲水流觞”。我国政府为了满足民众的扫墓需求，于2008年开始，每年清明节全国放假一天。

【知识小贴士】

图 5-7 是清代画家刘彦冲绘制的《曲水流觞》图，描绘了文人踏青时，寄情山水，饮酒作诗的雅趣。“曲水流觞”据说起源于晋代书法家王羲之组织的一次文人聚集娱乐。三月，王羲之等名士在举行修禊祭祀仪式后，在兰亭清溪两旁席地而坐，将盛了酒的杯子放在溪中，由上游徐徐而下，经过弯弯曲曲的溪流，杯子在谁的面前打转或停下，谁就得即兴赋诗并饮酒。后世文士纷纷仿效，在三月间举行这种游戏。尤其在明代以后，江南的读书人和官员均热衷集会，曲水流觞成为春季文人集会的主要活动。

图 5-7　上巳文人雅士曲水流觞

五、端午节

五月初五是端午节，或称“重五”“端阳”或“天中节”，道教称为“地腊节”。在秦汉时期，人们认为当天太阳运行到正天顶的位置，日光毒辣，恶气尽出，称为“恶日”。因此，在端午节人们主要是“趋吉避恶”。

当天人们要在门框上悬艾草、菖蒲、榕枝等，室内要喷洒雄黄酒，燃苍术，以驱除虫、蛇，还要煮艾草、菖蒲和其他草药水沐浴，儿童要在手腕或脖子佩戴五色丝线，称为续命缕。这天要吃“枧水粽”。中午时，人们在江面上举行龙舟赛，并向江里投掷粽子，据传是为了纪念屈原。

【知识小贴士】

楚国大夫屈原受到谗佞陷害而被楚顷襄王流放到湘南，他壮志难酬，又不肯与世上的奸佞小人同流合污，在公元前278年五月初五抱着一块大石投汨罗江自尽(见图5-8)。百姓敬仰他的品格和情操，自发划船去援救并打捞他的尸体，但却什么也没有找到。因此人们把包着糯米的粽子投到江心，让鱼儿食用，以免它们啃食屈原的遗体，这就是投掷粽子的原型。

图5-8　屈原投江

六、七夕节

七月七日被称为“七夕”“织女节”或“巧女节”。自唐代以来就是属于妇女的节日。这天晚上，女孩子在门外陈列瓜果酒馔，祭祀牛郎、织女二星以乞巧。在中国，“牛郎织女”是家喻户晓的传说，织女是王母娘娘七个女儿中最年幼的一个，心灵手巧，天上美丽云彩全是她织就。后来她思凡下界与牛郎结为夫妇，却遭到母亲的反对，织女被迫重返天庭，而牛郎携子追妻，却被王母娘娘用一条银河分隔在两岸，每年七夕由喜鹊搭桥过河才得相会一次。

乞巧是女孩们的游戏，有穿针乞巧和投针验巧等。穿针乞巧就是在月下穿针，得过者为巧。投针验巧是把一些缝衣针投在水盆里，浮在水面的针会在盆底折射出影子，影子细小而精妙者为巧，粗重者为拙。有的地方也认为织女是庇佑儿童的神灵，如福建将其称为七娘妈，通过祭祀七娘妈而保佑孩子健康成长，少受疾病侵扰。

在商业化和提倡传统节日双重主旨下，近年来七夕节借助牛郎织女相会的传说被包装成中国的情人节，并得到广大青年男女的认可。

七、中元节

七月十五道教称为中元节，是地官解厄日。佛教七月十五也举办盂兰盆法会，因此也称为“盂兰盆节”。七月十五的核心是“祭祀亡灵”，一是祭祀祖先，二是普度孤魂野鬼。此节在中国北方较为衰落，而在福建、两广、海南和海外华人社会中却是隆重的大节。在有普度传统的地方，如福建普度仪式可持续一月之久，普度源于佛教中“目连救母”(见图 5-9)的故事。目连母亲青提夫人，富裕而吝啬贪婪，死后下了阿鼻地狱，变成饿鬼，非常饥饿又无法进食。目连在佛陀教诲下，于七月十五日启建盂兰盆会，借十方僧众之力让母吃饱，并得脱轮回。这个故事警示人们不要贪婪、吝啬，否则会堕入饿鬼地狱，为了解除这种苦难，人们要在七月布施饿鬼。

图 5-9　目连救母

由于普度历时长，而且过程铺张，常常引起攀比浪费，自清末民国开始屡有地方官员声明禁行普度。后来政府也不主张普度，但祭祀祖先、慎终追远和警戒贪婪却是该节日包含的积极意义。

八、中秋节

中秋节在八月十五，是全年中月亮最明亮最圆满的一夜，也称为“月节”。中秋最早是帝王秋季祭神的日子，称为“秋报”，汉魏时加入咏月的因素，后世的活动渐渐和月亮相关。

中秋节最重要的是祭月，人们当夜在室外祭祀，供品是秋季新收获的谷物和蔬果，这些都是“秋报”仪式的遗存。月饼是深受喜爱的节令食品和佳节馈赠的必备礼品，无论是苏式月饼还是广式月饼(见图 5-10)，都是扁圆形，内裹甜馅，象征着团圆和甜蜜。

图 5-10　广式月饼和苏式月饼

九、重阳节

九月九日重阳节，在中原地区正值初秋，气候转凉，为了避免受到日益上升的阴气侵害，人们在这一天登高、饮茱萸泡制的药酒。这种习俗被附会成汝南人景桓剑刺瘟神，率领亲族登高辟邪。明清时，重阳节还有女儿归省的习俗，因此也称为女儿节。

另外，九九的谐音为久久，可以表达为长寿之意。因此，重阳节在后世又发展成为敬老节。

十、冬至

冬至是二十四节气中最早测定出的节气，这一天太阳直射地面的位置在南回归线(南纬23° 26')，北半球白昼最短，阳光照射量最少。周代的历法将冬至视为一年初始，因此，冬至也称为亚岁，曾是极为隆重的节日。

许多地方至今都保持着冬至祭祖的习惯。如在闽、台两地冬至是全年最重要的家族性祭祖时间。冬至的食俗颇为讲究，馄饨、汤圆和饺子这些新春食品都有人食用。馄饨音同混沌，象征着阴阳势力在冬至交汇，天地处于一片混沌未明的时刻。汤圆则是圆满的意思，暗指一年已经过去。饺子谐音交子，有一元复始之意。

十一、除夕

除夕是指一年中的最后一天。但作为节日，它实际包括了一年中的最后几天，是农历新年庆祝系统中的一部分。

每年十二月二十三民间视为小年。这一天是“送神”的日子，要准备糖瓜等供送灶王等家中神灵，传说，他们在二十三上天汇报人间一年的情况，到正月初四才会重新下凡。送神后人们可以把旧神像揭下焚烧，等正月初四换上新像。十二月二十四除尘，人们要打扫屋子准备过年。之后的几天都是人们置办年货、食品，准备迎接除夕的时间。

十二月三十是除夕的正日子，家家户户团圆。外出的人们赶回家里，祭祀祖先，准备吃团圆饭。北方吃饺子，南方各地则习惯打边炉(火锅)。饭后，小孩子可以得到压岁钱，除夕要守岁，在午夜子时燃放鞭炮庆祝新的一年。

【推荐观赏】

纪录片《舌尖上的中国(第二季)》第三集：时节，央视综合频道、央视纪录频道，2014 年。

第三节　生产民俗

生产和娱乐是民众日常生活最主要的部分，虽然中国社会已经发生巨变，传统的农业生产和娱乐基础已经不复存在，但与此有关的民俗却是民众生活史的重要记录和民众智慧的宝库，是祖先留给我们的重要文化遗产。中国传统的生产行业可以分为四类：农业(包括种植、采集和狩猎)、工匠、商业和交通。下面分别介绍这几种门类中较为典型的民俗事象。

一、农业民俗

(一) 二十四节气

“二十四节气”是中国先民为了指导农事活动，结合天文知识与物候观察，创造的一种分割时间的方法。它最先流行于黄河流域，最符合该地的农时。后来作为中央政权颁布农政的依据而推广至全国，成为中国农业耕作节奏的统一标准。

“二十四节气”分别是立春、雨水、惊蛰、春分、清明、谷雨、立夏、小满、芒种、夏至、小暑、大暑、立秋、处暑、白露、秋分、寒露、霜降、立冬、小雪、大雪、冬至、小寒、大寒。每个节气约间隔半个月的时间，分列于十二个月。

虽然工业化和城市化使农业生活逐渐成为多数人的记忆，但二十四节气所凝萃的古代天文知识和传统物候图景成为中华智慧的绝佳标志。1988 年马来西亚华侨陈徽崇和陈再藩共同创立了一种集二十四节气、书法和广东狮鼓表演于一身的“二十四节令鼓”，在华人世界中广为流传。

(二) 农谚

农谚是指以描述农业经验为内容的谚语。它流传久远，是世代农业生产经验的积累。内容包括农、林、牧、副、渔各类农事活动涉及的现象、知识、技术和管理经验，如“天上鱼鳞斑，晒谷不用翻”“雷打立春节，惊蛰雨不歇；雷打惊蛰后，低地好种豆”“庄稼一枝花，全靠粪当家”等。

(三) 农业和自然崇拜

中国自然灾害较多，在古代生产力不发达的情况下，人们崇拜农业神，祈求丰收。最早的农神是黄帝和炎帝，一般认为他们最先在中国境内教导人民种植。炎帝还被称为五谷先帝，他发现了茶叶和草药。黄帝的妻子嫘祖被认为是蚕神，教导人们种桑、养蚕和抽丝织绢。

为了增产增收，人们渴望风调雨顺，因此在农事活动中也崇拜自然神。“龙王”“雷神”“旱魃”“土地”等被认为是水和土地的直接调配者。在传统农业社区中，供奉这些神灵的小庙很多。

【知识小贴士】

中国古代神话认为，炎帝最早教人种植，因此也将炎帝称为神农氏，或是五谷先帝。上古时代人民不会种植，只能食用野兽的血肉。后来天上降下粟种，神农氏发明农具耒耜教万民耕作(见图 5-11)。

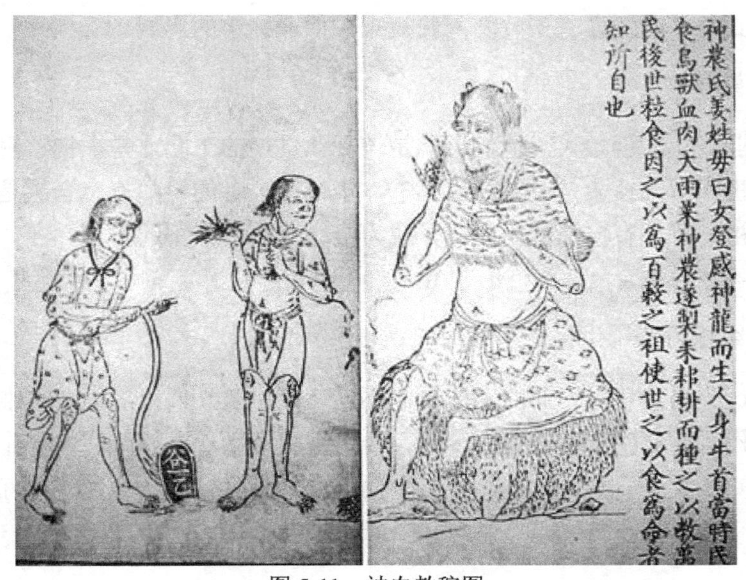

图 5-11　神农教稼图

(四) 农事预测和占验

农事预测和占验是在生产中预先判断气候条件和丰歉情况的行为。气候预测主要是对旱涝、台风等的预测。最普遍的方法是观察某节气的天气来预测未来的情况，如“干冬湿年”，即冬至那天如果没有下雨，来年可能会少雨。闽南地区有“雷声早，台风少”的说法，在惊蛰前就打春雷，本年台风会比较少。占卜丰歉的办法则比较迷信，如广西的少数民族每年正月把冬眠的青蛙装入竹筒埋入地下，一年后挖出观察其遗骸，卜丰歉。

(五) 农事活动禁忌

农事活动禁忌是在农事活动中对神灵、自然资料和生产工具表现出敬畏的一种心理现象，主要是为了维护农业社区的生态平衡和生产的可持续性。如对于农业社区守护神——“社神”(往往是一棵大树)的特别保护，不允许随意损坏和砍伐社神附近的植被。在冬季，不允役使耕牛，要让它得到充分的休息。在渔业生产中，对渔网的使用也有很多的禁忌，不允许使用太密集的网捕猎，以防渔业资源枯竭。

二、工匠习俗

中国古代的手工业发端较早，形成了若干工匠习俗。

(一) 传承的习俗

古代工匠是依靠手工艺技术谋生的劳动者。这一群体得以延续的基础是技术的传承，而技术的传承具有排他性，因此收徒和传授技艺通常有严格的规定，久而久之，相沿成俗。在竞争激烈的行业，为了保持竞争优势，避免技术的外流，在收徒时有严格的规定，如手艺传男不传女，因为女儿出嫁会带走手艺。如果是向外收徒，则收徒时要经过长期而严格的考察，在正式拜师时还要有一整套入门规矩，保证徒弟的忠诚。

(二) 祖师崇拜

祖师是行业公认的创始人，他们可能是该行业早期的工匠或是虚构、附会的人物。如鲁班是木匠的祖师爷，杜康是造酒的祖师爷，华佗是医者的祖师爷，仓颉是印刷业的祖师爷等。各行业祖师爷都有自己的纪念日，成为全行业共同祭祀的日子，在师父开门收徒时也要祭祀祖师爷。

(三) 行业组织习俗

为了避免过分的竞争对行业的发展造成不良后果，工匠们组织行会来维持各门派和经营者之间的合作，便产生了行会习俗。如行会组织会设立一个权威性人物作为首领，由他平衡各门派之间的关系。在某些行业中，还可能会产生严格的组织阶级秩序而转化为帮会，如丐帮。

三、商业习俗

市场和商人是商业领域中最重要的两个要素。在市场方面，固定市场和定期集市各遵循自己的习惯。固定市场通常存在于都市之中，常常分成不同的专门性市场，如菜市、花市、瓷器市场等，旧有的专门市场也成为地名的一部分。定期集市根据地域、人口、交通状况的不同有各种集期，是综合性的商品交易场合。人口少、交通落后的地区集期较长，人口多、交通便利的地区集期较短，三日一集在传统上最为常见。

商人是在产品流通领域中进行经营的人，分为两种：行商和坐商，前者专门做流动的生意，后者只在固定市场经营。行商为了告知客户而发明了“吆喝”，即“市声”，不同行业有不同的“吆喝”腔调和内容，久而久之成为约定俗成的行业广告语。坐商为了告知客户而采用各种招牌展示自己的店名、经营项目和范围等，也有约定俗成的形式，如古代酒铺喜欢悬挂旗子，现代的理发店则用“旋转灯筒”作为标志。

四、交通习俗

中华民族安土重迁，对于外出或迁徙抱有审慎的态度，交通习俗首要关照的是外出时可能遇到的问题。出门在外请求神灵关照是古人最常见的思维方式。由于先民习惯了定居生活，因此，中国没有产生专门的路神，而是根据旅行的方式和目的，向不同的神灵寻求庇佑。如商人一般向财神祈求获利并平安归来，因而演变出五路财神，权且可以作为“路神”的代表。乘船出海，则要向海上的保护神“妈祖”或“玄天上帝”祈求平安。

【知识小贴士】

五路财神，可能源于上古阴阳五行观念。《封神演义》记载，五位财神分别是中路财神赵公明及其四位义兄弟或部将：东路财神招宝天尊萧升、西路财神纳珍天尊曹宝、南路财神招财使者陈九公、北路财神利市仙官姚少司。他们分居东、西、南、北、中五方，有尽收五方之财的意思。清代画家和年画均喜绘“五路财神”，足见此神在商业发达的清代之盛行。图 5-12 所示为晚清画家任薰所作。

图 5-12　五路财神

第四节　娱乐竞技民俗

生产和娱乐构成了民众日常生活的两个重要方面。娱乐是生产之外人们放松身心的重要方式，约定俗成的娱乐方式和内容即为娱乐民俗，分为两类：一类以非体力性的休闲活动为主，称为娱乐民俗；另一类是竞技体育，称为竞技游戏民俗。

一、娱乐民俗

(一) 戏曲和曲艺

看戏、听曲是古代普遍的公共休闲方式。除了五大剧种之外，中国民间还有大量的地方小戏，这些戏剧都是民众观赏的对象。小戏之外还有木偶戏和皮影戏，它们都是戏剧的补充形式。看戏的场合通常比较正式，岁时节令庆祝和宗教祭祀之后才会演戏。曲艺包含各类说唱形式。随着古代商品经济的发展，评书、相声、小曲等曲艺得到繁荣光大，人们在日常购物的同时，可以欣赏到这些文艺表演。

(二) 讲故事、唱歌谣

“讲故事”“唱歌谣”是民众自我娱乐的民俗形式。讲唱的具体内容包括神话、传说、故事、儿歌、民谣等。典型的讲故事场合包括民族节日、农闲休息、家庭聚会、养育儿童等。在冬季农闲时，或农忙休息间歇，农人为了调剂生活，经常聚会讲述以耕作、寻宝、神仙佚闻等为主题的故事；而在家庭聚会中常见的故事内容则包括结婚、分家或兄弟关系等；养育儿童时常常讲述动物故事和自然神话。讲故事既调剂了枯燥的劳动，又平衡着人际关系；既教化了下一代，也传承了地方知识、智慧和情感方式，是维系中华文化心理稳定的微观教化机制。

吟唱歌谣的传统各地方都有，歌谣也称民歌，是一种没有故事性的抒情文学样式，它主要用于表达民众感情。民歌的内容包括爱情歌曲、劳动号子、待客祝酒歌和童谣等。许多地区都存在民间歌会。如西北各地每年都会举办“花儿会”赛歌，还会选出“花王”；广西、贵州等地三月三也有歌会，是男女对唱择偶的好时机。

二、竞技游戏民俗

竞技游戏(体育)是一种以体力活动为主的休闲娱乐方式，与文娱活动恰是一文一武，相得益彰。竞技游戏主要分为集体性的和个人性的两类。前者在节日或集体庆典中举行，后者则在日常生活中进行。

(一) 竞技体育民俗

竞技体育民俗主要是集体活动，较为典型的有划龙船、拔河、舞狮、舞龙、打腰鼓、扭秧歌等，在全国各地均有不同的表现。

划龙船是最负盛名的传统竞技体育项目，划龙船起初是为了纪念屈原的民间活动，后世将其发展为竞渡的活动。每年五月初，各地都会举办龙舟赛，赛事常常会成为地方性的节日盛会。

舞狮也是全国普遍流行的竞技体育民俗，分为南狮与北狮。南狮流行于华南、南洋及海外，造型较为威猛，舞动时注重马步，主要是靠舞者的动作表现出威猛的狮子形态。北狮起源于河北，流行于中原地区，雌雄成对出现，有很多杂耍成分。

舞龙也分南北。在江南一带发展出来的舞龙形式称为南龙，龙身较重，大约长九米，通常要有十个人同时舞动，很有气势。北龙是在江北一带发展出来的风格，龙头细小和轻巧，易于耍弄，除在江北流行外，在中国香港、马来西亚、新加坡等地方都有。

(二) 游戏民俗

游戏民俗是一种个人日常活动，主要不以体力角逐而是以娱乐消闲为特征，分为两大类：棋牌类和运动类。

棋牌类项目主要有象棋、围棋、麻将、牌九等。其中以麻将最为流行，明清以来中国上至官僚士绅，下至平头百姓都喜好麻将。民国以后更是在富裕阶层的妇女中间盛行。但因打麻将带有赌博性质而且令人沉迷无法自拔，也曾屡遭禁止。

运动类游戏的主角是儿童，因此也称为“儿童游戏”。常见的儿童游戏有捉迷藏、拔河、踢毽子、放风筝、跳花绳、打沙包、斗公鸡等。这些游戏主要以多人游戏为主，有些游戏有性别区分，如跳花绳一般是女孩的游戏，斗公鸡则一般是男孩的游戏。

第五节　中国传统民俗文化的传承

本章介绍的民俗事象只是中国传统民俗宝库中的一部分，其他的民俗类型还包括社会组织民俗、语言文学类民俗、科技医药民俗、手工工匠民俗等。这些民俗文化是数千年来中国民众在生活实践中集体创造出来的宝贵财富，渗透着社会整体意识，包含着民族的整体价值观。传承和扩布是传统民俗文化形成和存在的主要方式，在时间上它总是随时代发展而与时俱进，在空间上则呈现出以中国为中心、以海外华人生活区为辐射点的网络结构。与其他的文化现象相比，民俗文化的传承过程兼具稳定性和变异性特征，尤其是民俗成为某一群体公认的传统之后，它首先会在整体框架和价值核心上表现出相对的稳定性，并通过调整细节来维持核心象征体系的稳定，而产生同一种民俗的不同表现形态，即为民俗事象的变异性。如端午节中国大部分地方悬艾草、菖蒲辟邪，而闽南地区菖蒲很少，就用“神圣”的榕枝代替。民俗文化的扩布过程则体现出类型化和模式性特征。类型化是由于民俗承载了集体共识，因此在形式和内容上表现出一种相同或相近的状态。模式性是在传播民俗的过程中，人们将集体意识转化为行为时表现出来的行为相似性。

民俗文化传承动力源于其在传统社会生活中承载着重要的教化、规范、维系和调节功能。在中国古代，民俗文化是个人社会化的重要资源，其中包含的知识经验、礼仪道德、伦理禁忌等内容，对人的具体行为有特殊的指导(教化)和约束作用。这种约束强度上弱于法律的约束，广度上却优于法律的约束，一旦内化为个人准则，即可提升民众的自律意识，减少法律约束负担。因此，民俗可以承载比律法更深刻的群体意识和价值观念，成为维系全民心理平衡、保持群体结构稳定的文化要素。民俗中的文学、曲艺和娱乐形式还可以通过娱乐、宣泄和补偿方式，调节个体的生活和心理压力，成为稳定个人心理状态的重要手段。

但随着现代生产、居住方式、家庭结构、教育制度和娱乐方式等条件的变化，民俗的功能及其发挥作用的方式也发生了显著的变化。比如，现代学校教育的推广改变了知识、技术的传播渠道和方式，传统的收徒、传授习俗被现代场景替代，增加了人们对现代技术知识的盲目崇拜，而忽略了传统技艺的地位以及对师长的敬重。因此，学习民俗知识，推动移风易俗工作，在当今社会仍有其现实意义。

本章思考题

1. 中国传统民俗有哪几个重要的形成期？

2. 人生礼仪包含哪些方面的内容？这些内容对个人生活和文化传承有什么作用？

3. 岁时节日遵循自然物候基础和农业社会的作息规律，它对于现代社会中人们的生活有何意义？

4. 娱乐竞技活动是调剂民众日常生活的民俗，如今这些民俗的传承方式如何？有什么因素影响其传承？

5. 中国传统民俗的特征是什么？

第六章

中国传统建筑文化

建筑是人类文明的标志，是人类文化的重要组成部分。翻开一部人类文明史，可以说，世界上任何一个国家、任何一个民族都有其历史的精华、文明的结晶，而最能具体形象地表明每个历史时期文明标志的，要首推建筑物。首先，建筑反映了各个时期包括建筑本身在内的全部科学技术、文化艺术成就及社会的政治与经济力量。其次，建筑具有鲜明的民族与地区特点，是民族文化的重要组成部分。最后，国内或国际的建筑文化交流都是相互影响、相互促进的，其结果是推动了本国本民族建筑艺术的发展。中国古代建筑以它独特的结构体系、优美的艺术造型、丰富的艺术装饰闻名于世，在世界建筑史和文化艺术史中写下了光辉的一页，受到了各国建筑师、艺术家和广大人民群众的高度赞赏。

中国传统建筑从先秦到 19 世纪中叶以前的建筑，是一个独立形成的建筑体系。中国现在保存下来的古代建筑非常丰富，它们本身就可以构成一部实物建筑史。悠久的历史、雄伟的工程、精湛的艺术、独特的风格，大都可以从遗存的古建筑实物中得到反映。这些建筑实物主要有宫殿、坛庙、陵墓、园林、民居、府第、文庙学宫、佛寺、石窟寺、塔、宫观、清真寺、城垣、桥梁、堤坝、古观象台、楼台亭阁、华表、牌坊、门阙等，它们都有各自的建筑特点和发展的历史。本章重点介绍宫殿、陵墓、园林、传统民居四种中国古建筑类型。

第一节　宫殿

一、中国宫殿建造概述

宫殿是随着封建中央集权制度的建立而成为帝王居住和施政的专用场所。在此之前，宫、室、殿、堂都是指居住的房屋，只是居住的位置和大小有所不同而已。中国的封建社会时间很长，每一个新的王朝建立，都建造了大批宫殿，有名可查的宫殿达 1200 余座[①]，成为中国古代建筑中最高级、最豪华、艺术价值最高的一种类型。它们是历代奴隶主和封建帝王把大量的财富、最好的建筑材料、最高级的匠师、最精湛的技艺集中起来建造的，

① 参阅顾炎武《历代宅京记》。

代表了当时建筑技术与艺术的最高水平。根据历史文献记载，相传在公元前 20 世纪，奴隶主就开始为自己修筑宫殿，《论语·泰伯》记载：禹“卑宫室而尽力乎沟洫”，此时已有侈华的宫殿出现。到了殷代末年(公元前 12 世纪)，殷纣王大修宫苑，《史记·殷本纪》注引《竹书纪年》说：“南距朝歌，北据邯郸及沙丘，皆为离宫别馆”，其规模之大可以想象。朝歌即今河南安阳，这处宫殿遗址曾经在数十年前进行过发掘，其中有不少土筑殿基，上置大卵石柱础，排列成行。柱础之上，有的还覆以铜“槓”(即垫板)。20 世纪 50 年代后，又发现了不少殷代、西周时期的宫殿建筑遗址，如湖北武汉盘龙城殷代宫殿遗址(见图 6-1)，陕西扶风、岐山早周(公元前 11 世纪)宫殿遗址等。其院落式组合的平面布局与台基立柱等构架，已奠定了后来宫殿建筑的基础。

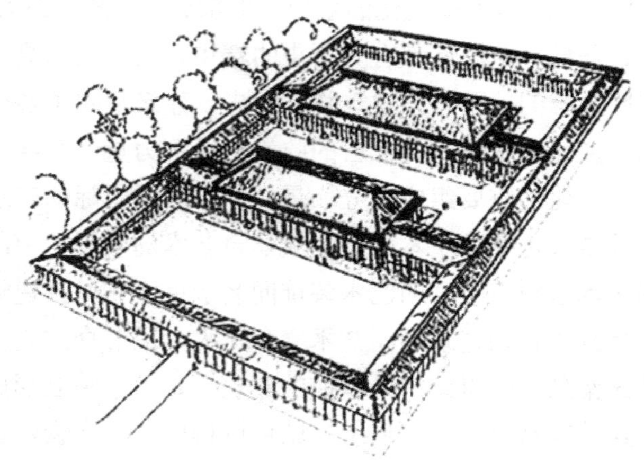

图 6-1　盘龙城宫殿建筑复原图

春秋战国时期，各诸侯国在争霸的同时，对宫室的营建也不遗余力，并以此相夸耀。所谓“高台榭、美宫室”成了一时之风气。这一时期的齐临淄、赵邯郸、燕下都等多处宫殿遗址，现在仍然历历可寻。

秦始皇统一六国后，大修宫殿，“关中计宫三百，关外四百余”，更建造了历史上规模宏大的阿房宫，“始皇以为咸阳人多，先王之宫廷小，……乃营作朝宫渭南上林苑中。先作前殿阿房，东西五百步，南北五十丈，上可以坐万人，下可以建五丈旗。周驰为阁道，自殿下直抵南山。表南山之巅以为阙”①。由于前殿之宏伟，加之始皇之帝业，以后凡帝王之居皆称之为宫殿。“宫”指一组宫殿之全部，“殿”则是指宫中的重要建筑。此后，汉长安之长乐宫、未央宫、建章宫，洛阳之北宫、南宫，殿阁楼台，离宫别馆，组成了规模宏大的帝王宫苑。汉以后，隋之仁寿宫，唐之大明宫、兴庆宫，北宋东京大内，辽、金、元之燕都宫殿，无不日益豪华壮丽。然而这些帝王宫殿，都在改朝换代的战火中，付之一炬。纵或未在王朝更替中毁坏，也未能保存下来。因为帝王宫殿乃王朝政权之象征，不毁去前朝宫殿不足以显示新王朝之威势。所以当元朝统治者自大都败逃之后，大都宫殿虽还完整无损，但明朝并不保存它。朱元璋特地派了工部侍郎萧洵前来北京拆毁元代宫殿。萧洵来

① 出自《史记·秦始皇本记》。

到大都之后，看到完整的宫殿时，十分欣赏，但又不能不把它拆毁。于是他专门写了一本《故宫遗录》(见图 6-2)来记录其盛况，成了今天研究元代宫殿的重要资料。

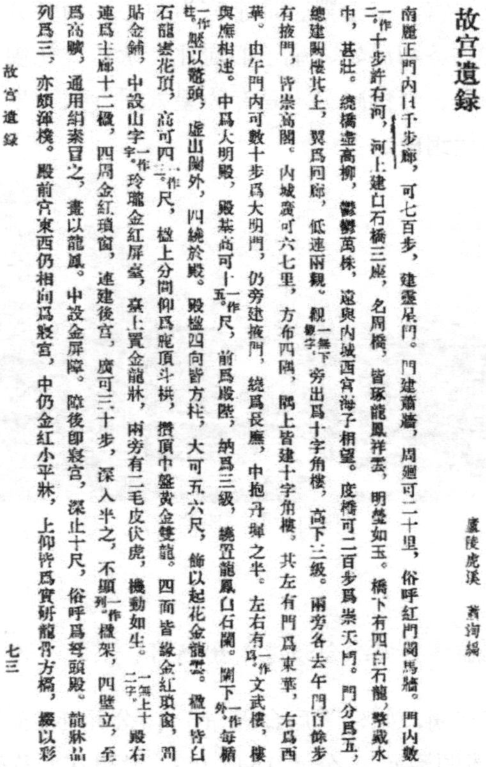

故宮遺録

廬陵虎溪　蕭洵編

南麗正門内曰千步廊，可七百步，建靈星門。門建蕭牆，周廻可二十里，俗呼紅門闌馬牆。門内數
（一作二）十步許有河，河上建白石橋三座，名周橋，皆琢龍鳳祥雲，明瑩如玉。橋下有四白石龍，擎戴水
中，甚壯。繞橋盡高柳，鬱鬱萬株，遠與内城西宮海子相望。度橋可二百步爲崇天門。門分爲五，
總建闕樓其上，翼爲回廊，低連兩觀。觀（一無下觀字）旁出爲十字角樓，高下三級。兩旁各去午門百餘步
有掖門，皆崇高閣。内城廣可六七里，方布四隅，隅上皆建十字角樓。其左有門爲東華，右爲西
華。由午門内可數十步爲大明門，仍旁建掖門，繞爲長廡，中抱丹墀之半。左右有（一作爲）文武樓，樓
與廡相連。中爲大明殿，殿基高可十（一作五）尺，前爲殿陛，納爲三級，繞置龍鳳白石闌。闌下（一作外）每楯
（一作柱）壓以鼇頭，虛出闌外，四繞於殿。殿楹四向皆方柱，大可五六尺，飾以起花金龍雲。楹下皆白
石龍雲花頂，高可四（一作二）尺，楹上分間仰爲鹿頂斗拱，攢頂中盤黃金雙龍。四面皆緣金紅瑣窗，間
貼金鋪，中設山字（一作字）玲瓏金紅屏臺，臺上置金龍牀，兩旁有二毛皮伏虎，機動如生。（一無上十二字）殿右
連爲主廊十二楹，四周金紅瑣窗，連建後宮，廣可三十步，深入半之，不顯（一作列）楹架，四壁立，至
爲高曠，通用絹素冒之，畫以龍鳳。中設金屏障。障後即寢宮，深止十尺，俗呼爲弩頭殿。龍牀品
列爲三，亦頗渾樸。殿前宮東西仍相向爲寢宮，中仍金紅小平牀，上仰皆爲實研龍骨方槅，綴以彩

故宮遺録　七三

图 6-2　明 • 萧洵著《故宫遗录》(北京古籍出版社，1983 年版)

二、明清皇宫

现在比较完整地保存下来的帝王宫殿，只有北京的明清故宫(见图 6-3)和沈阳的清故宫。北京的明清故宫非常幸运地被保存下来了，其原因是当清统治者攻下北京时，见到巍峨的宫殿十分壮丽，起初也有拆毁之念，但经过慎重考虑之后，感到毁之可惜，非数十年工夫和大量的财力重建不起来，于是想出了一个妙法，即把原来建筑物上的匾额取下来换上一个新的。例如把原来的皇城头道门大明门换成了大清门，把原来的承天门改成了天安门，把原来的奉天、华盖、谨身三大殿改成了太和、中和、保和三大殿。一座明王朝的皇宫顷刻之间变成了清王朝的皇宫，免去了历代的焚烧拆毁。沈阳故宫，它原是清朝统治者入关前使用的宫殿。由于它是清王朝“发祥”之地，移都北京之后，统治者仍然注重对它的保护，并且还增修了不少殿阁楼台等建筑。

北京明清故宫原称紫禁城，四周有高大的城墙和宽深的护城河，自明永乐十八年(公元 1420 年)建成后，至今已有近 600 年的历史。故宫经历了明清两代 24 个皇帝的统治和居住，直到 1924 年末代皇帝溥仪出宫，才结束了作为帝王禁城的历史，并于 1925 年成立了故宫博物院。故宫占地面积 72 万多平方米，殿宇廊屋 9000 余间，建筑面积约 15 万平方米。故宫建筑布局继承了古代帝王宫廷前朝后寝的传统格局，分为“前朝”和“内廷”两部分。前朝以太和、中和、保和三大殿为中心，东西分列文华、武英两殿，是皇帝日常朝会和举行庆典的地方。内廷以乾清宫、交泰殿、坤宁宫为中心，两旁分列东、西六宫，其后又有御花园，为皇帝处理日常政务和后妃、皇子们居住、游乐、礼佛敬神之处。在中轴线两侧的慈宁宫、寿安宫、皇极殿、养性殿等，是专为皇太后、太上皇等养老的宫殿。整个紫禁城的建筑，金碧辉煌，灿烂绚丽。

图 6-3　北京明清故宫

【推荐观赏】

纪录片《故宫》(12 集)，央视综合频道，2005 年。

沈阳故宫，原称盛京宫阙，始建于后金天命十年(公元 1625 年)，崇德元年(公元 1636 年)基本建成(见图 6-4)。清顺治元年(公元 1644 年)，世祖在此称帝。清统治者入关后，这里称作奉天行宫，乾隆、嘉庆时又增建了部分建筑。沈阳故宫占地 6 万多平方米，有房屋 300 余间。这里的建筑布局分为中、东、西三个部分。中路称作大内宫殿，仍继承了前朝后寝的格局，前面崇政殿为主体，是皇太极处理军政要务、接待使臣宾客之所。东路是沈阳故宫中独具风格的部分，其布局与中原传统的层层院落方式迥然异趣。西路则是乾隆时期所修建，主要建筑有文溯阁、仰熙斋、嘉荫堂和戏台，是专为收藏《四库全书》和供清帝们来盛京(沈阳)时读书看戏之所。沈阳故宫建筑，不仅在建筑布局上有其特点，而且在彩画、雕刻等方面都有浓厚的东北地方风格，反映了中国多民族建筑文化的特点。

图 6-4　沈阳故宫

三、布达拉宫

中国现存宫殿中，还有一座极为特殊的宫殿，就是西藏的布达拉宫(见图 6-5)。它既是一座喇嘛庙，又是一座具有政权作用的宫殿，是中国古代西藏地区政教合一的产物。布达拉宫位于拉萨市的中心玛布日山上，是世界上海拔最高，集宫殿、城堡和寺院于一体的宏伟建筑，也是西藏最庞大、最完整的古代宫堡建筑群和藏族建筑艺术的精华。相传在公元 7 世纪，吐蕃赞普(即王之意)松赞干布为了迎娶唐朝的文成公主，在这里创建了宫室。现在山顶上的法王洞内，尚有松赞干布和文成公主等人的塑像。现存其他建筑大都是在公元 17 世纪中叶达赖五世受清王朝册封后重新修建的。布达拉宫主楼 13 层，高 110 米，东西长 360 米，内有宫殿、佛堂、习经室、灵塔殿、庭院等建筑。全部建筑依山势层层向上兴造，分为红宫和白宫两部分，以其外部红白二色为别。红宫居中，为历代达赖喇嘛的灵塔殿。白宫居侧，为佛堂、经室、寝宫等建筑。整个建筑群楼高峙，殿宇嵯峨，气势雄伟，加之顶部镀金铜殿高低错落，金光灿灼，十分绚丽壮观。

图 6-5　西藏布达拉宫

【推荐观赏】

纪录片《布达拉宫》(5 集)，央视栏目，2012 年。

第二节　陵墓

从文献记载和考古发掘来看，中国周代以前还没有坟墓，古书称为“不封不树”。殷商时期，只有祭祀死者的地面建筑，也没有封土作为葬地的标志。自周代，始有封土出现，且按照死者的爵位来决定封土的大小。在中国历史上，几千年来一直盛行着厚葬的制度，那时人们相信人死后要到另一个世界去，仍然可以享受与人间同样的富贵荣华。因此修建了工程浩大的坟墓，把大量的财富带到地下去。尤其是奴隶主和封建帝王的陵墓工程更为宏大，耗费人力、物力之巨，难以胜计。他们的陵墓建筑之精美，宝藏之丰富，不亚于地上宫殿， 因此，被称为地下宫殿。例如陕西临潼的秦始皇陵，不仅地面建筑规模宏大，壮丽豪华，地宫内的建筑和陪葬品也十分壮观、丰富。仅从已经发掘的部分兵马俑坑的规模，可以想象当时地上地下陵墓工程之浩大。

一、从墓而不坟到高封巨冢

早期的墓葬在地面上并没有留下什么特殊的标志。《礼记・檀弓》记载：“古也墓而不坟。”《周易・系辞下》说：“古之葬者，厚衣之以薪，藏之中野，不封不树。”这里所说的树、封，指的是在地面树立标志和堆起封土坟头。从考古发掘的情况来看，也证明了这一点。在原始社会的墓葬中，从未发现有封土坟头的遗迹。

根据历史文献记载和考古资料研究，封土坟头和地面建筑(祭堂等)的出现，大约自奴隶社会中期，也就是殷、周之间开始。这可能与奴隶主需要经常向祖先鬼神祈祷、祭祀有关。《礼记》上有孔子寻找他父母之墓的故事，说明了封土坟头和树植标记的重要性。孔子是个重礼的人，他认为祭祀祖先是必要的礼节，于是便在父亲的墓上堆土垒坟，植树作为标志，以便经常前来祭祀悼念。墓上封土垒坟树标的形式可能在孔子以前就有了，这故事借孔子之名说明了坟冢的起源。从今天保存的帝王陵墓来看，封土的发展过程主要有三种形式。

一是“方上”，就是在地宫之上用土层层夯筑，使之成为一个上小下大的尖锥体，而锥体的上部好像截去尖顶成一方顶，故名之为方上。陕西的秦始皇陵和汉代诸陵大都是这种封土形式(见图 6-6)。

图 6-6　陕西的秦始皇陵全貌

二是依山为陵，就是利用山丘作为陵墓，把地宫掘进山里去，如西安附近的唐太宗昭陵(见图 6-7)、唐高宗和武则天的乾陵(见图 6-8)都是这种形式。

图 6-7　唐太宗昭陵

图 6-8　唐高宗和武则天的乾陵

三是宝城宝顶的形式，就是用砖石砌筑成圆形或长圆形的城墙，里面垒土封顶，使之更加明显突出。这种陵从南京的五代南唐二陵、成都前蜀永陵已有开端，到明十三陵、清东西陵都采用了这种形式(见图 6-9)。

图 6-9　清同治皇帝与皇后的王陵——惠陵

二、陵园、神道和地宫

陵墓建筑除了封土坟头之外，一般分为地面建筑(祭堂)、墓道和墓穴三部分。它们按照墓主人的地位和财富情况，或简或繁，而帝王陵寝则三者均备而且工程宏伟壮丽。陵地有占地数里，甚至数十、百里的，如明十三陵、清东陵、西陵的范围就很可观。

陵园建筑以祭祀的大殿为主，称作棱恩殿或隆恩殿。在它的前后四周有各种门和配殿，形成了一个地面宫殿建筑群，规模十分庞大。如唐高宗与武则天的乾陵，地面建筑就有房 378 间之多。

神道即墓道。一般的墓道很短，只是表示通向墓前的道路。帝王陵的神道(也称御路)则规模很大，两旁有石人石兽等雕刻。这种石雕称为“石象生”，其好像生前的仪仗队一般。明十三陵长陵的神道长达 14 华里①，有石象生 18 对，有文臣、武将、麒麟、狮、象、马、骆驼等(见图 6-10)。

---

① 华里，古代的长度单位，区别于“公里”“英里”，即 1 华里=0.5 公里或 500 米。中国古代的里和现在的里长度有些不同。周秦时期的一里相当于现代的 415 米左右。清光绪年间以五尺为一步，两步为一丈，180 丈为一里，一尺相当于现代的 0.32 米，一里就等于 576 米。

图 6-10　明十三陵长陵的神道

地宫是埋葬死者的地方，是帝王陵的主要部分，又称为幽宫、玄宫等。早期的墓葬很简单，挖一个土坑盖上几块木板，也没有殉葬物品。随着财富的集中，统治者得以花费大量财力、物力和技术力量建造地下宫殿，并有大量器物殉葬。地宫的发展有几种形式，最早是土穴墓室，后来发展为木板墓室。到了春秋战国和西汉时期便盛行木椁墓室，成为数层棺木外套木椁的大型木椁玄宫。这时期出现了十分考究的“黄肠题凑”(见图 6-11)，其结构是“以柏本黄心致累棺外，故曰黄肠。木头皆内向，故曰题凑”。这种形式，过去只见于史书记载，直到 20 世纪 70 年代后，在北京大葆台、河北石家庄、湖南长沙等地相继发现了保存有黄肠题凑的西汉诸侯王王室墓之后，才得到了实物证据。由于木材容易被盗被焚和腐朽，东汉时便逐渐扬弃了木椁玄宫，代之以砖石玄宫。一直到明清时期，凡是帝王陵墓大都是用砖石砌筑地宫的。

图 6-11　“黄肠题凑”结构

由于厚葬制度，历代帝王及富豪官宦人家不知把多少财富埋入地下，这对当时的社会经济实在是一大损失。但同时却为我们今天留下了许多珍贵的文物宝藏。帝王陵和贵族大墓都是绝好的文物仓库和地下博物馆。由于中华民族历史悠久，而且对丧葬十分重视，以至帝王陵寝、公卿大墓、富豪巨冢处处皆是，几乎遍布绿野。这些建筑之宏大精美，文物宝藏之丰富，达到了十分惊人的程度，可以说是一笔巨大的物质与文化财富。

第三节　园林

一、中国园林的悠久历史

壮丽的宫殿、雄伟的长城和曲折多变的园林，是中国建筑艺术文化中的三大瑰宝，并一起构成了中国古代建筑的主调。其中，宫殿体现崇拜与信仰，长城体现意志和力量，园林体现趣味和感情，这些建筑蕴藏着丰富的精神内涵。

中国古代园林是中华文化宝库中的主体画卷。它以自己独特的艺术风格和意趣，以自己丰富的历史内涵和追求，在世界园林史上独树一帜，受到许多国内外建筑师、园艺师、美术家和旅游者的赞赏。根据历史文献推断，远在5000多年前，人们就已经开始利用自然的山泽、水泉、林木、花草、鸟兽、鱼虫等进行初期的造园活动。相传在帝尧的时候，就设有称作“虞人”的官职来掌管山泽、苑囿、田猎之事。舜的时候曾封伯益为“虞官”，专管草木、鸟兽之事，这是一种专职的园林之官。当然这时候由于生产力不发达，人们主要还是利用自然的条件，人工造园的成分不多，但是作为造园这一活动已经开始了。在公元前11世纪的周朝，周文王营建了一个方圆35公里的囿，里面有灵台、灵沼、灵囿等著名建筑物和珍禽异兽、奇花异草，可称得上是一个大型的建筑和动植物综合园林。

进入封建社会以后，帝王和达官显宦、富贾豪绅们无不花费巨资营建园林，并且与皇宫、府第相结合，规模之大，动辄数十、数百里。如秦始皇的上林苑，宫殿、园池、台榭蔓延300里。汉武帝把秦的上林苑扩大充实，在苑中建离宫70余所，名花异草、珍禽异兽莫不具备。汉武帝又经营了规模更为宏大的甘泉苑，周围540里，苑内宫殿楼台百余处。他还在建章宫内开辟了太液池，在池中布置海上三神山——蓬莱、方丈、瀛洲，开创了此种三神山的造园手法，一直延续了2000多年。到了汉代后期，不仅帝王、诸侯、卿相显贵们造园，富户豪绅也争相经营园林。三国两晋南北朝时期，东吴建业(今南京)在大道之旁种植青槐，河流绿水，浓荫铺地，流水潺潺。南北朝时有不少佛寺是由帝王、贵族舍宫舍宅而成的，皇家园林和宅园也舍入了寺中，促进了佛寺的园林化。大同的北魏云冈石窟，一开始就把庙宇修成为园林的形式，有“山堂水殿、烟寺相望”的景色。

隋唐时期，不仅帝王宫苑大为发展，更重要的是私家园林的崛起，并出现了许多由诗人画家所经营的园林，被称为“诗画、山庄园林”。如唐代著名诗人兼画家王维所经营的“辋川别业”和诗人白居易所营“庐山草堂”就是他们以诗画意境所设计的园林。宋、辽、金、元时期，园林艺术的突出成就是叠石堆山艺术的兴起，尤以宋徽宗的寿山艮岳最为著名。金、元时的琼华岛(今北京北海公园)等，也是在宫苑中堆叠山石，把叠山艺术推到了新的水平。

明清时期是中国古代造园艺术的又一高峰，也是古典造园艺术的一个大总结。这时期出现了明代计成《园冶》、文震亨《长物志》、清代李渔《一家言》等专书和专论。与此同时还出现了米万钟、计成、张琏、张然等造园叠石名家和工匠。明清时期的另一大成就是集景式园林的发展和对外来因素的吸收，如北京的圆明园、清漪园，承德避暑山庄等，都力争把全国各地的名园胜景、著名建筑仿建于园内。圆明园中的西洋楼再现了西洋园林建筑，为中国园林增添了新的内容(见图 6-12)。现在全国所保存的皇家宫苑、私家园林大多是这一时期的遗物。

图 6-12　圆明园大水法复原图

二、造园理论与技法

中国古代园林的巨大成就和特殊风格源于独特的造园理论与技法，这些技法有如下特点。

第一，古代园林体现了中国传统文化，古代文学和艺术的高水平直接影响到造园理论的发展，使园林的布局与造景达到了很高的境界。

第二，中国古代园林布局以曲折变化、层次幽深为主要特色，这有别于整齐对称的欧洲形式。

第三，模仿自然，接近自然，在经营建造时，要达到“虽由人作，宛自天开”的艺术效果。

第四，小中见大。在很小的地盘上，用分隔、转换等手法达到感觉上的广大和深远的效果。

第五，移天缩地，集景奇观。从秦汉时期的仿海上神山发展到明清时期的集景园林，使园林景观的丰富达到了高峰。

第六，借景。这是中国造园艺术中的一项特有技法，《园冶》一书中把它称为“巧于因借”。它的成功之点是把园外之景借入园内扩展了某一园林的景区，利用园内外的景点环境，丰富景色内容，使园林艺术达到了高超的境界。

第七，动植物的配合。中国古代园林除了建筑、山石之外，也十分注重花草树木、鸟兽鱼虫的配合。许多园林的鸟兽都放养于自然山林之中，保存其野生的特点。园中的花草树木，均按四时配合种植，并注意其野生趣味。

三、丰富的古代园林遗物

在漫长的历史岁月中，中国不少古代园林杰作不幸毁于自然和人为的破坏。但是至今仍有大量的遗物保存了下来，其中以明清时期为多，它们分布于全国各地。按这些古园的地位和功能及造园艺术的特点，大致可分为以下几种。

(一) 宫苑

宫苑即皇家园林。它们大多与帝王的宫殿相结合，如北京的北海(见图 6-13)、中南海、颐和园、静宜园、静明园，承德的避暑山庄及故宫中的御花园、乾隆花园等。它们都是集中了大量的财力、物力和能工巧匠精心营建的，是古代园林中极为重要的一部分。

(二) 宅园

宅园属于某一大型住宅、府第的园林。有些大型的宅园，把住宅居处建于园中，被称为“园居”。宅园分布于全国各地，数量很多，其中有不少艺术价值很高的作品，如北京明代米万钟所营漫园、勺园、湛园，清代李渔的半亩园等。江浙这种园林尤多，如苏州拙政园(见图 6-14)、留园、网师园、怡园，扬州个园、何园，南京瞻园，山东曲阜铁山园等。

图 6-13　北京的皇家园林——北海

图 6-14　苏州拙政园

(三) 寺观园林

寺观园林在中国古代园林中也占有不少的数量。寺观不仅本身有园林，而且它的楼台殿阁、宝塔也成为大型园林风景中的重要部分，“南朝四百八十寺，多少楼台烟雨中”，组成了一幅优美的昔日金陵风景图画。现存的寺观园林很多，如北京碧云寺、潭柘寺，承德殊像寺、须弥福寿之庙等，都有精美的园林。苏州戒幢寺西园、扬州大明寺西园、杭州灵隐寺、成都文殊院等也堪称佳作。

(四) 坛庙祠馆园林

古代京城和各州、府、县都建有坛庙和祠堂、会馆，在这些建筑物中也多附有园林，如北京的社稷坛(今中山公园)、天坛(见图 6-15)、地坛、日坛、月坛、孔庙，四川成都的杜工部祠(草堂)、眉山三苏祠等。

【知识小贴士】

天坛，为明、清两代帝王祭祀皇天、祈五谷丰登之场所。据史料记载，有正式祭祀天地的活动，可追溯到公元前两千年，尚处于奴隶制社会的夏朝。中国古代帝王自称“天子”，他们对天地非常崇敬。天坛是明永乐十八年(公元 1420 年)仿南京形制建天地坛，合祭皇天后土，当时是在大祀殿行祭典。嘉靖九年(公元 1530 年)在大祀殿南建圜丘祭天，在北城安定门外另建方泽坛祭地，从此天地分祭。嘉靖十三年(公元 1534 年)圜丘改名天坛，方泽改名地坛。天坛的主要建筑有圜丘、皇穹宇、祈年殿(见图 6-16)、皇乾殿、祈年门、回音壁等。天坛有坛墙两重，形成内外坛，坛墙南方北圆，象征天圆地方。1998 年，天坛被联合国教科文组织确认为“世界文化遗产”。

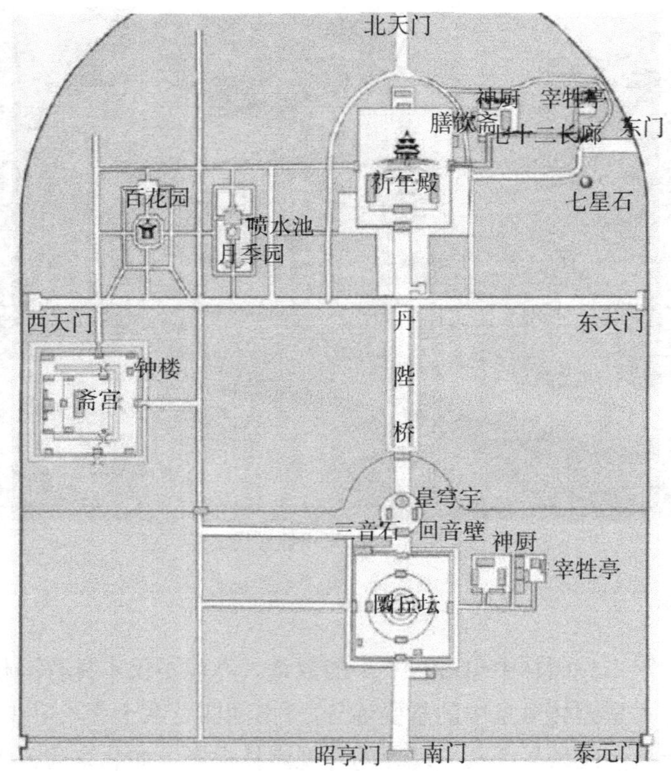

图 6-15　天坛平面图

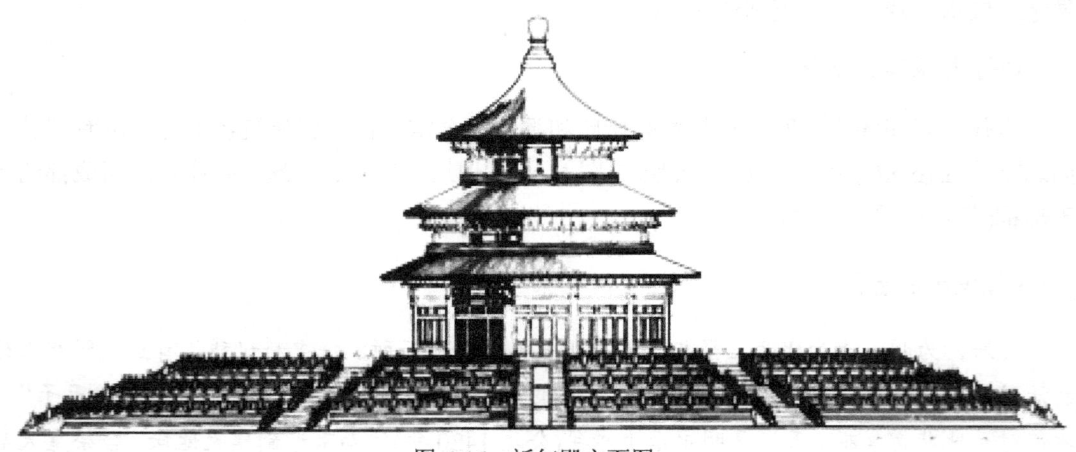

图 6-16　祈年殿立面图

(五) 名山胜景园林

在中国广大地区，蕴藏着许多珍贵奇特的水泉、山石、名花异木，经千百年来无数的造园艺术家、诗人、画家相继经营，成为公共游览和集会之地的园林，如北京的樱桃沟、陶然亭，浙江绍兴的兰亭，安徽滁州的醉翁亭、丰乐亭，昆明的大观楼，成都的望江楼，宜宾的流杯池，济南的趵突泉(见图 6-17)等。

图 6-17 山东济南的趵突泉

(六) 大型湖山园林

这种园林属于开敞式的，往往与城市或村镇融为一体，由许多组风景点、寺观、楼台亭阁、堤、桥等所组成。虽然事先并未有全面的布局，历代的经营者在前人营建的基础上，相宜布置，逐渐形成了一个完善的布局。如杭州西湖、扬州瘦西湖、济南大明湖、北京西山、安徽黄山、四川峨眉山、广西桂林漓江(见图 6-18)、桂平西山，五岳泰山、华山、嵩山、衡山、恒山等，都是经过上千年不断经营、逐步完善的大型湖山园林。

图 6-18 广西桂林漓江

【推荐观赏】

纪录片《园林》(8 集)，央视纪录频道，2015 年。该片以纪录片的方式，把汉、魏、晋、唐、宋、明、清、当下为每集节点，从历史的跨度探究，解读呈现中国千百年来独特的园林文化，从精神上探寻一个重要的文化命题：园林里的中国与美学人文价值、生活方式、审美情趣。

第四节　传统民居

住宅是所有建筑物中出现最早、使用最多的建筑类型，因而也是最基本的一种类型。民居、宅第也成为中国古代建筑中数量最大的一种类型。由于中国疆域辽阔，自然环境相差很大，建筑材料的多样，以及多民族共居所形成的风俗习惯的差异，使得民居住宅的形式、结构、装饰艺术、色调等都有所不同，各具特色。现在各地留存的古代民居，大都是明清时代的建筑，以其形式和种类繁多，为世界各国学者和旅行者所瞩目与喜欢。传统民居主要形式有以下几种。

一、四合院民居

这类建筑的功能分明，主次有序。也可以由许多进、许多排的四合院组成一座大型的四合院，成为大宅院——四合院组群，以供昔时的四世同堂、五世同堂等子孙众多的大家族居住。四合院的结构，大多是采用木构架的方式，北方多为抬梁式结构，南方常用穿斗式结构。也有用两种结构混合式和“硬山搁檩”结构的。

目前，引人注目的民居是山西晋商的院落住宅，集中于晋中一带，如杞县的“乔家大院”(见图 6-19)、“渠家大院”、太谷县的“曹家大院”、平遥的“日升昌大院”、灵石的“王家大院”和榆次的“常家大院”等，是由许多大小四合院组成的大型院落，以其规模宏大、建筑精美、风格独特，蕴含着深厚的文化意蕴，在中国传统建筑中显现出夺目的光彩。

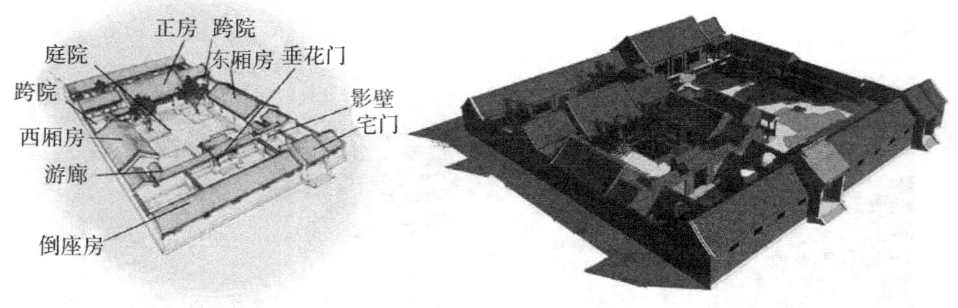

图 6-19　山西杞县的“乔家大院”

北京现存的一些清代王府建筑，诸如前海西街的“恭王府”、朝阳门内路北的“孚王府”，大都采取四合院的形式，其房屋布局有一定的规制，成为研究北京大型四合院的实物。

二、蒙古包

蒙古包主要是蒙古族在蒙古草原上的住宅(见图 6-20)，其形状似拱包，所以被称为蒙古包。

在新疆的哈萨克族牧民及甘肃、青海等省区的牧民，常采用这种居住形式。蒙古包最大的优点是便于拆卸搬迁，是一种非常方便的活动房屋，所以很适合草原牧民的需要。蒙古包的结构是以木条编扎为骨架，外面包以羊毛毡，所以又被称为毡包。一般的毡包高约 2~3 米，圆形，直径 4~6 米不等。在包的顶部装有圆形的天窗，以供通风和采光之用。有些半牧半农地区的农牧民所建造的半固定式住宅，外面也用毡包裹，较之墙壁更为方便。

图 6-20　蒙古包

三、窑洞

窑洞是在西北、华北等黄土地带常见的民居住宅形式(见图 6-21)。它们的建造方式是在黄土崖壁上挖出拱洞，在洞口安设门窗，结构比较简单。因为窑洞均在原生土上挖出，所以被称为生土建筑。窑洞挖掘的形式主要有两种，一种是沿土崖挖掘的，单层或多层成排。另一种是在黄土平地上向下挖出大坑，然后在大坑的四壁挖掘窑洞，犹如一个地下的村落。这种窑洞式住宅还保留了早期穴居的形式。其优点是建造技术简单，节省建筑材料，保温较好，冬暖夏凉，所以一直被沿用了下来。

图 6-21　陕北的窑洞

四、碉房

在西藏、青海、甘肃及四川等省市自治区的藏族，大多采用这种形式的住宅(见图 6-22)。因它由巨大的石块砌墙，门窗较小，外观坚固厚实，俗称碉房。其内部以密梁构成楼层和屋顶，高二三层不等，而以三层为多。底层为牲畜房及草料房，二层为卧室、厨房、储藏室等，三层则为经堂、晒台、厕所等。此种房屋保温性强，外观朴实。

图 6-22　西藏的碉房

五、干栏式住宅

在广西、云南、贵州、海南等南方地区，因气候炎热，雨水较多，空气潮湿，为了通风防潮及避虫蛇之害，很多地方采用了下部架空的干栏式住宅(见图 6-23)，俗称吊脚楼。

其下部空敞部分往往作为牲畜和堆积杂物之所，上层前为廊及晒台，后为堂屋与卧室。两层之间有楼梯上下。此种住宅的结构大多为木构，不仅梁柱，连墙壁也以木板装制。有的高达三层，十分壮观。在广西、云南傣族的住宅中，以竹为楼，也作干栏式，不仅梁柱以竹构架，连墙壁也以竹编而成，俗称竹楼，显得轻巧美观。

图 6-23　干栏式住宅

六、井干式住宅

这种住宅用木材层层叠构为四壁，形如井状，故称作“井干式”(见图 6-24)，仅见于云南和东北一些森林地区。它的形式比较简单，仅一间或两开间，偶有二层者。

图 6-24　井干式住宅

七、土坯房

在新疆吐鲁番、喀什、和田等地区，有许多土坯外墙、木架、密肋结构的房屋。前廊列拱，开朗明快(见图 6-25)。因气候干燥炎热，一般不开窗，而用天窗采光。在拱廊、墙面、壁龛、火炉、天花等处的砖木部分，常有精美的雕刻、绘画装饰。

图 6-25　新疆吐鲁番的土坯房

八、土楼

在广东、福建，还有大型的高层圆楼、方楼形式的集居围房(见图 6-26)，俗称“土楼”、水上住宅等，都是由于历史上的种种原因和民族生活习惯所形成的，充分反映中国多民族国家丰富多彩的生活方式。

图 6-26　福建永定的土楼

第五节　中国传统建筑特点

中国传统建筑风格的形成经过了一个漫长的历史过程，是数千年来中华民族经过实践逐渐形成的特色文化之一，也是中国各个时期的劳动人民创造和智慧的积累。从一般意义上来说，中国传统建筑主要具有梁柱式的弹性结构体系、优美的艺术造型、整齐而又灵活的平面布局、绚丽而又淡雅的色彩、丰富的雕塑装饰、建筑与环境的配合与协调等特点。具体介绍如下。

第一，梁柱式的弹性结构体系。中国古代的建筑结构，自穴居和巢居发展为地面上的房屋建筑以来，逐渐创造了木构梁柱式、砖石叠涩或拱券式结构等结构体。在长期实践的过程中，梁柱式结构以其各方面的优越性，成为中国古代建筑结构的主流。梁柱式结构是以木材为主，由立柱、横梁及顺檩等主要构件组成。各构件之间的结点用榫卯相结合，构成了富有弹性的框架。这种榫卯结合的形式，在浙江余姚河姆渡原始社会建筑遗址中已有发现，表明它在距今7000多年前就已经形成了。在后来的长期发展过程中，又创造了“斗拱”这种独特的结构形式，成为中国古建筑结构的一种重要特征。斗拱由形状像量谷物用的斗和升子相似的构件与好像弯弓一样的拱形构件所组成，所以称之为斗拱。斗拱的位置在柱子与梁和其他构件的交结处，它不仅有加大加长结点的接触面、增强抗剪能力的作用，而且还有装饰作用。凡是古代重要的建筑如宫殿、坛庙、寺观及“大式”的楼台亭阁等，都使用了斗拱(见图 6-27)。由于木材建造的梁柱式结构是一个富有弹性的框架，这就使它还具有一个突出的优点，即抗震性能强。它可以把巨大的震动能量消解在弹性很强的结点上。这对于多地震的中国来说，是极为有利的。因此，有许多建于地震重灾区的木构建筑，上千年来至今仍然保存完好。如高达67米多的山西应县辽代木塔，为世界上现存最高的木塔(见图6-28)，还有天津蓟县辽代独乐寺观音阁高达23米，这两处木构已经近千年或已超过千年。后者曾经历了附近发生的八级以上的大地震，1976年又受到唐山大地震的冲击，还安然无恙，充分显示了这一结构体系的抗震性能的优越性。

图6-27　古建筑上的“斗拱”

图 6-28　山西应县辽代木塔

第二，优美的艺术造型。中国古代建筑以它优美柔和的轮廓和变化多样的形式而引人注意，令人赞赏。中国古代建筑的艺术造型外观一般可以分为台基、屋身和屋顶三个部分。台基是建筑物的下部基础，承托着全部上层建筑的重量。高大的台基不仅使上部建筑华丽壮观，而且也有防潮去湿的作用。屋身是建筑物的主体部分，以柱子、墙壁构成各种形式的室内空间，供各种用途的需要。屋顶是房屋的顶盖，起到防备雨雪及各种下坠物品侵害和遮阳蔽日、防寒保暖的功用。屋顶在艺术造型上有着非常显著的特色。在屋顶之上精心布置了许多装饰，特别是在一些华丽雄伟的建筑物屋顶上，装饰着人物、飞禽、走兽和各种形式的图案花纹。在重要的建筑物上，还以屋顶的形式来区分建筑的等级。台基、屋身和屋顶三部分共同构成了中国古建筑的艺术形象。它们的造型不仅庄严雄伟，而且优美柔和。中国古建筑文庙大成殿侧立面图如图 6-29 所示。中国古代建筑的屋顶形式丰富多彩，有方形、长方形、三角形、六角形、八角形、十二角形、圆形、半圆形、日形、月形、桃形、扇形、梅花形、圆形、菱形相套等(见图 6-30)。

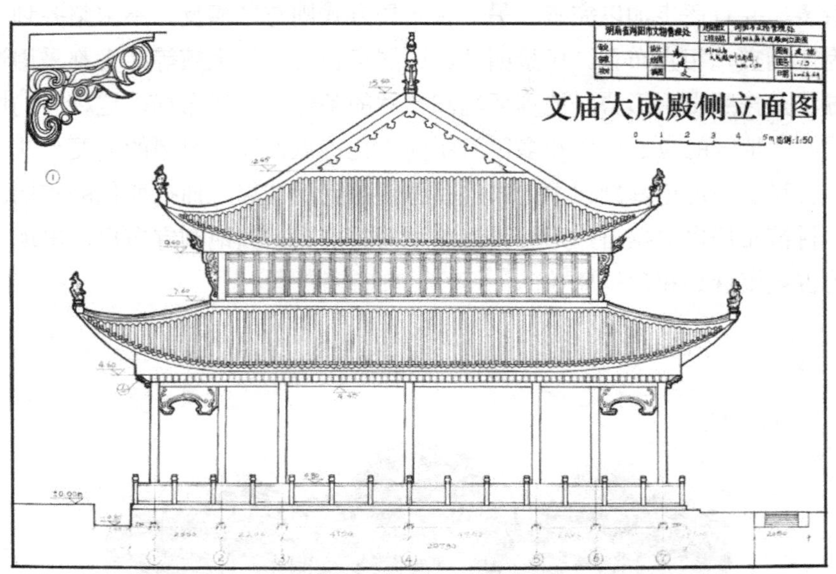

图 6-29　文庙大成殿侧立面图

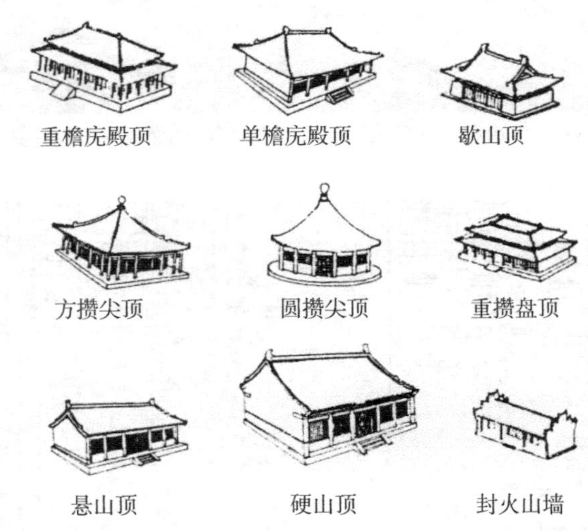

图 6-30　中国古代建筑的主要屋顶形式

第三，整齐而又灵活的平面布局。在中国古代建筑中，基本上有两种平面布局的方式，一种是庄严雄伟，整齐对称；一种是曲折变化，灵活多样。帝王的京都皇宫、坛庙、陵寝，官府的衙署厅堂、王府、宅第，宗教的寺院、宫观及祠堂、会馆等，大都是采取庄严雄伟、整齐对称的平面布局方式(见图 6-31)。其特点是有一条明显的中轴线，在中轴线上布置主要的建筑物，在中轴线的两旁布置陪衬的建筑物，主次分明，左右对称。上述这些建筑，不论建筑物的多少、建筑群的大小，一般都采用此种布局手法。从一门一殿到两进、三进以至九重宫阙，庞大帝京都是这样的规律。这种庄严雄伟、整齐对称、以陪衬为主的方式完全满足了统治者和神佛教义对于礼敬崇高、庄严肃穆的需要(见图 6-32)，所以几千年来一直相传沿袭，并且逐步加以完善。另一种布局方式则与之相反，不求整齐划一，不用左右对称，因地制宜，相宜布置。风景园林、民居房舍及山村水镇等，大都采用这种形式。其布局的方法是按照山川形势、地理环境和自然的条件等灵活布局。这种布局原则，由于适应了中国不同地区的自然环境和多民族不同文化特点、风俗习惯的需要，几千年来一直采用着，并有科学的理论基础。中国式的园林便是灵活布局、曲折变化的实例。山城、水乡的城市、村镇布局也根据自然形势、河流水网的情况，因地制宜布局，出现了许多既实用又美观的古城镇规划和建筑风貌。

图 6-31　秦始皇三十五年(公元前 212 年)始营造阿房宫(复原)

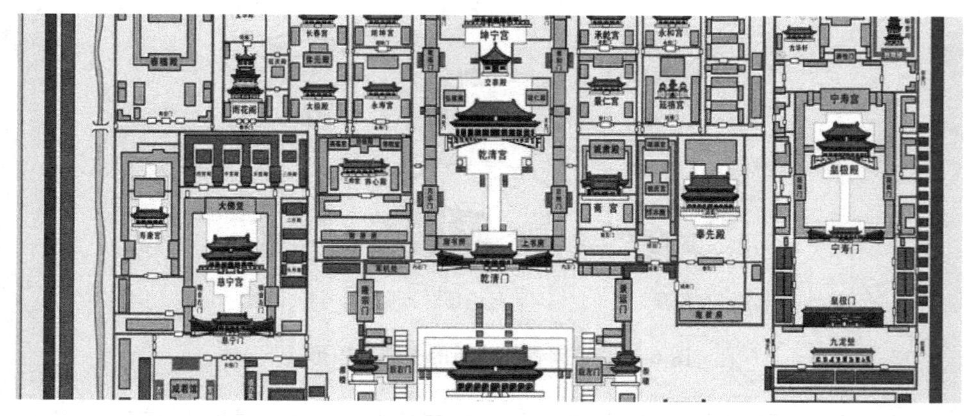

图 6-32　北京明清皇宫平面图(局部)

第四，绚丽而又淡雅的色彩。中国古代建筑的色彩非常丰富，有的色调鲜明、对比强烈，有的色调和谐、纯朴淡雅。工匠根据不同需要和风俗习尚而选择施用。宫殿、坛庙、寺观等建筑物多使用对比强烈、色调鲜明的色彩：红墙黄瓦衬托着绿树蓝天，再加上檐下的金碧彩画，使整个古建筑显得分外绚丽。在表现中国古建筑艺术的特征中，琉璃瓦和彩画是很重要的两个方面。琉璃瓦的色泽明快、颜色丰富，一般以黄绿蓝三色使用较多，并以黄色为最高贵，只用在皇宫、社稷、坛庙等主要建筑上。在王府和寺观，一般是不能使用全黄琉璃瓦顶的。清朝雍正时，皇帝特准孔庙可以使用全黄琉璃瓦，以表示对儒学的独尊(见图 6-33)。彩画是中国古建筑中重要的艺术部分。今天看见的北京天安门城楼、故宫三大殿及天坛、颐和园、雍和宫等重要建筑的室内外，特别是在屋檐之下的金碧红绿彩画，使这些阴影部分的构件增强了色彩对比，同时使黄绿各色屋顶与下部朱红柱子门窗之间有一个转换与过渡，使建筑更显辉煌绚丽(见图 6-34)。朴素淡雅的色调在中国古建筑中也占有很重要的地位。如江南的民居和一些园林、寺观，以洁白的粉墙、青灰瓦顶掩映在丛林翠竹、青山绿水之间，显得清新秀丽(见图 6-35)。北方山区民居的土墙、青瓦或石板瓦也都使人有恬静安适之感。甚至有一些皇家建筑也在着意追求这种朴素淡雅的山林趣味，清康熙、乾隆时期的承德避暑山庄就是一个突出的例子。

图 6-33　孔庙使用的黄琉璃瓦

图 6-34　北京故宫里的彩画(局部)

图 6-35　安徽等地的“徽州民居”

第五，丰富的雕塑装饰。中国古建筑上的雕塑艺术在两三千年来的发展过程中踵事增华，并且吸收了许多外来成分，丰富了自己的内容。其中尤以吸收佛教艺术为多，如莲花瓣组成的须弥座，在建筑物的台基、柱础、龛座以至室内装饰等处都被广泛利用，几乎成了建筑雕饰中不可缺少的内容。古建筑的雕塑一般分为两类，一类是在建筑物身上的，或雕刻在柱子、梁枋之上，或塑制在屋顶、梁头、柱子之上(见图 6-36)。题材有人物、神佛故事、飞禽、走兽、花鸟、鱼虫等，龙凤题材更被广泛采用。另一类是在建筑物里面或两旁或前后的雕塑，它们大多是脱离建筑物而存在的，是建筑的保藏物或附属物。建筑内的雕塑多为佛寺院、道宫观内的佛、道教内容。

图 6-36　江南古建筑上的“画栋雕梁”

第六，建筑与环境的配合与协调。建筑与建筑之间的配合协调、建筑组群与另一建筑组群之间的配合协调，是中国古建筑艺术中十分重要的特征之一，也是中国古建筑艺术的巨大成就之一。中国古代建筑中讲究阴阳五行的“堪舆”之学，也就是看风水之学，其中虽然夹杂了不少封建迷信的东西，但剔去其糟粕，仍有不少可供借鉴之处。特别是其中的地形、风向、水文、地质等内容，还是有参考价值的。中国古代建筑设计师和工匠们，在进行规划设计和施工的时候，都十分注意周围的环境，对周围的山川形势、地理特点、气候条件、林木植被等，都要认真进行调查研究，务使建筑的布局、形式、色调、体量等与周围的环境相适应。例如，《管子》论述选择都城条件时就强调，非于大山之下，必于广川之上，高勿近阜而水用足，低勿近涝而沟防省，因天材、就地利等。至于山区城镇、城堡、村庄、寺观、园林、民居等，也都是随着山形地势起伏转折，高低错落，相宜部署。江河湖海岸边的建筑物必然随着港湾河汉的地形高下予以安排。历代陵墓尤其重视地形环境。“借景”就是造园技法中巧妙运用环境的一种表现手法。明朝计成的《园冶》一书中专门有“借景”一章。

【推荐观赏】

纪录片《中国古建筑》(8 集)，央视纪录片频道，2012 年。

本章思考题

1. 实地考察泉州开元寺、洛阳桥、清源山、清净寺等地，并写出心得体会。
2. 中国传统建筑的特点是什么？
3. 比较一下中国园林建筑与西方园林建筑的不同。
4. 分析北京四合院布局是怎样体现儒家思想的。

第七章

中国传统宗教文化

宗教在西方文化体系中的作用和地位与其在中国截然不同。相较于认为中国拥有自有之传统宗教，不如说中华民族在传统生活中存在自身固有之信仰，而不必强冠以宗教之名。故本章第一节为宗法性传统宗教的介绍，以明确相关概念，使读者对于自身国家精神传统有一个初步的了解。

佛教虽非源自中国，但其形上思维与社会关怀无不契合于当时中原的社会发展，并且在很长一段时间内，教内名家辈出，自释道安广开门户至唐时六祖慧能一花五叶，奠定了佛教之于中国的深厚根基，至今不绝。故将对佛教的论述排在第二节。

从渊源上讲，道家方为我国本土宗教；论其发展，道家思想流布亦早于佛教，但如果以张道陵正式建立道教开始计算，却略迟于释家，并其典章制度无不有借鉴与针对之意，故放在第三节论述。

基督教、伊斯兰教等宗教大致于唐时进入中土，在今日之中国亦有广泛流布，亦可称之为“世界宗教”。然而当时我国的思想与文化结构也已基本成熟，故诸宗教在现实中对于百姓生活虽有巨大影响，但在我国传统文化的形成时代中并不占有决定性地位，因此在本章中只做简略介绍，并不详述。

第一节　宗法性传统宗教

一、信仰与宗教

詹姆斯·沃森认为，我们在日常生活中需要有不同的“信仰”，社会功能才能得以发挥。比如过马路这件小事：交通灯变绿了，我们必须相信司机会遵守信号指示，停车让我们通过……信仰只是未曾证明的观点。因此，人的信仰并不仅限于宗教，我们时刻需要各种各样的“信仰”，以对未知的事件、未经证实的结果进行合理的假设，以便于我们的日常生活。我们一生中往往会面对一些对于人类十分重要与复杂的，每个人往往不得不去考虑，但又很难以得出确切的结论的问题，比如生死问题、存在问题、人类社会的终极模式、世界是否会灭亡及地球生命在宇宙中的地位等问题。从社会发展角度来说，存在一种统贯的结论性的假设，而非全民成为“哲学家”与“沉思者”，往往更加利于一个社会的存在与繁荣。而宗教，便是对于人们生活中某一系列的特定问题的综合性假设的一种特定类型，以便于大多数人从某些虽然重要但属于复杂并难以具体加以实证解释的问题中摆脱开来，以更好地面对生活。因此，但凡可以“解决”上述问题的系统，可统称为信仰，而在科技尚不发达的古代，宗教往往在这方面占据统治地位。这也是人们通常所说的“不存在无宗教的国度”的原因。但因为思维方式及地理环境的差异，并非所有的“信仰”都符合“宗教”的外壳，而这也能解释中国“传统宗教”与西方宗教在人们通常认知中的巨大差异。

二、信仰与无神明的宗教

佛教西来之前，宗教并没有在中国古典学术中拥有单独的分类。在此之后，虽有《道藏》《大藏经》等图书集成的盛典，但是并未在四部之外别立一宗，而是列于子部之中，如《四库全书》中“子部”的“释家类”与“道家类”；而我国的传统信仰及各种传说，则散见于史书及类书各部之中，如多在《史记》的《历书》《天官书》《封禅书》及《孝武本纪》与《日者列传》《龟策列传》中；其余诸史除此之外，尚散见于《释老》《方技》《五行》等中。马端临《文献通考》，多书在《宗庙》《王礼》《郊社》之中；《通典》与《通志》均附在了《礼》中。因此，中国古代的祭祀、神明之属，多属于“礼”之一部分。例如“六经”中《礼记·郊特牲》便详细记载了我国早期的各种礼仪祭祀活动的流程与相关原则，可以说为我们了解古代的相关祭祀崇拜制度提供最为接近的版本。因此，自我国的传统视角中观察，宗教在先秦时期被区分为相对独立的礼制(主要是祭祀)、学术与传说三部分，并不存在如西方“宗教”的单一概念。

三、中国古代的祭祀与信仰崇拜的变迁

在我国古代的祭祀及信仰中，最为主要的便是“禘”与“郊”。郑玄注解《祭法》中曾经说：“禘、郊、祖、宗，谓祭祀以配食也。此‘禘’，谓祭昊天于圜丘也。祭上帝于南郊曰‘郊’，祭五帝、五神于明堂曰‘祖、宗’。‘祖、宗’通言耳。”在最开始，“禘”与“郊”均是指古代帝王或诸侯在始祖庙祭祀祖先的典礼，如“王者禘其祖之所自出，以其祖配之”。其中所秉持的原则是：“禘”祭祀的是远祖，而“郊”祭祀的则必须是始祖。因此，“有虞氏禘黄帝而郊喾，祖颛顼而宗尧。夏后氏亦禘黄帝而郊鲧，祖颛顼而宗禹。殷人禘喾而郊冥，祖契而宗汤。周人禘喾而郊稷，祖文王而宗武王”。

据说在三代之时，除了要祭祀始祖这一点是确定的之外，其余被祭祀的祖先是依照他们在世时的“德行”来选择的，而并非是固定的人选。自夏朝开始，逐渐按照祖先辈分的顺序开始祭祀，但也仅是祭祀祖先而已，并没有产生对于某种“天神”或者“神明”等超自然神灵的信仰崇拜活动或者典礼。在这一点上，中原大地传统信仰与其他国家的源初祭

祀有着极大的区别①。

到周时，人们对于“禘”与“郊”产生了新的观点，逐渐开始产生自然神式的“天神”，这多是由于周人“以德配天”的观念流行之后所带来的。但这并非是如西方一样的自然神，而是一种与家族神或祖先神相结合的方式，如《孝经》云：“孝莫大于严父，严父莫大于配天。”就是指如果祖先有特别的功绩或者贡献，那么即有与“天”同享祭祀的待遇。因此，逐渐将“禘”专指对于自己先祖的祭祀，“郊”则更多地用来指祭天地的典礼，如：初郊(初即位而祀天)，郊社(祭天地)，郊赦(天子祭天于郊，并特赦天下的囚犯)，郊畤(祭天的地方，“畤”为神灵所居)。图 7-1 所示为五帝像。

图 7-1　五帝像

在《文献通考·郊社》的注解中，有“郑元以《祭法》有周人禘喾之文，遂变郊为祀感生之帝，谓东方青帝灵威仰，周为木德，威仰木帝，言以后稷配苍龙精也。……”的说法。在这里，郑玄提出了四方神帝的概念，并且尝试区分“禘”与“郊”，对祖先神与自然神进行单独祭祀。当然，对于这个问题并非没有异议，如后来关于“严父配天”的争论。争论的焦点便放在了“天”与“祖先”关系的看法上。我们究竟是认为“祖先”便是“天”的化身，还是说存在着被称为“天帝”的神明？最初，此问题的回答是，祖先神便是天神，而统治者是天神(祖先神)的后裔，所以有法理上的统治权。因此，并不需要对于祖先神与天神进行区分。

但是这个问题到了汉代变得尖锐起来。在此之前，不管是“三代”还是春秋诸侯，每一位统治者都是五帝的后人：尧、商汤与周文王同是帝喾的后人；舜、大禹和秦皇均是颛

① 根据相关史料，楚地文化以及巴蜀文化中，是存在单独的“自然神”(概念神或法则神)，以及对于自然神与祖先神灵相混合的崇拜与祭祀的，但是在与中原文化不断融合的过程中，“自然神”部分渐渐被“祖先神”所吸收、代替。

项的后人。而他们的始祖都是黄帝。换句话说，那时并不存在真正意义上的“下层阶级革命”，皇朝的统治者均为“王者之后”，也就是《廿二史札记》中所云：“自古皆封建诸侯，各君其国，卿大夫亦世其官，成例相沿，视为固然。”每一任的皇帝都是“天神的后裔”，拥有着“合法”的统治权。

但是到秦朝末年，一切发生了变化。汉高祖刘邦最终在群雄逐鹿的战争中取得胜利，建立了汉朝。但他并非是“三代王者”之后，祖上都是平民。这就产生了一个极大的问题：汉高祖得天下，有什么样的“法理”依据呢？如果说三代皇朝的祖先可以被称作天帝，那么理论上就不能够被推翻，刘邦的行为就不是“顺天应人”之举，而是“乱臣贼子”。因此，刘邦的策略便是将自己神化，并把自己的家族也添加进“天帝”的范围之内，认为自己是蛟龙的孩子①，或者直接就自认为是“天帝”②之一。

自汉代以后，我们对于“天”与“祖先神”的关系基本确定下来：只存在法则意义上的“天”，而不存在人类以外“出身”的“自然神”；神明必须是“有德”的祖先，他们执行“天”的意志，而皇帝是“天子”，并非是“天神之子”，换句话说，皇帝是“天道”法则的人间执行人，而非是某天神的后裔。

这样便形成了与先秦时期不同的三级关系：最高一级是“天”或者“天道”，是宇宙中的法则，但并不具有人格意义上的“代表”；第二级是执行法则的“祖先神”，他们拥有着体现“天意”的能力，并且可以在后代没有遵循天地法则的时候予以警告，如果屡次警告之后，现任统治者仍然不“修德”，便只能选择新的“执行人”进行改朝换代；第三级便是“天子”，他是“天道”在人间的执行者与代理人，受到“祖先神”的监督与关注，如果不能成为一位“明君”或者不听神明的警告，便要受到惩处或者被代替。

这样，既肯定了祖先神的地位，也将他们由一家一姓之神明，变成整个民族的神灵，并且不因改朝换代而毁灭。我们国家的“祖先祭祀”也逐渐转变为“祖先祭祀”与“圣贤祭祀”合一的方式。例如，周室“禘喾而郊稷，祖文王而宗武王。周公郊祀后稷以配天”，按照先秦的观念，非姬姓之人是不能够祭祀后稷、文、武、周公。但在汉代之后，人们即使不是黄帝、文、武、周公的后裔，却仍旧可以进行祭祀，便是因此而来。

到了文帝时，根据《史记·儒林列传》记载，辕固生和黄生在景帝面前争论过下面这个问题。

黄生说：“汤王、武王并非秉承天命的继位天子，而是弑君篡位。”辕固生反驳说：“不对。那夏桀、殷纣暴虐昏乱，天下人心都归顺商汤、周武，商汤、周武顺民心而杀死桀、纣。桀、纣的百姓不肯为他们效命而心向汤、武，汤、武不得已才立为天子，这不是秉承

① 《史记·高祖本纪》云：“……其先刘媪尝息大泽之陂，梦与神遇。是时雷电晦冥，太公往视，则见蛟龙于其上。已而有身，遂产高祖。”

② 《史记·封禅书》：“(刘邦)东击项籍而还入关，问：‘故秦时上帝祠何帝也？’对曰：‘四帝，有白、青、黄、赤帝之祠。’高祖曰：‘吾闻天有五帝，而有四，何也？’莫知其说。於是高祖曰：‘吾知之矣，乃待我而具五也。’乃立黑帝祠，命曰北畤。有司进祠，上不亲往。悉召故秦祝官，复置太祝、太宰，如其故仪礼。因令县为公社。下诏曰：‘吾甚重祠而敬祭。今上帝之祭及山川诸神当祠者，各以其时礼祠之如故。’”

天命又是什么？”黄生说：“帽子虽破旧，但一定是戴在头上；鞋虽新，但必定穿在脚下，这是为什么呢？正是上下有别的道理。桀、纣虽然无道，但他们是君主；汤、武虽圣明，却是臣子。君主有过错，臣不能直言劝谏纠正来保持天子的尊严，反借其有过而诛杀君王，取代他自登南面称王之位，这不是弑君篡位又是什么？”辕固生答道：“如果按你的说法来断是非，那高皇帝取代秦朝即天子之位，也不对吗？”

为了解决这一问题，对于神明的关系就必须产生极大的改变。这便是之后大儒董仲舒所提出来的“天人感应”之说，认为作为上天的宠儿，在皇帝“失德”的情况下，神明会予以提醒。不管是皇帝的“失德”，还是国家官员的任免，都逃避不开[①]。

当然，随着国家制度的发展及我国传统文化本身的特性，“灾异之说”也渐渐失去了市场，我们尝试着进一步将“天道”和“人事”分开，使“天道”无权干涉人事。到了后世，民众的智力已开，认为一切的事情都可以凭借人们自身的能力去获取，其中并没有一种“天道”的限制。即使统治者也只是通过发展国家的各项制度来使国家繁荣，并不再祈求上天的恩赐[②]。

既然放开了祖先神的家族限制，则相应的“神位”也有必要进行更改，我们由此由单纯的封禅、祭祖、祭天及五帝，渐渐扩展到古代别姓圣贤、外族神灵及山川神灵的祭祀活动，进而形成了逐渐完整的体系。《史记·封禅书》中有很多相关的记载：

“汉武帝郊祀于雍城，说：‘如今上帝由朕亲自祭祀，却不祭后土，与礼不合。’……于是天子遂东行，首次在汾阴脽丘建起了后土祠，祭仪按宽舒等议定的执行。皇帝亲自望祭礼拜，与祭天帝的礼仪相同。”

“十一月初一黎明冬至这一天，天刚拂晓，天子开始祭祀太一神，行跪拜礼。早晨朝见日神，傍晚朝见月神，都揖而不跪；而朝见太一神则和雍城的郊祭礼相同。”

“路过洛阳时又下诏书说：‘三代年代渺远，如今连一点影子也不存在了。可画出三十里的地区封周王的后人为周子南君，以供奉他们祖先的祭祀。’”

“武帝于是命令越地的巫师们建立越祝庙，其中有祭台而无祭坛，祭祀的是上帝与越地风俗中流行的百鬼，而用鸡卜吉凶。”

据《史记·封禅书》记载：“汉朝天子新制定的祭礼中，对于太一神与后土神的祭祀，是每隔三年天子亲自郊祭一次，每隔五年修封一次。太一祠以及三一、冥羊、马行、赤星、五床山祀，由祀官按岁时祭祀，这六类神庙都由太祝官管理。至于此外的八神等神，明年、凡山等名祠，天子出行时路过则进行祭祀，离去时则停止祭祀。由各地神官、巫师的建议所立的神庙、神祠，各由建议者主持，此人死，祠庙废，与祠官无涉。其他祭祀凡是沿袭下来的都一仍旧贯。”

到了平帝时，“天地六宗以下及诸小神，凡千七百所”。

---

① 《廿二史札记·汉儒言灾异条》：“案《周官》三公之职，本以论道经邦，燮理阴阳为务。汉初犹重此说，陈平谓文帝曰：‘宰相者，上佐天子，理阴阳，顺四时，下遂万物之宜者也。’……则并有不止策免者矣。亦有不待免而自劾者……”

② 《廿二史札记·汉儒言灾异条》：“降及后世，机智竞兴，权术是尚，一若天下事皆可以人力致，而天无权。即有志图治者，亦徒详其法制禁令。为人事之防，而无复有求端于天之意。”

最后，“天子”的地位及正当性来源也得到了更正。一个人成为皇帝并不再因为其祖先的功绩而获得大位，而是因为符合了天道的意志，“顺乎天而应乎人”。如果一个皇朝并没有很好地遵守天道而将国家搞得民不聊生，便是违背了上天的意志，“天道”便会选择更加合适的人选进行接替，而在此时，进行改朝换代的“革命”，便是天然正义的。

既然“改朝换代”拥有了正义性，那么对于一个皇朝来说，如何“察觉”神明对于皇朝的警告，便成为重中之重。因此，与之相配套的“灾异”之说便由之产生：

“西汉建立，董仲舒在解释《公羊传》的时候，认为儒学的本质在于阴阳相推的道理。汉宣帝、元帝之后，刘向通过对《谷梁传》的解释以及对《尚书・洪范》的研究，又强调了其中天地间祸福相依的道理。在此之后，上天与人之间的关系越来越紧密。观看《汉书・五行志》中的记载，天象的每一次变化都会附和到相应的人事之中，虽然其中不免牵强附会的地方，但也并非都是空洞的言论……因为汉代的儒生之所以说天人感应，实际所关注的还是“被验证”的人事。……谷永认为，自然灾害与天象变动，是上天在警告皇帝所犯的过失，如同父亲教导儿子一样，如果改正，则灾祸消除；如果没有改正，则会受到处罚。因此，当时的君主遇到灾祸的时候而感到十分的惧怕。”[①]甚至国家官员的任免，也部分由“上天的警告”所决定。

四、古代官方主要祭祀制度变迁

自汉武帝之后，除传统中对祖先及五方五帝的祭祀之外，对于天地山川的祭祀活动也开始大量发展，在融合了民间不同地域的传统、风俗之后，我国多神式的祭祀制度也渐渐确立下来。

“国之大事，在祀与戎。”中国古代主要的祭祀活动，均是由政府的专职官员负责。除皇帝及诸侯的祖先祭祀之外，较大型的尚有“大雩(求雨)”“朝日夕月祭祀”“大褚(zhà，一作‘蜡’)”及“灵星”“风师雨师及山泽神明”“方丘”等。下面以《通志》与《通典》为主，将周代至唐时期的相关祭祀沿革分别进行介绍。

按照传统，天帝是只有天子可以进行祭祀的，诸侯及后来的郡县长官可以祭祀所管辖境内名山大川的神灵。大夫或者普通官员可以祭祀井门等五种神，民众只需要祭祀自己宗族的祖先[②]。从唐代开始，每个县都要修建孔子庙，所以郡县长官又增加了祭祀孔庙的任务。宋元以后，城隍神的地位日益重要，按时祭祀城隍也成了郡县长官的职责。除此之外，还有全国性的统一祭祀，如春耕、秋收时的相关祭典。

古代国家为此设有专门的部门来负责整体的祭祀活动，起初被称为“奉常”或“太常”，位列九卿之一，后来归属为“三省六部”中的“礼部”管辖。国家祭祀分为大中小三级。大祀主要是天地和祖先，祭天的仪式称为“郊”，祭祖的仪式称为“庙”。祭孔的仪式称为

---

① 出自《廿二史札记・汉儒言灾异条》。

② 这个规定也对后来其他宗教的传入造成了很大影响。

“释奠”。祭孔在清朝末年也成为大祀。

不在规定之内的祭祀称为“淫祀”。儒经认为，淫祀不会获得幸福。儒者们常常要废除淫祀，以维护国家正统的祭祀。

佛教的宗教活动场所称寺和院，道教称宫和观，儒家称坛、庙和祠。

在祭祀对象方面，对于自然神灵的祭祀，在历朝历代均有所减损。而对于先贤的祭祀却随着时间的推移不断地增多。这体现了我国祭祀传统的一个特点：重人事，轻玄思。

在数千年前的文本《礼记》中，对于此种精神已经有所规定：“圣明的王者制定祭祀规则：给了民众言行规范的，要祭祀；死于勤恳公事的，要祭祀；有安定国家功劳的，要祭祀；能防御巨大灾害的，要祭祀；能消除大难的，要祭祀。所以厉山氏统治天下的时候，他的儿子叫农，能使庄稼丰收。夏代衰落，周弃继承农的事业，所以把他们祀为稷神。共工氏称霸九州的时代，他的儿子叫后土，能平水土，所以祀为社神。……至于日月星辰，是民众所瞻仰的。山林河流丘陵，是民众获取财物和用具的地方。(所以把它们也都祀为神祇。)不是这一类的，不入祀典。”[①]

(一) 求雨祭祀

古代中国作为一个以农业为主的国家，“风调雨顺”对于百姓的生活有着直接的作用，因此，求雨制度是中国古代民间乃至官方都十分重视的一种祭祀活动。在历朝历代的祭祀活动中，不仅可以从中看到“天”与“人”关系的变化，也能发现不同的朝代的盛衰变化。通常来说，比较强盛、繁荣的王朝，对于神灵的态度都是比较主动甚至强势的；而比较弱小的朝代，则往往将神明的力量进行更大的强调，赋予祭祀活动更高的规格。简而言之，国家强盛的时候，是神明的命令依附于政府的权威之下；而国家衰落时，政府的权威就要寄托于不可知的神灵。

按照周代制度，大雩祭祀的是五方上帝，祭祀的祭坛被称为“雩”。祭祀活动一般在皇城的南郊附近。在祭祀的时候，五方上帝配以五位人帝[②]，然后乐正开始演奏“盛”乐，舞“皇”舞。负责祭祀的官员则代表百姓，祈祀诸多山川、河源及古代有功绩于百姓的英雄人物，用来祈祷秋季的五谷丰登。

如果国家因长时间没有下雨而缺水，则巫师率领诸多男巫来舞“雩”舞。如果不下雨并且干热，则是由女巫来舞“雩”舞。这样的礼仪方式表现出了对于君主的一种略带惩戒的含义[③]。图 7-2 所示为汉拓求雨图。

到了汉朝初年，因为秦代的战乱，雩礼的相关祭祀方式因长久不实行，已经被废弃掉了。在国家干旱的时候，仅是由九卿之一的太常到天地宗庙中进行祈祷而已。

---

① 出自《礼记·祭法》。

② 通常的解释是：太昊配青帝，炎帝配赤帝，轩辕配黄帝，少昊配白帝，颛顼配黑帝。

③ 《礼记·檀弓》：“县子对曰：‘天则不雨，而望之愚妇人，于以求之，毋乃已疏乎！’”

图 7-2　汉拓求雨图

到了汉成帝的时候，天子责令百官求雨。方法是用朱红色的绳子绕着土地神主的祠，然后天子亲自在祠内击鼓，百官将财物作为祭祀的物品上供。不过，之后的水旱灾情反而频频发生[①]。

到了后汉时又恢复了周代的雩礼，不过稍微有所变化。一年中如果降雨太少，那么各个郡县的官员便身着黑色的衣服，去当地的社稷神庙祭祀，不再由巫师带领。所祭祀的对象也更改为应龙[②]。在应龙旁立土人两座，祭祀舞蹈规模为两行两列[③]，每七日变化一次舞蹈的内容。用朱红色的绳子围绕社稷神庙的方法也沿用了下来。祭品用羊与猪[④]。

西晋武帝的时候，因为大旱，仿照后汉的制度，在干旱的地区进行大雩的祭祀。到了东晋时期，不再在各地分别祭祀，而又改回了在国都的南郊进行祭祀的传统。祭祀的对象也由应龙改回天帝，并且随之祭祀山川水泽的各位神灵，舞蹈的规模也由“二佾”升格到了“八佾”[⑤]。

南朝齐的时候，将齐武帝配飨于雩坛，作为附属的神灵。梁朝的时候，梁武帝认为雨属“阴”，因此求之于“正阳”的位置是不恰当的，所以将祭祀的地点由国都的南郊改为了东郊。因为东方既不是“正阳”的位置，又象征生命的开端[⑥]，不管是求雨还是祈

---

① 《后汉书 • 志第五》注：干宝曰：“天子伐鼓于社，责群阴也；诸侯用币于社，请上公也。伐鼓于朝，退自责也。此圣人厌胜之术。”

② 《山海经 • 大荒东经》：“大荒东北隅中，有山名曰凶犁土丘。应龙处南极，杀蚩尤与夸父，不得复上，故下数旱。旱而为应龙之状，乃得大雨。”

③ 也就是“二佾”，按照礼制，是“士”的规模。

④ 古代祭祀用羊和猪做祭品称为“少牢”。

⑤ 按照礼制，“八佾”是天子的规格。

⑥ 东方属木，而为生养之始。

晴，都应该在这个位置，并且将柴薪之典改为了瘗典[①]。在梁武帝十年的时候，又在天子的“籍田”之内增设雩典的祭坛。祭祀的过程也更加复杂，据记载，整个祭祀分为如下几个阶段。

天子降法服七日，乃祈求于社稷之神七日，之后祈求于山林川泽常兴云雨的神灵七日，然后祈求于群庙之主于太庙的神灵七日，最后再祈求于古来百官卿士有益于人者七日，乃大雩上帝遍祈前祈所有事者。接下来，行大雩礼于祭坛，祈求于五天帝及五人帝，以梁太祖配位于青帝之南。五官配食于下，这样再过七日。之后再去祈求于社稷山林川泽的诸多神灵，就在他们各地的神庙举行大雩的祭礼。然后在国都的南郊清出一片平整的土地，列舞者八列六十四人，每列歌唱汉诗的一章，进行祈祷。如果只是部分地方大旱，则改为当地的最高长官斋戒三日，其余不变。整个祭祀流程反复三次仍旧没有下雨的话，再次祈祷于当地山川水泽掌管兴云布雨的神灵。

到了南朝陈的时候，依旧仿照前朝的方式，并没有太大的变更。只是配飨的君主改为了梁朝的上代君主而已。不过在祈祷过程中，君主不再出面，而是由太宰、太常、光禄行三献之礼，方式采用南朝齐时期的旧典。

北魏的皇帝特别崇尚祭祀，认为“神无大小，悉洒扫，荐以酒脯”[②]。而北齐因为在孟夏[③]时有龙星于天空出现，因此大雩的祭祀便以太微宫五精帝为主。祭祀的位置在南郊的东部，由朝廷的三公主持，原来的瘗典又改回了柴薪之典。祭品用玉帛而不是少牢，不奏舞乐，改由乐工“歌云汉之诗于坛南”。

隋朝的制度规定，雩坛设立在国都南方十三里处，尺寸为高一丈周二十丈。孟夏时如果有龙星出见，则大雩的祭祀对象为五方上帝，再匹配以五人帝，然后以隋朝太祖配飨，五官从祀于下。若是京师孟夏之后的干旱，祈雨则按照南梁的方法，行七事。七日祈祷岳镇海渎及诸山川能兴云雨者；又七日，祈祷社稷及古来百辟卿士有益于人者；又七日乃祈祷宗庙及古帝王有神祠者；又七日乃修雩祈神州。又七日仍不雨，复从岳渎神灵以下，祈礼如初。秋分以后不举行雩祭，但祈祷而已。皆用酒脯当作祭品。第一次祭祀结束，二旬之后依旧不下雨，则关闭市场并禁止屠宰牲畜。皇帝要穿素色的衣服，不在正殿举行会议，减少饮食，不奏乐，听取百官的意见。不用伞或扇子等工具，并且造应龙的雕像以供奉。如期下雨之后，则于神庙再次对于神灵进行回复与感谢。地方干旱，则州县的长官通过处理冤狱，赈济贫困，帮助因贫穷而无力正常下葬的人家举行丧祭。然后于当地土地神庙中进行祈祷，对象为所在州县能够兴云布雨的神灵，关闭市场，不进行牲畜的屠宰。如期下雨之后，则于神庙再次对于神灵进行回复与感谢。

到了唐时，国家规定每年的孟夏时节进行雩礼。祭祀的对象为昊天上帝，唐景帝[④]配飨。祭祀用两头青色小牛，然后五方上帝，五人帝，五官也一并祭祀，用五种颜色的小牛十头。

① 即将火燎祭祀的方式改成了水埋的方式，整个祭祀不见大型烟火。

② 出自《通典·卷四十三》。

③ 孟夏指四月。

④ 即唐高祖李渊的爷爷李虎。李虎为西魏八柱国之一，李渊称帝后，追谥李虎为景皇帝，庙号太祖，是为唐太祖。

不同时期具体的祭祀地点稍有不同，有时在南郊，有时在圜丘，有时混同在社稷神主或者宗庙内。

到了唐玄宗的时候，先在国都的北郊对于山川水泽能够兴云布雨的神灵进行祭祀，然后再去祭祀社稷神主，最后再祭祀宗庙。每月的七日均进行一次祈祷。

如果有特别严重的旱情，便加入雩舞于祭祀环节，秋分后则一律不用雩舞。十天之后，如果没有降雨，则关闭市场并禁止屠宰牲畜。皇帝穿素色的衣服，不在正殿举行会议，减少饮食，不奏乐，不用伞或扇子等工具，并且造应龙的雕像以供奉。如期下雨之后，则于神庙用酒及肉脯作为祭品表示感谢。如果每次祭祀神灵都准时进行了回应，则进行固定时间的频繁祭祀(常祀)。

(二) 日月祭祀

每个民族都有对于太阳及月亮的崇拜，尤其是以农耕为主的民族中，太阳神更是最为重要的神灵。而在中国的传统文化之中，也有对太阳、月亮的崇拜，但是并没有单独的祭祀，而是以日月星辰并列的方式统一祭祀。在古代中国南方楚地的风俗中，虽然有着许多关于太阳神的传说，但是在实际祭祀的过程中，并没有凸显出其显赫的地位。

周朝的制度，是以燃烧柴薪的方式祭祀日月星辰。祭祀太阳的祭坛被称为王宫。祭祀月亮的祭坛被称为夜明。祭品全部用赤色，舞乐的规格与祭祀五帝相同。祭品中的玉以珪璧礼神，祭礼进行大约一天的时间。一年之中有四个时节是用来祭祀日月星辰的："迎气"[①]的时候，于国都的东郊举行日祭，于西郊举行月祭。然后是春秋二分时节的郊祀及十月祭天，其仪式同"迎气"的仪式。

汉武帝的时候，开始祭祀东皇太一及日月星辰，对于周代的仪式有所更改，不再分别祭祀日月于两处，而是在祭祀的过程中，东向揖日，傍晚西向揖月。魏文帝时期认为这样太过于烦琐，只向东方祭拜。到了明帝时期，则又恢复了周礼中"祭日于东，祭月于西，以别内外，以端其位"[②]的原则。晋朝则跟随汉代的规定，没有变更。

北周只在春秋二分的时候进行祭祀，祭品以青色为主，而非赤色。进行祭祀的皇帝和百官也同样穿着青色的冠冕。春分的时候祭典在东门外起圜丘于高处，秋分的时候在西门外做祭坛于低处，除此之外，春分和秋分的祭品以及礼仪相同。隋朝的仪式仅在祭坛的尺寸方面稍有变更，大体还是跟随北周的习惯。唐朝改青色祭品为不同颜色的小牛。

(三) 新年祭祀

我们最早的"新年"被称为腊祭。这是我国传统中最为重要的节日之一，也就是现在民间风俗中所称的"腊八节"与"祭灶"。因为时代的变迁，现代的腊八节被添加了不少的民间传说和宗教故事，有时还被认为是佛教或者道教的传统节日。但究其源头，不妨将之看作最早版本的"新年庆典"。

---

① 于立春、立夏、立秋、立秋前十八日以及立冬的时候祭祀相应的五帝，用以迎接四季，祈求丰年，被称作"迎气"。

② 《通志·卷十四》："明帝太和元年二月丁亥朔，朝日于东郊，八月己丑，夕月于西郊，始得古礼。"

古代的传统认为，“君子使之，必报之”，当我们受到了恩惠，必然要进行报答。我们借用土地的力量来获得食物，年终的时候便要对土地的神灵进行答谢。因此，最早的“大禬”祭被称为“报田祭”。在夏朝称之为“嘉平”。商朝称之为“清祀”。周代后名为“大禬”。到了秦代被称为“腊”，然后又改为“嘉平”。汉代之后统称为“腊”，腊祭的名称也固定了下来。在古代，腊的主要意思有两个，一个是“猎取，打猎”，另一个是“新旧交替”[①]。前一个意思依旧存在于我们的口语之中，如我们还习惯把腊月腌制的猪、牛、羊肉，称为“腊肉”，在古代就是指打猎获取的兽肉。而作为节日的名称讲，“腊”不是“用打来的野兽或自己养的家禽进行祭祀祖先”的意思，而是指年终的新旧交替[②]。

到了汉代，也明确了从冬至过后的第三个戍日为“腊日”，不过在这一天并不喝腊八粥，而只是作为祭奉诸神的日子。直到南北朝时，才将农历十二月初八作为“腊祭”的固定日期，人们借此祭祀祖先，以求来年的吉祥如意。

而我国喝腊八粥的历史，则最早开始于宋代。当时佛教传入后，因为民间风俗的熏染，各大寺庙逐渐把佛祖成道日与腊日融合。每到“腊八”这一天，各寺院都用香谷和果实做成粥(见图 7-3)来赠送给门徒和百姓。并且不论是朝廷、官府、寺院，还是黎民百姓家，在这一天都要做腊八粥。到了清朝，喝腊八粥的风俗更是盛行。在宫廷，皇帝、皇后、皇子等都要向文武大臣、侍从宫女赐腊八粥，并向各个寺院发放米、果等供僧侣食用。

图 7-3　腊八粥的主要食材

随着时代的发展，花样越来越多的腊八粥已发展成具有地方风味的小吃，也已成为色味俱佳的节令美食。

(四) 土地祭祀

作为农耕民族，我们对于土地的崇拜要远远高于其他神灵。我们用“社稷”来代指国家，也是其中之一的表现。每年春季，古代的帝王不仅要祭祀地祇，还要“亲耕”，以显示

① 《风俗通》：“腊者，猎也，因猎取兽以祭先祖。或曰：腊，接也，新故交接，故有腊大祭以报功也。”

② 《通志・卷十四》：“以岁十二月，合聚万物，而索享之其乐。”

对农时的重视。因为其重要性，也使得历朝历代的相关祭祀仪式的变化并不算太大，只是因地制宜而有所调整。

夏朝在每年五月举行祭地祇的仪式，商朝在六月。周代的制度，是在夏日到达祭祀地，在国都北方的湿地中搭建的方丘之上。礼神的玉以黄琮，祭品用黄色小牛与黄缯，王及神主穿着同样的大裘，配以后稷。其舞则为咸池之舞。

在汉朝初年，各种制度还不完备，只是下令御史设置各类祭祀的祠庙，并由相关的巫师来对各方地祇进行祭祀。到了汉武帝即位，他认为每次皇帝亲自祭拜天帝的时候，而不对后土进行祭祀是不合适的。因此，在汾阴脽丘建立后土的庙宇，并以汉高祖配飨。皇帝亲自去拜祭，规格如同祭祀天帝的仪式。成帝之后，祭祀地点由汾阴换成长安。到汉平帝时，才开始一同在都城南郊祭祀后土与天帝。

后汉时，后土与天帝的祭祀再次有所变化。与前代相同的是，光武帝在国都南郊仍然建有地祇的祭坛。但是，他又在北面四里的地方单独建立了地祇的祭祀方坛，不过在南北两方的祭坛不再配飨高祖，而是分别配以薄太后与吕后。另外添加五岳的山神以及各地的山川神。

魏明帝时期，皇帝于景初元年(公元 237 年)下诏说：曹氏的祖先出自有虞氏，在祭天的时候便应该配飨自己的始祖帝舜，那么在祭祀地祇时，南郊便以舜妃伊耆氏配飨。而北郊所祭以武宣皇后配飨。晋朝武帝时又再次整合为在南郊祭祀，不再分别。

隋朝延续北周的制度，而去皇后配飨，改以太祖。分为夏至和孟冬两次祭祀，从祀之神有神州、迎州、冀州、戎州、拾州、柱州、宫州、咸州、扬州，其九州山川、林泽、丘陵、坟衍、原隰的神灵。地祇及配帝的祭品用黄色小牛两头，神州以下的神灵用五种颜色的小牛各一头，九州山海坟衍等神灵加羊、猪九头。

其中，祭祀昊天、五帝、日、月、地祇、神州、宗庙、社稷为大祀；祭祀星辰、五祀、四望为中祠；祭祀司中、司命、风师、雨师、诸星、山川为小祀。

(五) 家礼和祠堂制度

与被普遍祭祀的先贤神灵不同，普通百姓们的祖先祭祀，一直属于私人活动，并不在官方的管理范围之内。官方仅对于士以上的人员祭祀祖先的礼仪有所规定。

在秦代以前，诸侯和大夫们都有自己的封地，他们世代生活在自己的封地上，也在自己的封地上依照礼制，建立或五座或三座宗庙，祭祀自己的祖先。实行郡县制以后，郡县的主官代替了诸侯、大夫的职责，但郡县不是他们世袭的封地，不能建立自己的宗庙。由于从朝廷到郡县主官，他们的官职不断变动，建庙规格也难以确定。所以，即使在自己的家乡也没有统一修建的准则。

唐代为了整顿礼仪制度，曾下令让百官都要修建自己的宗庙，但收效甚微。到了宋代，除皇室之外，传统的宗庙制度更加难以实行。于是，从司马光开始，儒生们着手编制新的民间礼仪，到了朱子的时候，大体完工，形成了以祠堂制度为核心的家礼体系。

由此，祠堂制度也把儒学的忠孝之道通过家族关系贯彻到社会生活的方方面面。下面就家礼的各种纲领做一简要介绍。

祠堂制度规定，凡君子要修建房屋，先在正寝以东建立祠堂，做四个神龛，供奉祖先的神主。旁系亲属没有后代的，按照他们的辈分依附于旁。然后购买祭田，准备祭器。屋主人在清早于大门以内拜谒祖先。出门或者回家，一定要向祖先禀告。冬至、夏至及每月的朔日和望日都要进行祭拜。世俗的节日，要贡献时令食物。有事要禀告。假如有水火灾害或者强盗贼寇，要先救祠堂，迁移神主和遗书，然后是祭祀用的礼器，最后是家里的财物。改朝换代，要重新题写神主的名讳，并且依次递迁①。

在日常生活方面，凡是做家族长者的，必须严格遵守礼法，以管束子弟和众人。分配他们相应的职务，以及要处理的事务。掌握家族的用财，量入为出。和家里的有无多少相称，来给予老少衣食和吉凶大事的费用。凡事都要有节制，要尽量没有不平衡和不一致的地方。减少不必要的费用，禁止奢侈浪费。要经常稍有结余，以防备意外。所有的仆人或者幼小，事情不论大小，都不得未经禀明长者便自作主张。事前必须向家长报告。……凡儿子侍奉父母，媳妇侍奉公婆，在家都要早起洗漱。等天明之后到父母公婆处问安。父母公婆起床后，要奉上早点。然后再各自做事。将要吃午饭，媳妇请示家长想要吃什么，请示完毕，然后做饭供应。长辈开始吃饭，儿子媳妇才各自退下去吃饭。男女的饭菜分开摆放不同的场所，依照长幼的顺序就座。饮食一定要平均一致。幼童的饮食又设于另外的场所，也依照长幼而坐。男生坐左边，女生坐右边。晚饭也如此办理。入夜，父母公婆要就寝，要安置好再去休息。平时无事，要尽量在父母公婆身边。态度必须恭敬，办事必须谨慎。言语应对必须口气缓和。不许在父母面前做不文雅的动作②。

家礼之中，还包括“乡礼”。

乡礼的纲领，在于士大夫要作为宗族和同乡人的表率，申明四种利益而去努力实行它，以协助有关官府完成教化民众的使命。其根本原则有三条：第一是“立教育”，第二是“明伦理”，第三是“敬己身”。

士大夫会合志同道合之人，选择某月的吉日，沐浴斋戒，衣冠整齐，互相以端正本原的三件事相互勉励，申明四礼的条件，在神明面前宣誓。在城里的人，要向城隍宣誓；在乡里的人，要向社神宣誓③。

通过祠堂、家礼，儒生们将日常生活的行为规范及儒家的“修齐治平”的理念巧妙地糅合在了一起，促使了宋代以后的国家发展渐趋平稳的状态。

综上而言，中国传统信仰文化有以下特征。

第一，由国家控制的信仰，而非私人信仰。如占星及卜筮，最初均是由政府专门机关的官员进行主持，而私人并没有这样的能力。通常流行于民间的巫师、神婆，如向上追溯，也大多是先秦时期诸侯官吏的衍生职业。

第二，以对于祖先神灵的崇拜为主，而非对于自然神的崇拜为主。在部分朝代，除了

---

① 《朱子家礼·祠堂》：“君子将营宫室，先立祠堂于正寝之东。为四龛以奉先世神主。旁亲之无后者以其班祔。置祭田。具祭器。主人晨谒于大门之内。出入必告。正至朔望则参。俗节则献以时食。有事则告。或有水火盗贼，则先救祠堂，迁神主、遗书，次及祭器，然后及家财。易世，则改题主而递迁之。”

② 出自《朱子家礼·司马氏居家杂仪》。

③ 出自《泰泉乡礼》。

日月星辰及五岳名山之外，鲜有祭祀。甚至在某些时候拒绝承认有先贤以外的神明存在[①]。与此同时，对于“先贤”的界定又十分宽容，某种意义上说，只要是对于人间有所贡献或牺牲的人，都有可能被尊为神灵。

第三，皇权大于神权。中国在历史上虽然也爆发过宗教战争，但是一直以来，宗教的权力从未凌驾于政府之上，这既是我们偏重伦理、实行的民族习惯的结果，也是我们传统文化的显著特性。

第四，中华神系的神明是诸多教派理论相容的结果，无明显的民族与神灵体系之间的对立，甚至某些神明身兼不同教派的“神职”。

第二节 佛教

据《后汉书·西域传》的记载，东汉明帝时，夜梦金人，身有日光，飞行殿庭。于是次日乃询问群臣，傅毅认为所指为佛教景象，于是，明帝派遣蔡愔、王遵等十余人出使天竺，习得佛教仪轨和义理，后与僧侣摄摩腾、竺法兰回国。自此至东晋南渡，佛教开始逐渐流行于社会，至宋臻于极盛。

陈善曾于《扪虱新话》“儒释迭为盛衰”条中有过这样的记录：王安石曾经问好友张方平：“孔子去世之后百年，有孟子担当儒者大任。可是孟子去世之后就再也没有能被称作圣人的了，这是为什么？”张方平说：“怎么没有，不仅有，他们其中很多人的学问还要在孔子之上呢。”王安石大惊，问道：“是谁？”张方平笑道：“江西的马大师、汾阳的无业禅师、雪峰、岩头、丹霞、云门等大师不都是吗？”由于张方平举的都是一些大禅师的名字，王安石听了很是不解，便向张方平请教，这是为什么？张方平说：“儒学已经衰退，收拾不了残局，当然大家都跟随佛教的大师们了。”[②]

一、佛教西来与兴盛

佛教算是第一种进入中国的具有较典型宗教特征的信仰，并且发展极为迅速，这其中不仅是因为佛教(尤其是大乘佛教)的教理深契当时的社会心理，更因为佛教在自身的发展过程中对于中原文化的吸收与融合。最晚至元朝末年，中原的佛教已经成为与古印度佛教不分轩轾的独立体系，而不再是其“分支之一”。

汉语中沙门的意思是“息”，意思是去除欲望而归于无为的境界；天竺“佛”的意思是“觉者”，将以觉悟群生的意思。当时在天竺的婆罗门教，等级森严，将人分四等，释迦牟尼认为不可以四族的出身来区分人的贵贱，于是，创立平等之说。又因为在婆罗门的教

---

① 如马端临的《文献通考·郊社》中有说：“《祭法》禘祖宗三条，分明说宗庙之祭，惟郊一条，谓郊祀以祖配天尔。而注皆指为祀天。《大传》礼不王不禘一章，言王者禘其祖之所自出，诸侯只及其太祖，大夫惟有功始袷其高祖。所论宗庙之祭隆杀、远近尔，於祀天乎何与？”

② (宋)陈善. 扪虱新话[M]. 上海：商务印书馆，1939.

导中，万物皆本于神，而精神不灭，人们可以通过苦行来获得解脱。而释迦牟尼认为万物的根源是“理”，而精神不灭，人因为觉悟，可以得到佛果；用此来立“平等之说”，阐释“真如”的道理，从而创立佛教。

释迦牟尼本身是天竺迦毗罗卫国的王子，孔子去世十余年后出生，成年后舍掉太子的位置而去修行；三十年成佛，四十九年后于拘尸那城娑罗双树间涅槃。之后，释迦牟尼弟子阿难、伽叶等五百人，以大迦叶为上首，阿难背诵出《经藏》，优波离背诵出《律藏》，这是佛教典籍的第一次结集。

大约一百年后，有毗舍离的七百比丘结集，是第二次佛经结集。之后的阿育王时期，阿育王试图进一步弘扬佛法，于是，集合一千比丘，推目犍连子帝须为上座，在华氏城进行了佛教典籍的第三次结集。自此《经》《律》《论》三藏全部完成。

至公元 8 世纪时，印度商羯罗开始谈论复古思想，重振婆罗门教，排斥佛教。到 12 世纪时，回教徒入侵印度，佛教再一次受到打击，在印度地区几乎绝迹。

图 7-4 所示为印度那烂陀寺遗址，图 7-5 所示为洛阳白马寺。

图 7-4　印度那烂陀寺遗址

图 7-5　洛阳白马寺

佛教虽然在印度式微，但是在南北两方向却有着很大的发展：南方传播到斯里兰卡、缅甸、泰国、越南等国，称为南方佛教；向北则一部分传入西方，一部分传入中国、朝鲜、日本，称为北方佛教。佛教的传播时间有数千年，所及地域又广泛，因此，其教义、组织内容之丰富难以比拟。据数据统计，现世界上约有 5 亿的佛教徒。

佛教西来前，中国思想界少与外来思想接触，为何佛学入中国，能得普遍信仰？钱穆认为，可以大致概括出四个原因来。

首先，宗教大多信外力，信天帝，佛教独崇内力、自力。佛陀只是人中一觉者，抑且凡具此种觉者均为佛，故有十方诸佛、三世诸佛、恒河沙界诸佛等。盖以人格观念而发挥平等义者，此义独与中国传统思想相近。

其次，佛学依法不依人，更要不在觉者，而在其所觉之法。对于其法性之阐明，重实践尤重于思辨。

再次，大多宗教都偏重于天国出世，佛教虽是一出世教，但重在对人生实相之种种分析与理解。佛学毋宁是根据其人生观而建立宇宙观者，又毋宁是发自于对人类心理之精微观察而达成其伦理的主张者。

最后，学佛不取固定的灵魂观，亦不主张唯物论，而采取一种流动的生命观，此亦与中国见解大体相似。

二、最初的佛道诸家辩难

佛教进入中国之后，可以说是在传统的士农工商四民之外添加了新的阶层：他们抛弃家族，没有皇帝君臣的责任，信奉他国的圣贤为宗教，衣食住行处处与中原的风俗不同。因此，当社会变化的时候，人们或因为坚持“传统”，或因为哲理玄思上的抵触，或者是由于其对于中华传统伦理道德的冲击，一旦有适当的机会，必然会加以排斥。因此，虽然在魏晋之后，佛教逐渐兴盛，但是社会中的理论与现实冲突也在所难免。在此举出一些比较有代表性的例子，来看一下佛教在融入中华文化圈的过程中，面对一些关键性的问题，是如何与道士、儒生们一一展开辩难的。

(一) 正统之争

在佛教初次进入中国时，主要是引进各种典章制度，至于思想性的文章却没有引进太多，因此也并未引起士林阶层太大的注意。而当其发展繁盛之后，士林阶层首先注意的便是：“佛乃戎神”，是否当祭祀的问题。这个问题有两个方面。

其一，按照前面所说，我们在之前并未有纯粹信仰式的宗教，所祭祀神灵均是以祖先神为主，几乎不存在自然神的地位。那么，释迦既然并非诸夏的祖先，是否应当列为神明进行祭祀？虽然有列外族祖先神灵进入神系的先例，但天竺并非中国的一部分，他们的民族也不属于中国民族大家庭中的一员，这是两个相对等，并且相距遥远的国家，因此，不能作为我们的祖先神出现。另外，作为外国神，其在此之前并没有对于中原大地有什么贡献，其理论也并没有对于中国文化的发展产生巨大的影响，那么，同样也不符合“先贤神”

的标准[1]。这样，佛教作为一种宗教性的活动，总体来说是不符合我们传统的祭祀规范。

其二，中国古代祭祀活动均是以政府为主导，只有政府册封的神灵才属于官方“正祀”，其余属于“巷祭野祀”，老百姓在这之前也从未遇到过纯正的宗教与宗教行为。虽然老百姓遵奉有着自身的理论，但并没有获得官方认同的宗教活动应如何处理，也确实是一个难题。

《高僧传》对此曾有过记载：据说佛图澄因为屡次正确的谏言，而得到后赵君主石虎的承认，因此，佛教在后赵兴盛了起来。一时间民间纷纷信奉佛教，大量营造寺庙殿宇。出家成为热潮，当时的僧侣难免鱼龙混杂，真假难辨。石虎因此问官员：佛号称世尊，由国家供奉，按照传统，民间小民没有官爵在身，是否能够敬拜佛祖？另外，沙门僧侣都应是品性高洁，所行能够有益于己，不断进步的人，这样的人才能被称作“有道之士”。但是现在民间出家的僧侣甚多，有的是作奸犯科之辈，有的是为了逃避税负、劳役，这又如何分辨、处理呢？

哪知中书著作郎王度的回答却颇为激进：“王者祭祀天地百神，是祀典里面所明确记载的，相关礼仪也有明确的制度。但是佛祖是从西域而来，属于外国的神明，在过去也并没有施加于百姓的功绩，因此作为华夏正统的天子，是不能敬奉祭拜的。……陛下可以命令赵国的人不再去寺庙烧香礼拜，以保持典礼的原则。而百官乃至于小吏，均属国家行政人员，也应当在禁止之列。如果有人违反，应当参照祭拜淫祀的罪名处理。已经成为僧侣的人，也应当让他们还俗。”

石虎回答道：“如果说佛祖是外国神明，那我生长自边陲，哪知天命加身，反而成为诸夏的君主。祭祀的事情本就应跟从当时当地的风俗习惯来，佛祖来自于边陲，正应当供奉。典礼是应当作为长久的法则，但是如果于时事并没有什么损害，又何必拘泥于以前的观点？而各个边陲的人要是能够拒绝淫祀而信奉佛祖，何不让他们也成为僧侣？”[2]

（二）衣冠之争

“华夏正衣冠，佛教徒之剃发易服，无异披发左衽。”南朝齐的顾欢曾在《夷夏论》中排斥中原子弟学习西戎的装束，他认为这是一种毁灭自身礼制的行为[3]。

顾欢的提问很尖锐，对于当时的中国人来说，剪发、盘坐、火葬、改姓、“抛弃妻子”、出家不认生身父母……这些由“西方”带来的宗教习俗，即使是当今社会，也是难以全盘接受的，更何况是两千余年前的古代。所以一时间佛教被指为异端，并非是无的放矢。这些观念和以家庭、宗族为最基本单位的中国社会的传统观念几乎是完全对立的。

对以上两个问题，南朝宋时大臣袁粲进行了直接的回应：

“……清信之士，容衣不改。息心之人，服貌必变。变本从道，不遵彼俗。教风自殊，

---

① 也因此，当隋唐之后，佛教的理论真正深入到中华传统文化之中的时候，佛教也就自然按照标准成为了“官方正祀”，由以前的“戎神”变为了“三教”之一。

② 出自《高僧传》。

③ 《南史·顾欢传》：“欢著《夷夏论》……端委搢绅，诸华之容；剪发旷衣，群夷之服。擎跽磬折，侯甸之恭；狐蹲狗踞，荒流之肃。棺殡椁葬，中夏之风；火焚水沉，西戎之俗。全形守礼，继善之教；毁貌易性，绝恶之学。……今以中夏之性，效西戎之法，既不全同，又不全异。下弃妻孥，上废宗祀。嗜欲之物，皆以礼伸，孝敬之典，独以法屈。悖礼犯顺，曾莫之觉。”

无患其乱。”这就是后来著名的“从道不从俗”之说，修行之人自然有自己独特的地方，就像是不同人的长相不同一样，佛教徒既然有着自己的修行与信念，自然会在外表体现出来，而这并非是推行某种“大众”的或“普遍”的文化，非佛教徒因为理念的差异，即使面对这样的“奇装异服”，也不会产生什么影响。因此，仅是作为教派服装，并不会对于我国的礼制与服饰造成真正的影响。

朱昭之则认为，所谓的“夷夏之辨”是根本没有意义的，“以国家为标准来看，通常认为夷人暴虐而华夏温文尔雅，那么请问炮烙的刑罚是诸夏发明的还是夷人所作？齐、晋的人伦惨剧，难道不也是发生在华夏吗？残忍的迫害并不是只有夷人才有；明珠蒙尘的事情也往往发生在中土。我们推查人们的本性，其实诸夏和夷狄并无不同”①。每个国家都有自己优胜的地方，中国也并不是十全十美，当有值得学习与效仿的学问时，我们并不会因为其来源的不同而选择学习与否，从这个意义上说，“推检情性，华夷一轨”。我们只是学习比较优胜的理论，并不需要关心其理论从何处而来。

而作为僧侣的僧愍则更加干脆，他直接说“天竺即中国”，“有人用华夏之民而学习蛮夷之法的理由来反对佛教，这不过是枯坐井中，而不知江河湖海而已。如经书上说‘佛据天地之中，而清导十方。’因此，天竺即中国”②。

(三) 伦理之争

抛弃妻子，目无君上父母，何得称为孝？佛教讲出世，一旦出家，则于君臣、父子、夫妇、兄弟之伦，皆所抛却。而我国一向以伦理道德为重，哪怕是魏晋时期崇尚清谈，人人不重礼节，但并不意味着社会上的大多数人从此不信任礼教，大众对于忠、孝、节、义等事，仍旧十分看重，不会认为背弃自己的君主与家庭是一件正当的事情。其次，对于一个从远古时代以来一直用皇权压制神权的国度，也不可能接受社会上有一个阶层或者群体能够不听从政府的命令，而仅对神明负责。因此，晋朝的庾冰、桓玄等，均认为佛教徒应当在政府的控制之下，即“沙门宜敬王者”论。

对此，慧远著《沙门不敬王者论》对此进行解释，表明佛教徒的出家，并没有破坏整个社会的伦理规则，也并不意味着佛教徒就不讲忠孝：“凡在出家，皆遁世以求其志，变俗以达其道。变俗则服章不得与世典同礼，遁世则宜高尚其迹。夫然者，故能拯溺俗于沉流，拔幽根于重劫。……如令一夫全德，则道洽六亲，泽流天下，虽不处王侯之位，亦已协契皇极，在宥生民矣。是故内乖天属之重，而不违其孝；外阙奉主之恭，而不失其敬。”③

(四) 风俗之争

佛教初入中国时，是乞食制度，本身并不从事生产活动，这对于一个农业国家来说并

---

① 朱昭之《难顾道士<夷夏论>》：“以国而观，则夷虐夏温。请问炮烙之苦，岂康、竺之刑？流血之悲，讵齐、晋之子？刳剔苦害，非左衽之心；秋露含垢，匪海滨之士。推检情性，华夷一轨。”

② 《戎华论》：“君责以中夏之性，效西戎之法者，子自出自井坎之渊，未见江湖之望矣。如《经》曰：‘佛据天地之中，而清导十方。’故知天竺之土，是中国也。”

③ 出自《沙门不敬王者论》。

不受欢迎；其次，佛教的消极思想往往带来民众的消极情绪，而不利于一个国家的强盛；最后，佛教理论与传统的宗族观念相冲突，而这延伸开来，也同样会对于以此为基础的政府结构造成冲击。

张融写了三破论来反对佛教。第一破是“入国而破国”。认为佛教大量兴造寺庙，浪费奢靡，使百姓穷困而国库空虚，个中理论并没有能够有助于国家减少消耗的。第二破是“入家而破家”。出家之后，首先易姓，父亲与子女关系消失，兄弟姐妹之间也如同陌生人。抛弃父母使孝道断绝，是谓不孝。第三破是“入身而破身”。身体发肤，受之父母，不可轻弃。而剃发易服，正是毁伤身体。因此，人生之体，一有毁伤之疾，二有髡头之苦，三有不孝之逆，四有绝种之罪，五有亡生之体。从识唯学不孝，何故言哉。因此是“不礼之教”[①]。从此之后的唐、宋诸儒，其反对佛教原因，基本不超出三破论的范围。

随着佛教的兴盛，大量的百姓因为战乱或者政府的职能失序而进入寺院，使得在南北朝时期佛寺占有了大量的土地及人力资源，这不仅使得佛教徒的平均水平有所下降，也使得政府对于佛教寺庙对资源的控制渐渐难以忍受：“在国都之中僧侣竞相豪奢，宏伟的寺庙遍及城市。国家的财政为之消耗，尊荣的典仪也被混淆。人们为了逃避劳役而出家为僧，甚至于一县之地的僧侣达到数千人之多，聚集成了一个个屯落。而这些不事生产、四方游动的群体不仅败坏了佛门的名声，也使得社会风气糟糕。因此，要对僧侣进行严格管理，其中能够阐述经文的道理，秉持戒律，一心求法的人；或于深山之中潜心修行，不接触流俗的人；或以身作则，弘法畅道，不避辛劳的人方可成为僧侣。其余不合条件者，全部强制还俗，由所在地的郡县收纳他们的户籍，所为子民。”

从此之后，兴佛与灭佛的运动在不同的执政者手中轮换，风俗之争比之夷夏之辨，更为重要。

（五）释道之争

老子之说本非宗教，而自汉以来，即以黄、老与浮屠并称，且有老子入夷狄为浮屠之说。晋代信天师道的教徒日益增多，但是其所阐扬的教理及仪轨却不敌佛教。于是有道士作《老子化胡经》，称佛教的诞生是因为道家的点化。

《高僧传》：“法祖与祭酒王浮每争邪正，浮屡屈，既嗔不自忍，乃作《老子化胡经》，以诬谤佛法。”

其后南北朝之学道者，也多借这个机会来进行争辩。

“文惠太子、竟陵王子良并好释法。吴兴孟景翼为道士，太子召入玄圃，众僧大会。子良使景翼礼佛，景翼不肯。子良送《十地经》与之，景翼造《正一论》，大略曰：《宝积》云：‘佛以一音广说法。’《老子》云：‘圣人抱一以为天下式。’一之为妙，空玄绝于有境，神化赡于无穷。为万物而无为，处一数而无数。莫之能名，强号为一。在佛曰‘实相’，在道曰‘玄牝’。道之大象，即佛之法身。……旷劫诸圣，共遵斯一。老、释未始于尝分，迷

① 转引自刘勰《灭惑论》。

者分之而未合。”因此，佛家与道家所讲述的道理是一样的，并没有什么分别。“道之大象，即佛之法身。”在宗教家看来，两者是一样的，但是凡俗之人总要争出个区别与不同，实在是没有必要的行为。

“司徒从事中郎张融作《门律》云：‘道之与佛，逗极无二。吾见道士与道人战儒墨，道人与道士辨是非。昔有鸿飞天首，积远难亮，越人以为凫，楚人以为乙。人自楚越，鸿常一耳。’”

《续高僧传·昙无最传》中曾经记载了一个有趣的情节：北魏正光元年间，明帝大赦天下，请释道二教学士上殿用斋，斋后让诸法师与诸道士论义。当时清通观道士姜斌与昙无最对论。皇帝问：“佛与老子是否是同时代人？”姜斌答道：“老子曾从西出关，点化胡人成佛，其时，佛是老子的侍者。这段情节记述在《老子开天经》之中，可见佛与老子乃同时之人。”此时，昙无最问姜斌道：“那么老子生于何时？又于何时出关西入教化胡人？”姜斌答道：“老子生于周定王三年九月十四日，乃楚国陈州苦县人。周简王四年为守藏吏，周敬王元年八月十五日，见周朝衰落，于是便和尹喜，西出函谷关，教化胡人。”昙无最道：“佛祖生于周昭王二十四年四月八日，周穆王五十二年二月十五日入灭。也就是说经过三百四十五年才到老子出生之周定王三年，至周敬王元年，即已经过了四百三十年，才与尹喜西遁，如此年代悬隔，岂不荒谬吗？”姜斌复问道：“你之所说，出自哪本典籍？根据又何在？”昙无最道：“《周书异记》《汉法本内传》中均有明文记载。”姜斌道：“孔子曾整理史书典籍，凡有圣人，多有记述，而于佛毫无记载，这又是为什么呢？”昙无最说：“孔子氏有《三备卜经》，佛之文言出在中备。你孤陋寡闻，这又能怪谁呢？”

佛道之间的争斗蔓延于整个魏晋南北朝时期，每一朝每一代辄有变化：北魏时佛道之辩，佛教基本占据上风。到了北齐、北周之后，因北齐崇尚佛教，不少道士甚至为此被迫出家为僧。

而北周崇尚儒术，动辄数百人的反复论辩，在天和三年(公元 568 年)的时候，武帝在大德殿召集百官及僧侣、道士等，亲自讲解《礼记》的内容。天和四年时，武帝又在大德殿与诸多僧侣及道士讨论佛道两家的思想。建德二年(公元 573 年)的十二月，武帝召集百官及著名僧侣、道士，反复辩难三教的先后，最终定儒教为先，道教次之，佛教为后。

然后，便是灭佛运动的兴起。天和四年(公元 569 年)，周武帝命令大夫甄鸾，详细考察佛道二教，确定它们的先后浅深同异。甄鸾于是递交了《笑道论》三卷。至五月十日，皇帝又大集群臣，详细讨论甄鸾的观点，讨论结果认为对于道教有所伤害，便当庭焚毁了。

北周建德三年(公元 574 年)的五月十七日，官府突然宣布禁止佛、道二教的传播，经书和神像全部被焚毁，并勒令僧侣与道士还俗。并且进一步禁止不再祀典的各种信仰与仪式[①]。

“帝遂破前代关山东西数百年来官私佛寺，扫地悉尽，融刮圣容，焚烧经典。《禹贡》八州，见成寺庙出四十千，并赐王公，充为第宅，三方释子，减三百万，皆复军民，还归编户。”

---

① 《周书·武帝纪》：“建德三年五月丙子，初断佛、道二教，经像悉毁，罢沙门、道士，并令还民。并禁诸淫祀，礼典所不载者，尽除之。”

至此，佛道之争的结果却是两家统统宣告失败，被迫集体还俗。

但是佛教毕竟已经在中国这片土地上获得了一定的认同，北周政府的捣毁寺庙，更多的是针对源初佛教带来的教权与皇权的对立，而并非是针对佛教的教理。之后更立通道观，以弘扬诸家学说：北周武帝于建德三年六月戊午，诏曰："三墨八儒，朱紫交竞；九流七略，异说相腾。道隐小成，其来旧矣。不有会归，争驱靡息，今可立通道观。圣哲微言，先贤典训，金科玉篆，秘迹玄文，所以济养黎元，扶成教义者，并宜弘阐，一以贯之。"并因此另外设置通道观，选拔在佛教和道教中有名的人士作为其中的学士[①]。

至此之后，佛教逐渐消退了部分宗教仪轨中不适应于中国的色彩，以纯粹的理论优势成为中国传统文化的一支极其重要的部分，也在整个华夏大地上与儒家、道教三教鼎力。

三、佛教在中国的发展变迁

佛教在中国之发展，主要分为三个时期：小乘时期、大乘时期及天台、华严、禅宗的三宗时期。

小乘时期以轮回果报福德罪孽观念为主，宗教气味最浓，此与中国俗间符箓祭祀阴阳巫道相配合。大乘时期以释道安、鸠摩罗什以下，先空宗，自罗什尽译《三论》(《中论》《百论》《十二门论》)。至隋代嘉祥大师吉藏而三论宗达成大成。其次是有宗，较迟，直到唐代玄奘、窥基而法相、唯识大盛。此以世界虚实，名相有无，为思辨之主题，重在宇宙论方面，几乎是哲学气味胜过了宗教，乃与中国老庄玄学相附会。

天台、华严、禅宗时期，中国僧人已经创辟出新的佛学，其一切义理，虽从空、有两宗出，而精神意趣轻重先后之间，则不尽与印度本有之空、有两宗合。其主要侧重点，乃在人生界之自我精修，内心密证，生活上的实践，更胜于哲理上的思辨，实更富有中国意味。上述内容可以得出总结：小乘偏教偏信；大乘偏理偏悟；三宗偏行偏证。佛学在中国流衍愈盛，却愈富有中国味。

如张曼涛先生所言，"由天台到华严，又是一番极新的面目，华严经在印度始终只止于一部华严，未尝成宗。虽然唯识有依华严之处，但未以华严本身作一体系组织，创造法界真常的理论。法华经亦复如是，在印度并未受到大乘论师如何重视，特加予以发挥作一宗之依，而到天台，却判其为佛陀一代时教的最高准绳。此种准印度经论重新组织，作立宗创教之精神，固可说是中国民族思想的一特殊表现，但仍有其源头，有其所依。只是表现的形态，在后来印度佛教思想的对照之下，特别迥异而已"。

中国佛教另一个最为突出之点，则是禅宗。禅宗可以说完全抛开了印度经论的源头，号称"直探心海，亲面佛陀"。谓其与印度佛教毫无瓜藤，它却拖去楞伽、金刚作其心法之所依，而实际以后之展开，又与上述经典毫无相干。它所需要的准则，是棒是喝，是狗子有无佛性，是父母未生之前，道人是谁。此种作略求之印度重分析、重辩证、重逻辑的各

① 《续高僧传》："别置通道观，简释李有名者，普著衣冠，为学士焉。"

大宗派，无异是南辕北辙，两相极端。即与天台、华严对照，亦是天壤之别。然而，它却仍然称作佛教，尤其是中国佛教的特质所在。

虽然在脉络上仍可一一寻回到印度的本土去，寻回到释迦的本身去，但是在形态上、表现上、方法上乃至各种理论的系统上，已迥然不同于印度的佛教。

就教团的制度而言，印度佛教亦完全归于印度的佛教，中国佛教则已别成一个天地。戒律在印度为比丘生活的规范，而对于中国佛教来说，通常情况下，却远不如祖师的清规来的重要，相较于世界其他宗教传播的情形看，又是一种强烈的对照，把祖师看成已教教主相类或某种意义上更属重要，这亦只有中国的佛教如此。

第三节 道教

作为中国本土宗教，道教自古以来便被披上了一层神秘的面纱。普通人或许对佛教诸多菩萨、罗汉的故事耳熟能详，但谈起道教来，却往往只能说些《西游记》或者《封神演义》里面的片段，至于道教的历史发展及各种流派的思想，却不甚了了。这既与道教本身的教理相关，又与中国传统文化中的一些特质相联系而表现出来的一种文明特性分不开。简单来说，道教不仅作为本土宗教是一种十分特别的玄思；在世界宗教范围内，也有着别具一格的特色。

一、道教的思想来源

在远古时，有关神仙之说的学问，主要分为神仙、阴阳、五行、杂占四大理论，至周代，又加以耆龟、形法二端，共为六事。根据其中的神仙家的观点，中华文明之初，轩辕黄帝拜广成子①为师，以学“至道之要”。后来之人以黄帝时期所流传下来的修行方式为基础，逐渐发展、流衍为中华民族所固有的宗教——道教。但这只是道教的“前身”，现在所通称的道教，是宗教意义上的“道教”与诸子中的“道家”相结合的宗教。

汉代，道家黄老之学开始兴盛，很多神仙方士开始借用道家的名头来为自己遮掩。而到了东汉末年，张角兄弟也借着“道”的名义开始起义，不管是太平道还是五斗米道，均自称为“道”。于是原本是诸子之学的“道家”渐渐转变为一种含有神仙方术的教派，因为他们的基本信仰是“道”，故称道教。

他们尊奉《太平经》与老子《道德经》作为主要经典。道教认为道是“虚无之系，造化之根，神明之本，天地之元”“万象以之生，五行以之成”，也就是说，“道”是宇宙及万物的本源，也是修行所要贴近的最高法则。图 7-6 为河南周口老子像。

因与诸子中的“道家”相结合，道教因此也具备了独特的哲学思辨特性：他们更加注

① 据正统道教说法，广成子为黄帝之时太上老君化身。《太上老君开天经》：“黄帝之时，老君下为师，号曰广成子。消自阴阳，作道戒经道经。黄帝以来，始有君臣父子，尊卑以别，贵贱有殊。”

重日常人伦世界，而对于“彼岸世界”几乎少有涉及。甚至传统意义上神仙所居住的天庭，也是与人世间相互联系，并非是不可知之地的某个世界。

图 7-6　河南周口老子像

其次，与其他宗教所不同的是，“道”这一概念本身并没有人格神的意味，而只是代表一种法则或者规律。因此，在道观之中虽然供奉诸多神明，但并不意味着有一种强烈的“偶像崇拜”存在；也因此，道教中各个“职位神明”在不同的时期会有所变更，但这其中并不意味着道教的教理有所变更，或者产生了新的流派。同样由于这个缘故，道教信奉的神有许许多多，拥有庞大的神系，如三官、四御、四值功曹、六丁六甲、三十六天罡、七十二地煞、玉皇大帝、王母娘娘、真武大帝、东岳大帝、碧霞元君、斗姥元君、骊山老母、关圣帝君、城隍、土地、灶君、门神等。

道教认为在万物中，除了人居住的世界外，还有神仙居住的所谓十大洞天、三十六小洞天和七十二福地。

二、道教的历史发展

两晋南北朝时，道教有了重大的发展。葛洪是著名的道教思想家，外丹学和道教神学的奠基人。他主张外儒内道，以《六经》治国，用道术养生。由于五斗米道以房中术为人治病，在社会上造成了恶劣的影响，于是北朝道士寇谦之和南朝刘宋道士陆修静对道教进行改革。寇谦之总结以往道教各派教义，吸收佛教神学及其活动方式，建立新的科戒和组织系统，改革教义教规。经他改革后的天师道，后人称为“北天师道”。陆修静则把天师道与金丹道结合起来，依据封建宗法思想和制度，汲取佛教仪式，制定新的道教斋戒仪范，世称“南天师道”。自此，道教得到了统治者的肯定和支持，由民间宗教一跃而成为正统宗教。

唐宋是道教发展的极盛期。从唐高祖到唐玄宗执政前期，除武则天时崇佛超过崇道外，基本上是以崇道为主。在隋唐时期，外丹派成为主流。但外丹学数百年的流行期间，出现了不少人因吞食丹药中毒而亡的悲剧，于是，人们逐渐认识到外丹成仙学说的荒谬。至唐末，外丹学派开始走向穷途末路，内丹学代之而兴，成为道教炼养中的显学，一批内丹大家纷纷崛起，如崔希范、钟离权、吕洞宾、施肩吾诸辈。一些内丹学著作也纷纷问世，埋没了 800 年之久的《周易参同契》，也由五代后蜀的彭晓作注而流行于世。

宋代诸帝亦颇为崇道，宋时内丹炼养热潮愈加波澜壮阔，其中关键人物是五代末宋初的道教学者陈抟和稍后的张伯端。他们的内丹学和道教哲学，皆源于唐末五代的钟吕之学，将内丹与禅学相结合，不干势利，高尚道德以励世风，为世人所景仰。陈抟相传得钟离权、吕洞宾丹法，著《指玄篇》和《太极图授受考》，奠定了“顺则生人，逆则成丹”的炼修原理和“炼精化气，炼气化神，炼神还虚”的修炼基本步骤，成了内丹学的骨架。陈抟还吸收佛教禅法，教人以观心之道，立五种空义，这是一种佛道结合的内丹哲学。张伯端作《悟真篇》，为道教内丹学经典之作。《悟真篇》以《阴符经》和《道德经》为祖经，吸取“三才相盗”和“虚心实腹”的观念，融摄儒学和禅学，形成独具特色的先命后性的丹道理论。宋代编辑了道教总集《大宋天宫宝藏》《崇宁道藏》《政和道藏》，张君房又辑要而成《云笈七签》，成为道教要籍。

三、道教分支

辽金元之世，道教形成确定的教团，出现正一教和全真教两大教派。正一教亦称为正一道、正一派。正一道前身是五斗米道，崇尚自然无为，可以不住道观在家修行，正一派以符箓为主，驱邪治病，在民间声望显著。元世祖封张道陵三十六代孙张宗演为嗣汉天师，主领江南道教。从此之后，历朝均对张天师有过册封，后形成以符箓为主的正一教派。至今为止，主要有天师、净明、清微、神霄等派别。

全真道亦称为全真教、全真派，是由王重阳于北宋末年建立的钟吕丹鼎道派。后王重阳的弟子丘处机世称长春真人，受到成吉思汗隆遇，赐号“神仙”，爵“大宗师”，掌管天下道教。全真道融摄佛儒，倡导三教归一。全真道是内丹派与禅宗、理学相结合的产物，它以三教圆通、识心见性、独全其真为宗旨；以清静无为，去情去欲，修心炼性，养气炼丹，以含耻忍辱为内修真功，以传道济世为外修之真行，功行双修，以期成仙证真，故谓之全真。

全真道兴于北方，在元朝传入江南，以武当山为活动中心。张伯端一系内丹派后学，此时纷纷合流于全真道门下，而成为全真南宗。现有龙门派、华山派、清静派、三丰派、金丹南宗等支派。

后因明代皇帝朱元璋偏好正一道，召正一道四十二世天师张正常入朝，之后又敕令天师掌天下道教事。其子张宇初，洪武十三年授大真人，领道教事。张宇初所偏好的是五代末宋初的道教学者陈抟和稍后的张伯端的思想，正一与全真两系的理论分歧逐渐消弥。而至此，道教的内丹理论也宣告完善，奠定了现代道教的基础。

第四节　基督教及其他外来宗教

外来宗教中，除佛教外，基督教与伊斯兰教是相对影响最大的宗教。在现在中国国民中，基督教与伊斯兰教的信徒数量也排在前列。本节将按照时间顺序依次对两大宗教进行简略介绍。

一、基督教

于唐代传入中国的基督教多为聂斯脱利派，又被世人称为“景教”。据《大秦景教流行中国碑》(见图 7-7)文载，景教于唐贞观九年(公元 635 年)由波斯传入中国，其译文用语多受佛教影响，教士称“大德”“僧”“僧首”等。高宗令各州置景寺，以阿罗本为镇国大法主。不少教士还担任了朝廷和军队的重要职务。唐武宗灭佛时，景教遭到废止。元代称“也里可温教”，又称十字教，有方济各会与聂斯脱利派。元世祖入主中原，基督教随之再度传入中国。世祖接见马可·波罗，托他致书教皇，请求派遣教士七百人来华传教[①]。元代朝廷设崇福司，专管该教事务。北京、杭州、西安、甘肃、宁夏、镇江、泉州等地都建有教堂。随着元朝的覆灭，基督教也就衰亡了。意大利耶稣会教士利玛窦开创基督教在华传教第三个时期。明末有信徒近四万人。清康熙时教徒增至十万余人。雍正以后，朝廷禁止传教。鸦片战争以后，西方国家取得内地传教权利，基督教有了迅猛的发展。由于该教的传布往往是与外国列强侵略中国的行为联系在一起，常引起中国人民的对抗情绪，从而发生了为数不少的“教案”，为基督教在中国的大规模传播造成了一定的影响。

图 7-7　《大秦景教流行中国碑》

① 出自《马可·波罗游记》。

二、伊斯兰教

伊斯兰教于唐时进入中国。一般史家把唐高宗永徽二年(公元 651 年)大食国派使者来长安朝贡，作为伊斯兰教传入标志[①]。中国与阿拉伯国家的交往，一是经由西域之陆路；二是经由海路，从东南沿海，经马六甲海峡、孟加拉湾、阿拉伯海，直至波斯湾。8 世纪中叶，日渐增多的阿拉伯商人集居于广州、泉州等地，不少人与汉人通婚，其后裔相聚而居，保持共同的伊斯兰教信仰，建有“蕃坊”的宗教组织和礼拜寺，伊斯兰教便逐渐在中国本土繁盛起来。

明末清初，我国伊斯兰教出现新的变化，一方面适应我国情况，出现许多支派，并在西北地区形成门宦制度；另一方面伊斯兰教学者的汉文译著活动大为活跃。比较重要的著作有王岱舆的《清真大学》《正教真诠》，马注的《清真指南》，刘智的《天方性理》等。清咸丰、同治年间，又有蓝煦的《天方正学》、马德新的《天方性命宗旨》等。这些作者都是受过儒家文化熏陶的回儒，他们认为“回儒经书，文字虽殊而道无不共，语言虽异而义无不同”。例如将伊斯兰的“真一”说与程朱的“太极”说加以融合；将儒家“格物致知”加以改造，使之为“认主独一”的教义服务；将儒家的“五伦”称为“五典”，使之隶属于“忠于真主”这一最高信条。这样，伊斯兰教就更深地扎根在中国这块土地上，伊斯兰教文化成为中华民族文化的有机组成部分。

【课后阅读】三教辩难

虽说俗语云“三教本一家”，但是三者之间的争斗却从未少过，直至清代，戴震在写《孟子字义疏证》的时候，依然习惯性地加一句“攻诸异端”，以排斥佛教。下面用两个故事来对儒佛弟子的这种既合作又互相攻击的态度作一番描述。

(1) 宗杲禅师《答吕舍人书》云：“心无所之，老鼠入牛角，便见倒断也。倒断即是悟处，心无所之是做工夫处。其做工夫只看话头便是，如‘狗子无佛性’‘锯解秤锤’‘柏树子’‘竹篦子’‘麻三斤’‘干屎橛’之类，皆所谓话头也。余于‘柏树子’话偶尝验过，是以知之然。向者一悟之后，佛家书但过目便迎刃而解。若吾圣贤之微词奥旨竟不能通，后来用工久之，始知其所以然者。盖佛氏以知觉为性，所以一悟便见得个虚空境界。证道歌所谓‘了了见，无一物，亦无人，亦无佛’是也。渠千言万语，只是说这个境界。悟者安有不省！若吾儒之所谓性，乃‘帝降之衷’，至精之理，细入于丝毫杪忽，无一非实，与彼虚空境界判然不同，所以决无顿悟之理。世有学禅而未至者，略见些光影便要将两家之说和合而为一，弥缝虽巧，败阙处不可胜言，弄得来儒不儒，佛不佛，心劳日拙，毕竟何益之有！”

(2) (蒙文通)相携余杭章先生游无锡，小住三数日，几于无所不论。一日谈次，先生论及孔佛优劣，谓：“孔子不过八地菩萨耳，未易与释迦齐量。”余请其所以，先生曰：“孔子不解阿赖耶识。”

---

① 对此学界尚无定论，另有“贞观二年说”“唐武德中说”等，因此具体来华时间尚需进一步探讨。

余举慈湖之言以问："慈湖谓：'目之出色，耳之出声，鼻之出香，舌之出味，心之出物。'因问慈湖解前六识否？"

先生曰："然。但宋时佛家书未尽亡佚，杨氏殆犹及见。"

余复举阳明事以问："弟子有问天地万物一体义者，阳明指道家冢曰：'此人既死，此人之天地万物安在？'阳明解第八识否？"

先生曰："然。"

余复举象山言："'宇宙即是吾心，吾心即是宇宙。'此是第八识否？"

先生曰："然。"

余曰："孟子言'万物皆备于我'，宜亦第八识也。"

先生慨然曰："孔子固解阿赖耶识也。"

余请益于先辈者多矣，毋固毋我，未有如余杭先生之可感者也。

【课后阅读】公案选编

(1)《无门关》

赵州因僧问："某甲乍入丛林，乞师指示。"

州云："吃粥了也未？"

僧云："吃粥了也。"

州云："洗钵盂去。其僧有省。"

(2)《五灯会元》

师问新到："曾到此间否？"

曰："曾到。"

师曰："吃茶去。"

又问僧，僧曰："不曾到。"

师曰："吃茶去。"

后院主问曰："为甚么曾到也云吃茶去，不曾到也云吃茶去？"

师召院主，主应诺，师曰："吃茶去。"

(3)《五灯会元》

问："万法归一，一归何所？"

师曰："老僧在青州作得一领布衫，重七斤。"

(4)《无门关》

赵州因僧问："如何是祖师西来意？"

州云："庭前柏树子。"

(5)《无门关》

僧问："狗子还有佛性也无？"

师云："无。"

问："上至诸佛，下至蝼蚁皆有佛性，狗子为什么却无？"

师云："为伊有业识在。"

本章思考题

1. 净土一门，自庐山慧远开始，一直都是中国佛教的一门显学。且自唐宋以后，净与禅成为整个中国佛教的二分天下。论说，中国人的思想是特别着重现实性的，净土是倾向在未来的理想世界，以中国文化的基本精神看来，它似乎不易在中国发展，然而它却普遍地在中国展开了。弥陀信仰，产生于印度，在印度却未成宗，但印度是一个富于理想性的民族，一理想性的民族何以弥陀信仰到了世亲以后，便不见怎样盛行，反在一个着重现实性的民族——中国，而特别盛行呢？

2. 佛教禅宗的理论特点是什么？

3. 比较佛教与伊斯兰教接受中原文化时的相同点与不同点。

4. 道家思想的源头有哪些？

5. 中国传统中对于宗教文化的态度大致有什么特点？

第八章

中国古代科技文化

科学是指人们关于自然现象和规律的知识体系，包括数学、物理、化学、天文、地理、生物学、农学、医学等学科。技术一般被理解为关于工具、物质产品以及它们被用来达到实用目的的方式的知识，分为纺织、建筑、机械、冶金、车船、兵器、陶瓷、造纸、印刷等方面。技术是人类有意识地认识与改造自然的活动，自人类打制石器始，人们的这种活动就已经展开了。技术往往比科学更为古老，通常情况下理解，技术是回答“怎样做”，科学则是回答“为什么”。

中国古代科技与古代世界各国科技文明相比较，在具体的科学发现和技术发明上，和它们有着许多相同、相通或相似之处。但是，由于时空的差异和各国社会、经济、文化背景的不同，古代中国科学技术在整体上又表现出自身的特点。

【推荐观赏】

纪录片《源·探索中国》，央视科教频道，2011 年。

在中国这块疆土上产生的古代科学技术，几千年来一直在延续地发展着，总的进程未曾中断，受到外来的影响不多，在这方面与其他国家的古代科技文明不甚相同。古代埃及、两河流域、古印度和古希腊，在奴隶社会都创造过辉煌的科技成就，但都在外族入侵或不明的原因下中断，未能在后来的封建社会中延续。古代阿拉伯则完全是在外来文化的基础上发展自己的科学技术。而古代中国的科学技术发端于本国的奴隶社会，进入封建社会后，虽时缓时速，但一直在继续发展，直至近代西方科学技术传入后才逐渐衰落。其延续发展的时间跨度之大，是世界上绝无仅有的。在相当长的时期里，中国古代科技一直居于世界前列，所取得的成就是多方面的，几乎遍及科技领域的各个分支。英国科学史家李约瑟指出：“中国在公元 3 世纪到 13 世纪之间保持一个西方所望尘莫及的科学和知识水平。”①

【新闻时事】

2016 年 7 月 14 日，中国科学院自然科学史研究所发布“中国古代重大科技发明创造”研究成果。自然科学史研究所突破“四大发明”说的局限，在全球视野下盘点中国古代重

① 〔英〕李约瑟. 中国科学技术史：第 1 卷[M]. 北京：科学出版社，1975.

要科技发明创造，最终推选出古代科学发现与创造、技术发明、工程成就共88项，并编写出版了《中国古代重要科技发明创造》一书及配套挂图以反映这一最新成果。

纵观古代科技发展史，中国不仅有享誉世界的四大发明，而且在天文、数学、中医、农学、地理、化学、建筑、冶金、纺织、机械、造船、航海、陶瓷等许多方面有过无数发现、创造和发明，为人类的文明进程做出了突出的贡献而举世赞叹。

第一节 天文、数学、中医药学

一、天文

中国古代的天文学十分发达，并且具有很高的成就，其普及程度也很广泛，古代的农夫村妇都懂得“七月流火”“三星在户”“月离于毕”“龙尾伏辰”的意思。

中国古代天文学起源很早，是从天象观测开始的。《周易》说：“观乎天文，以察时变。”殷商时代，据甲骨文记载，已经有了关于日食、月食的记录，并且出现了原始历法——阴阳历。春秋战国之际，二十八宿体系已经建立(见图8-1)。二十八宿是古人在观测日月星辰及五星运行时，沿天球黄、赤道带所划分的二十八个区域。二十八宿的建立为观测提供了一个较为准确的量度标志。对异常天象的观测，除了多次记录了日食、月食外，《春秋・文公十四年》中还有关于哈雷彗星的记载：“秋七月，有星勃入于北斗。”战国时魏人石申绘制了人类历史上第一张星象表。在中国历法中占有重要地位的二十四节气经过逐步的发展，到战国时已完备。它的建立不仅具有天文意义，而且还对古代农业生产有指导作用。

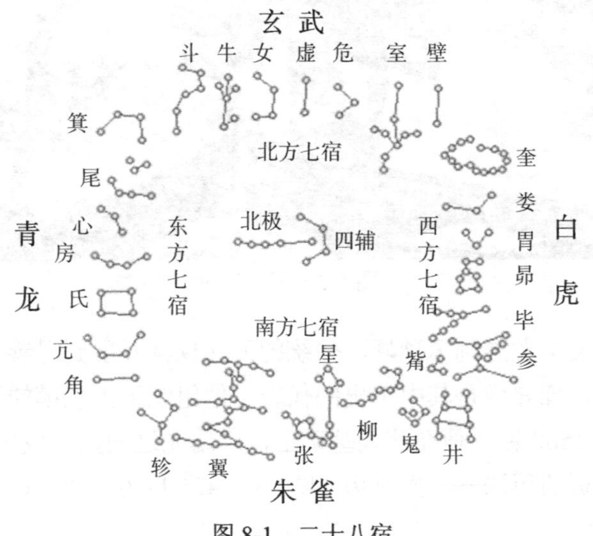

图8-1 二十八宿

秦汉时期对天象的观测更为精确，《汉书・五行志》记载：“河平元年三月乙未，日出黄，有黑气，大如钱，居日中央。”这是对太阳黑子出现的时间、位置、形状做了准确的记录。

随着天文学研究的深入，出现了系统的天文学理论。汉代主要有“论天三家”，即盖天说、浑天说和宣夜说。

在汉代出现了三统历，这是我国现存第一部完整的历法。东汉时刘洪经过多年研究，完成了乾象历，标志着古代历法体系趋于成熟。魏晋时期，东晋虞喜最早发现了岁差现象，即春分点(或冬至点)在恒星间的位置逐年西移。北齐张子信发现了太阳、五星运动的不均匀性。孙吴时葛衡制成了大于人体的空心圆形浑天仪，非常便于人们的观察。

在历法编制上，祖冲之把岁差应用于其中，其编制的大明历取一周年长度为365.24281481天，和近代科学测定的数值相差仅50余秒，同时改过去的19年7闰为391年144闰。

隋唐时期著名学者僧一行和其他人一起进行了人类历史上第一次对子午线长度的测定。他还创制了用于天体测量的仪器黄道游仪，又在张衡水运浑象的基础上，制成水运浑天仪(见图8-2)，其不仅能演示天体的运动，还具有报时功能。僧一行发现了恒星位置移动现象，比英国人哈雷提出恒星自行早了1000多年。在开元十五年(公元727年)，僧一行完成了大衍历初稿，其内容结构十分严密。

图8-2　浑天仪

宋元时代，古天文学发展到了顶峰，传统的天文仪器发展到尽善尽美的程度，还涌现出了许多著名的学者，郭守敬是其中杰出的代表。他组织了大规模的测地工作，编制的恒星表中恒星数量多达2500颗。他在前人基础上，运用先进的数学成果，在公元1280年完成了中国古代登峰造极的历法——授时历，以365.2425日为一年，这和当今通用的格里历数值是一样的。

明清之际，古天文学开始走向没落，随着西方科技的传播，开始和近代天文学知识相结合。

二、数学

数学，也称“算学”，在中国的起源可以追溯到原始社会的新石器时代的结绳记事。在世界古代数学中，古希腊欧几里德几何学的辉煌成就可以说是为人们所熟知。其实，中国古代的数学成就非常突出，中国先民大约在原始社会后期已经掌握了数的概念，并且在生活和生产之中采用了十进位制。在商代甲骨文和周代钟鼎文里，已见一、二、三、四、五、六、七、八、九、十、百、千、万这十三个记数，在《尚书》中也屡见亿、兆等数，这是最先进、最科学的记数法。李约瑟说：“如果没有这种十进位制，就不可能出现我们现在这个统一化的世界了。”①十进制计算法是中国人对世界文明的又一大贡献(见图 8-3)。

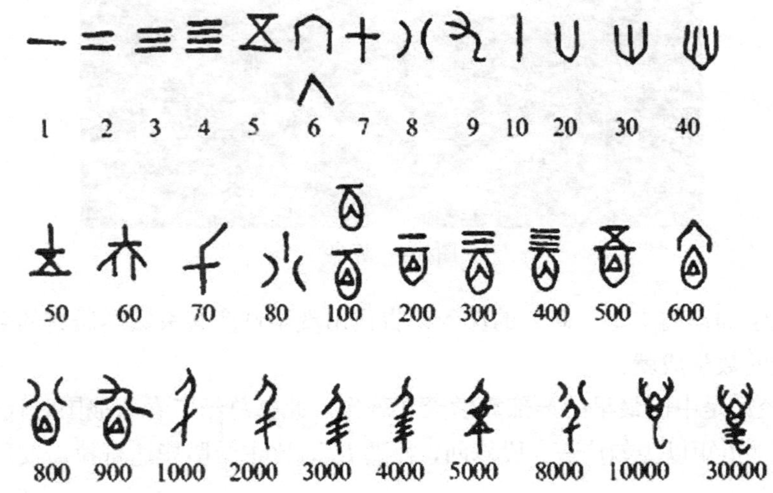

图 8-3　中国古代的计数法

殷商时已经有了四则运算，春秋战国时正整数乘法口诀“九九歌”已形成，从此“九九歌”成为普及数学知识的基础之一，一直延续至今。

三国时期，刘徽运用割圆术求圆周长度，他认为无限增加圆内接正多边形的边数，其周长则愈接近圆周长，“割之弥细，所失弥小”，他运用这种方法，求得圆周率 π=3927/1250。后来，祖冲之又将圆周率进一步精确到 3.1415926 至 3.1415927 之间，为了便于计算，祖冲之还求得了两个用分数表示的圆周率，即 355/113(密率)和 22/7(约率)。

隋代刘焯创立了等间距二次内插法；唐代僧一行创立了不等间距二次内插法；王孝通得到求解三次方程的方法；宋元时期得到关于高次方程组的求解法、一次同余式解法等。这些成果都处于当时的领先地位。

在计算工具方面，殷商时就发明了“算筹”，算筹是圆形小竹棍，后来又有了骨制、铁制的。以算筹表示数目，有纵、横两种形式，如“2”可表示为“=”或“//”。以算筹为

① 〔英〕李约瑟. 中国科学技术史. 第 1 卷[M]. 北京：科学出版社，1975.

工具进行的计算叫“筹算”，计算时纵式表示个位、百位……，横式表示十位、千位……，遇零则空一个位置。

算盘产生于唐宋时期，形状为长方形，四周有框，内有直柱，中横为梁(见图 8-4)。梁上二珠，每珠作数 5；梁下五珠，每珠作数 1。算盘一般为 9~15 档。运算时定位后拨珠计算。明清两代，算盘成为当时工商贸易中不可缺少的工具。算盘携带方便，运算准确迅速，在相当长的一段时期内发挥着巨大作用。

图 8-4　算盘

伴随着数学知识的丰富、研究的深入，古代出现了许多有关数学研究的著作，这些书籍记录了历代的数学成就。

《周髀算经》是中国最早的一部算学天文著作。此书总结了春秋战国时代的数学成就，其中的勾股术“折矩以为勾广三，股修四，径隅五”，比古希腊毕达哥拉斯发现勾股定理早了 500 多年。

《九章算术》约成书于公元 1 世纪中叶，对秦汉数学成就做了全面的反映。全书以问题集的形式，收录了 246 个应用题，共分为 9 章，即方田、粟米、衰分、少广、商功、均输、盈不足、方程和勾股。此书既注重理论，更注重实际问题的解决，这种思想对后代数学研究产生了重大影响。

《算经十书》是唐代国子监算学馆中规定的十部算学教科书，分别是《周髀算经》《九章算术》《海岛算经》《孙子算经》《张丘建算经》《五经算术》《五曹算经》《缉古算术》《夏侯阳算经》《缀术》。这十部著作保存了自先秦到唐代的宝贵的数学典籍，是研究古代数学发展的珍贵资料。宋元时出现了秦九韶的《数书九章》、李冶的《测圆海镜》、杨辉的《杨辉算法》等，这些著作记录了当时数学研究的成果，有些是当时最先进的。明清时期，随着商品经济的发展和算盘的广泛应用，出现了吴敬的商业数学著作《九章算法比类大全》和程大位的珠算著作《直指算法统宗》。

纵观中国古代数学的发展，可以看出，在《九章算术》的影响下，古代数学注重计算和实际问题的解决，轻视逻辑推理，所以古代数学算术发达而几何学不发达。

三、中医药学

在中国古代科学的各分支中，未被近现代科学所融汇且至今仍有顽强生命力的，唯有传统的中医药学。中医药学是一个伟大的宝库，在世界医学史上独树一帜，是中国传统文化中最珍贵的遗产之一。它建立在严密的理论体系之上，形成了一整套系统化的诊治经验和疗法体系，中国古代科学的其他分支与中医药学相比较，都不如它那么完整和完善。

春秋战国之际，著名医生扁鹊能在诊治中采用“望、闻、问、切”四法，形成了中医的传统方法。成语“病入膏肓”和“讳疾忌医”，都出自扁鹊治病的故事。此时也出现了医学著作《黄帝内经》(见图 8-5)。这是一部医学理论和临床实践相结合的巨著，书中强调整体观念，以人体为一个完整系统的整体诊治方法成为传统医学的指导思想，奠定了中医学的理论基础。

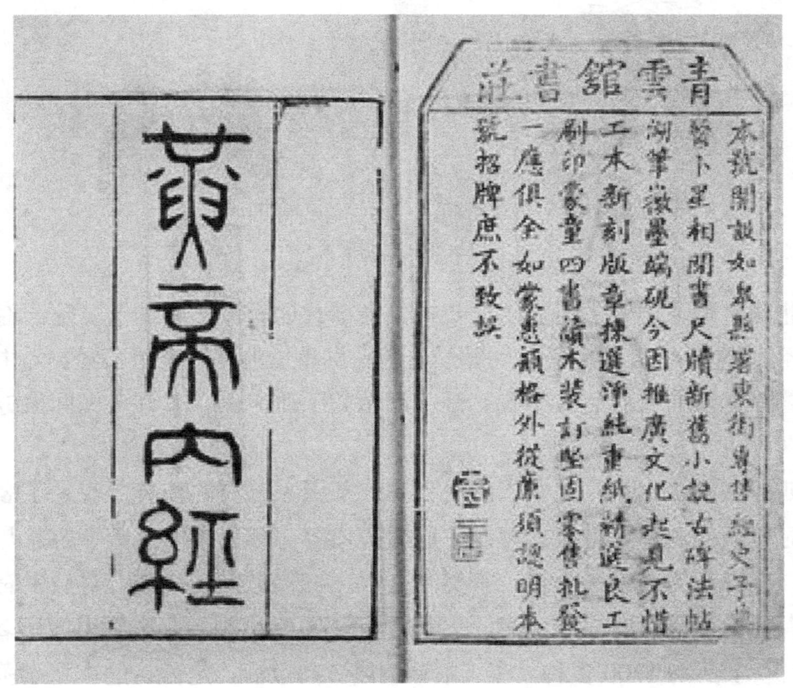

图 8-5 《黄帝内经》

秦汉时期的《神农本草经》是我国现存最早的医药学专著，收录了 365 种药物。东汉张仲景的《伤寒杂病论》用传统的四诊法，总结出了汗、吐、下、和、温、清、补、消八法。针对伤寒一类病症，他采用了“六经辨证”的方法。张仲景的医学思想和治疗方法为中医临床的辨证施治奠定了基础，后人称他为“医圣”。东汉末年华佗在进行外科手术时已经开始使用麻醉药物，他还提倡体育运动，首创了模仿五种动物动作的保健操——五禽戏(见图 8-6)。

图 8-6　五禽戏

魏晋南北朝时期，中医的研究主要集中于对前代的整理、总结上，这一时期出现了王叔和的《脉经》，这是中国现存最早的脉学专著。皇甫谧的《针灸甲乙经》是中国现存最早的针灸学专著。葛洪的《肘后救卒方》是一部急救手册，保存了许多民间偏方，有很强的实用性。

隋唐时期的《新修本草》是中国历史上第一部国家颁布的药典，收录了 844 种药物，详细记载了对中药的选择、炮制、熬制、服用等内容。孙思邈的《千金方》是一部临床实用百科全书，作者认为“人命至重，有贵千金”，此书载方 5300 个，对后世有很大影响，孙思邈被后人称为“药王”。宋元时期，药物学新著不断出现，北宋唐慎微所著的《经史证类备急本草》收录药物 1700 多种，在《本草纲目》问世前，是公认的本草学范本。这一时期出现了不同的医学流派，著名的“金元四大家”，即金代的刘完素、张从正、李杲和元代的朱震亨。这四家各有各的主张，对继承和发展中医学都做出了重要贡献。

明清时期，药物学巨著《本草纲目》(见图 8-7)问世了。此书由李时珍所著，共 52 卷，190 万字，收录了药物 1892 种，并附有 1109 幅图画。书中对药物的名称、性能、用途、制作过程有详细的说明，还纠正了前代的一些错误。在治疗传染病方面，明代出现了接种人痘以预防天花的方法。明末吴有性的《温疫论》首创温病学说，进一步丰富了中医药学体系。清代时温病学说形成完整的理论体系，其中有名的医家有叶天士、王士雄等人。

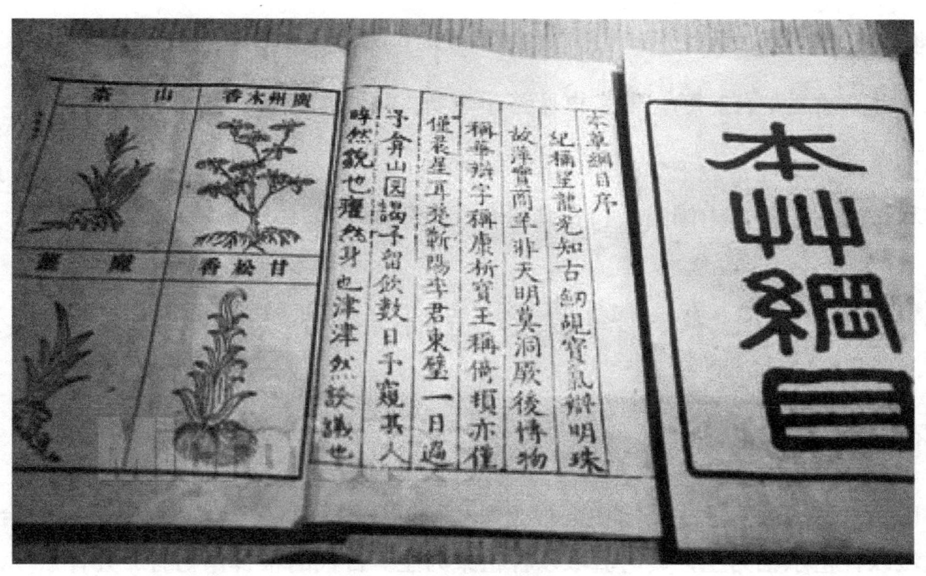

图 8-7　《本草纲目》

中医还有一套独特的针疗体系，针灸就是针法和灸法，即在病人身体某一部位用针刺或用火的温热烧烤，它在世界上是独一无二的疗法。早在新石器时代就已出现了砭石疗法，周代出现了针灸用针。魏晋时皇甫谧的《针灸甲乙经》是世界上最早的针灸学专著；隋唐时孙思邈曾绘制大型针灸挂图，明确地标出了人体十二经脉的位置。北宋王惟一修编了《铜人腧穴针灸图经》(见图 8-8)，还制成了模仿人体的针灸铜人供学习、练习针灸使用。明代杨继洲的《针灸大成》、徐凤的《针灸大全》、高武的《针灸聚英》，被称为明代“三大针灸巨著”。

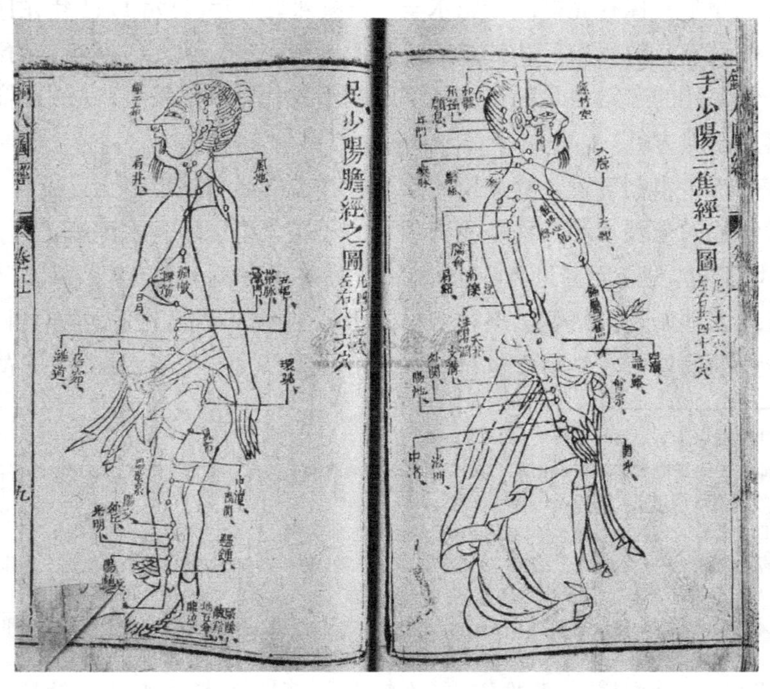

图 8-8　《铜人腧穴针灸图经》

【推荐观赏】

纪录片《中医》(12 集)，国家中医药管理局、中央电视台，2014 年。

中国中医药学绵延数千年，至今仍有顽强的生命力，并且影响越来越显著。到了近代，在西方科技的冲击下，中国古代科技几乎全部没落而唯有中医药学生命常在。

第二节　农学、陶瓷、造船、纺织、冶炼等技术

一、农学

中国有着悠久的农业生产历史，根据考古挖掘证实，七八千年前就已有了原始农业，长江流域以种植水稻为主，黄河流域以种植粟为主。古代的粮食作物有“五谷”“六谷”之称，其中主要是指稷、稻、麦、豆、黍等，后来又先后从国外引进了玉米、红薯等。

在长期的耕作实践中，古代农业形成了精耕细作的优良传统。春秋战国时就提出了“治田勤谨，则亩益三升”[①]。在此传统下历代对土壤施肥、耕作、田间管理等方面进行深入研究，如汉代推行的“代田法”[②]和“溲种法”[③]，以及宋元时提出的“地力常新”论等。

与农业发展紧密相连的，还有农业机具制造和水利工程的修建。中国古代农业机具制造技术是相当先进的，原始社会时出现了耒和锄。春秋时发明了灌溉提水工具辘轳，战国时出现了牛耕和铁制的犁。东汉时出现了相当先进的灌溉机具龙骨水车，图 8-9 所示的下川黄河水车是兰州唯一保存完好的一轮水车，是康熙五十年(公元 1711 年)由西固人刘功仿制民传所建。此后农具随着生产和技术的提高而不断完善，宋元时期农具的制造居于世界的领先地位。但封建的自给自足的小农经济限制了古代农具的发展，故中国近代农业机具的制造最终落后于西方。

中国古代有很多水利工程，其规模的宏大、收益的显著在世界上是首屈一指的。公元前 597 年前后修建的芍陂水利工程是我国最早的一座大型筑堤蓄水灌溉工程。建于公元前 3 世纪的都江堰工程[④]更是闻名世界(见图 8-10)。另外还有漳水十二渠、郑国渠等水利工程。秦汉以后，各地因地制宜，修建了多种多样的水利工程，对农业的发展起到了促进作用。

伴随着农业的发展，农学著作也日益丰富，其中以《齐民要术》[⑤]和《农政全书》[⑥]尤

---

① 出自《汉书·食货志》。

② 代田法，即在田间开沟作垄，沟垄相间，沟中播种，出苗后将垄上的土逐次推到沟里，培育植物根部，次年沟垄互易，这样以后“一岁之收，常过缦田亩一斛以上，善者倍之”。

③ 溲种法，即用骨汁、雪汁、蚕粪、羊粪、附子等混合物处理种子。

④ 都江堰，整个工程由“分水鱼嘴”“飞沙堰”“宝瓶口”三部分组成，具有防洪、灌概、航运三种作用，建成后川西南地区成为“水旱由人，不知饥饿”的“天府之国”(《史记·河渠志》)。

⑤ 《齐民要术》由北魏贾思勰所著，共 10 卷，着重介绍了农、林、牧、副、渔各项技术知识，有相当高的水平，书中一些关于农学和生物学的知识在世界上保持领先地位达 1000 多年。

⑥ 《农政全书》由明代徐光启所著，共 60 卷，包括农本、田制、水利、农器、农时、开垦、栽培、蚕桑、牧养、酿造及备荒救荒等多方面内容，同时又吸取了一些西方先进的农学知识，还提倡种植外来作物，打破了风土不宜说。

为重要。中国古代农学成就突出，但是传统农业局限于经验，少有创新，再加上小农经济的封闭性、地少人多等原因，最终落后于西方。

图 8-9 下川黄河水车

图 8-10 都江堰水利枢纽工程平面图

二、陶瓷

中国素有“瓷器之国”之称，商代采用高岭土作胎，经过 1200℃高温烧成青瓷，已具备了瓷器的特征，此后制瓷业不断发展。唐代越窑以生产青瓷闻名全国，其胎体为灰色，釉色呈青黄，光洁晶莹；邢窑以烧制白瓷而著称；唐三彩则更是世界闻名的多色釉陶器

(见图 8-11)。宋代制瓷业趋于完善，出现了著名的五大窑，即官窑、钧窑、哥窑、定窑、汝窑，所烧瓷器均为上品，如哥窑所烧的“百圾碎”。明清两代，江南景德镇成为全国制瓷中心。古代陶器的制造起源很早，新石器时代已出现了彩陶、黑陶，此后由于瓷器的迅速发展而不受重视，唯有江苏宜兴以生产紫砂壶而闻名，享有“世间茶具称为首”的美誉，深受中外人士的喜爱。

图 8-11 唐三彩

【知识小贴士】

唐三彩的造型主要是马、骆驼、人物。在古代主要用作陪葬冥器，有俑像类和生活器皿类。俑像类主要有人物俑和动物俑。人物俑题材广泛，主要有妇女、文吏俑、武士俑与天王俑等。俑神形兼备，以其题材刻画出其不同的性格和特征。胡人、乐舞、杂技俑则从另一个侧面表现出唐人生活的多样化、丰富化，再现了大唐盛世时中原与边疆各族人民友好相处、中外频繁交往的情景。

三、造船

在造船方面，新石器时代已出现了筏子，古人称为“桴”，稍后又出现了独木舟。秦汉以后，中国的造船业逐渐发展壮大，其中尤以秦汉、宋元和明几个时期发展更为迅猛。秦汉时期出现了各种类型的船只，造船技术已很高，如汉代所造的楼船，甲板上达三层，用途非常广泛。宋元时期造船业走向了繁荣，当时无论是在造船技术还是在船只数量上，都居于世界前列，尤其是当时海船的制造，以泉州所造的海船最为有名，体积庞大，负载量多。图 8-12 所示为 1974 年福建泉州的宋代古船发掘出土现场。明代造船业达到了顶峰，当时规模较大的造船工厂有江苏龙江、南清江、山东北清河等。明代郑和曾七次下西洋，最远到达了非洲东海岸，所乘船只称为“宝船”，船身长 150 余米，宽 11 米，杆长 11.07 米，有帆 12 张，排水量达万余吨，郑和下西洋时规模之大，船只质量之高，是其他国家无法相比的。明后期，尤其是清代，朝廷闭关锁国，多次颁布禁海令，使造船业受到很大冲击，逐步走向了没落。

图 8-12　1974 年福建泉州的宋代古船发掘出土现场

四、纺织

纺织在中国出现较早，原始社会已出现了纺织机具。中国纺织业以丝织和棉织最负盛名。古代中国被西方称为“丝绸国”。丝织业在中国非常发达，长沙马王堆汉墓出土了素色纱制襌衣(见图 8-13)，衣长 128 厘米，重量却只有 49 克，足见纺织技术的高超。汉代丝织品品种丰富，有绵、绫、绮、罗、纱、绢、缣、缟、纨等不同品种。张骞出使西域后，中国丝绸走向了世界，令世人惊叹。此后中国丝织业在历代都得以发展，工艺不断提高，品种日趋丰富。如唐人的“纬锦”，采用纬线起花，用二层或三层经线变纬织法，富丽华贵。清代在江宁(今南京)、苏州、杭州三地建立织造衙门，为“江南三织造”。在纺织机械方面，原始社会时有纺缚；西汉时手摇纺车开始定型，提花机也初具规模；宋代出现水转大纺车；元代黄道婆改进旧的纺车提高了效率(见图 8-14)；宋元时的纺织机已发展为多锭，而在欧洲，直到 14 世纪纺车还只是一个锭的。

图 8-13　1972 年湖南长沙马王堆 1 号汉墓出土的素纱禅衣

图 8-14　元代黄道婆改进后的纺车

五、冶炼技术

中国古代冶炼技术在殷商时开始起步，殷商时期掌握了据火焰颜色辨别青铜纯度的方法，而且青铜铸造技术非常发达，如后母戊大方鼎重约 875 公斤(见图 8-15)。古代炼铜的方法主要是胆铜法。春秋战国时已经掌握了生铁冶铸技术，此后又出现了炼钢。古代炼钢主要采用“百炼钢”法。魏晋南北朝时又有灌钢技术，这是当时最先进的炼钢技术。

图 8-15　后母戊大方鼎

在古代冶炼技术中，铸造技术占有重要的地位。古代铸造主要有泥范铸造、铁范铸造和熔模铸造，其中熔模铸造法是最精密的。这种方法是用调好的油蜡制模，然后在外部敷以泥料制型，加热后化去蜡模，入窑烧制后趁热浇铸。与冶炼工艺相结合的冶炼工具设备亦不断提高，如冶炼炉、鼓风设备等。春秋时中国已用竖炉炼铜，以高炉冶铁。东汉时出现了利用水力鼓风的“水排”，宋明时采用活门式木风扇和活塞式木风箱，这些设备在当时都处于世界的前列。

【推荐观赏】

纪录片《青铜王朝》(10 集)，央视纪录频道，2012 年。

第三节　中国古代四大发明

“四大发明”是中国古代伟大创造力的突出表现，它改变了世界文明的进程，影响深远。

一、火药

古代火药的主要原料是硝石、硫黄和木炭。从认识火药的原料和特性到逐步掌握火药的制造，经历了一个很长的过程，这期间，古代的炼丹家起到了非常大的作用。炼丹家在炼丹过程中发明了许多控制硝石、硫黄、木炭这些混合物的方法——“伏火法”，唐代孙思邈的《丹经》中就记录了这种方法。到唐代，中国人已掌握了火药的制造技术。北宋时火药开始应用于军事，出现了火药武器(见图 8-16 和图 8-17)。公元 1044 年曾公亮编《武经总要》一书，书中所载的火药配方和后世的黑火药的配方已相当接近。此后又出现了铜或铁制的筒式火炮等。火药用于军事上，是武器发展史上的一次革命，揭开了古代兵器史的新篇章。公元 1225 年到公元 1248 年间，中国的火药制造技术经过印度传入阿拉伯国家，此后又传入欧洲，英法等国到 14 世纪中期才逐渐掌握了火药的制造技术。火药被美国宇航局 2007 年评选为史上十佳武器①。

图 8-16　中国士兵发射火箭

图 8-17　明代《武备志》记载多级火箭“火龙出水”

二、造纸术

西汉之际已经出现了麻纤维纸，在中国的西安灞桥、甘肃居延等地考古挖掘中都陆续

① 美国宇航局 2007 年评选史上十佳武器之一的“火药”简介：“火药，作为中国古代四大发明之一，早在 1000 多年前便在那片古老的大地上研制成功，但直到 1232 年开封之役，火药才真正发挥了威力。”

发现了这种纸张。

东汉时蔡伦在前代造纸的基础上，和工匠们共同努力，“用树肤、麻头及敝布、鱼网以为纸”[①]。汉和帝元兴元年(公元 105 年)，蔡伦制成了质地坚韧、造价便宜的纸张，同时造纸工艺比西汉时更为成熟(见图 8-18)。自此以后，纸张开始取代了竹帛。中国的造纸业在历代都有所改进和发展。西晋时以藤和竹子为原料生产藤纸和竹纸；唐宋时宣州府径县所产的以树皮为原料的宣纸洁白细密，吸水力强，深受文人墨客的喜爱；清代宣纸的生产有了很大的提高，所产宣纸久折不断，有“纸寿千年”的称誉。中国的造纸术大约在公元 7 世纪传到越南、朝鲜、日本，公元 751 年传入阿拉伯国家，以后渐渐传到世界各地。

图 8-18　汉代造纸工艺流程图

三、印刷术

中国古代的印刷术经历了雕版印刷和活字印刷两个阶段。

雕版印刷(见图 8-19)产生于隋唐之际，刻版采用优质、细密的木材，上面出阳文反字，然后涂以墨汁复印纸上。这种方法优于手抄百倍，但是雕版印刷也存在着不足，刻版需要很长的时间，存放刻版又要占据大量空间，如果一部书不再重印的话，刻版便成了废物。

活字印刷(见图 8-20)的出现弥补了雕版印刷的不足。活字印刷是在北宋庆历年间由平民毕昇发明的。据《梦溪笔谈》记载，毕昇以胶泥刻字，一字一枚，火烧使之坚硬，存于木格之中。印刷时，以一铁板，上面敷以松脂、腊、纸灰等物，用铁框框住，然后照书稿将一个个活字检排于铁框之中，放置火上加热，待铁板上的混合物稍熔，以平板压平、冷却后便可印刷。这种方法省时、省料，把印刷术推进到了一个新的阶段。元代王桢又在泥活字的基础上制成木活字，并发明了“转轮排字架”，采用“以字就人”的方法，提高了效

① 出自《后汉书•蔡伦传》。

率，减轻了劳动强度。此后又陆续出现了锡活字、铜活字、铅活字等金属活字。古代的印刷术大约于公元 8 世纪传入朝鲜，后来又传入日本等地，经丝绸之路传入伊朗、阿拉伯国家，后传入欧洲。

图 8-19　雕版印刷

图 8-20　活字印刷

四、指南针

中国人很早就发现了磁铁的指极性。《韩非子·有度》中有“先王立司南以端朝夕”的文字，司南就是指向的仪器。它以磁石为原料，状如勺子，圆底，置于平滑的刻有方位的盘上，其勺柄所指即南方。后来，人们又发现沿一个方向多次摩擦钢针等物，也会使其具有指南性，开始掌握人工磁化的方法，于是出现了指南针。根据史料记载，指南针大约出现于公元 11 世纪以前。沈括《梦溪笔谈》中记载了四种不同装置指南针的方法，即水浮法、缕悬法、指爪法和碗唇法。明嘉靖年间，旱罗盘(见图 8-21)开始取代了水罗盘，克服了水罗盘游荡不定的缺陷，更适于航海。中国的指南针大约于公元 12 世纪传入阿拉伯国家和欧洲。作为一种指向仪器，指南针在航海事业上起到了重要作用，促进了各国的文化、经济交往。

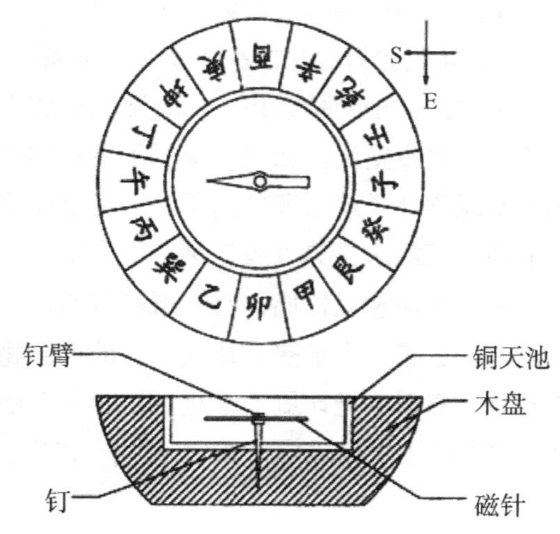

图 8-21　南宋旱罗盘复原图(潘吉星复原，2001)

中国的四大发明对世界文明做出了突出贡献，尤其对欧洲的影响更为显著。可以说，四大发明为欧洲文艺复兴提供了物质、技术上的准备。正如马克思所指出的："火药、指南针、印刷术——这是预告资产阶级社会到来的三大发明。火药把骑士阶层炸得粉碎，指南针打开了世界市场并建立了殖民地，而印刷术则变成新教的工具，总的来说，变成科学复兴的手段，变成对精神发展创造必要前提的最强大的杠杆。"①

英国哲学家培根亦说，印刷术、火药和指南针"这三种发明已经在世界范围内把事物的全部面貌和情况都改变了：第一种是在学术方面，第二种是在战事方面，第三种是在航行方面，并由此又引起难以数计的变化来，以至任何帝国、任何教派、任何星辰对人类事务的力量和影响都仿佛无过于这些机械性的发明"②。从这些评价中，可以看出四大发明对人类的突出贡献，这是中华民族的骄傲。但四大发明在中国本国却未能实现应有的社会价值。鲁迅说，指南针和火药"应用在枪炮和航海上，给本师吃了许多亏"③。这种现象令人深思。

【推荐观赏】

纪录片《宣纸》，天津卫视，2011 年。

第四节　中国古代科技与古代哲学思想

从古代的天文、医学、数学、农学等学科的发展上看，中国古代科技的研究发展受到了古代传统哲学诸如"天人合一""阴阳""五行"等哲学思想的深远影响，并由此而形成了具有自身特色的整体观和方法论。

"天人合一"是古代哲学思想中关于天人关系的一个基本观念，它强调天道和人道、自然和人为的关系是相通、相类和统一的。在不同的发展时期，形成了"天人合一"的不同学说。孟子认为人和天是相通的，人的善性是天赋的，认识了自我的善，便能认识天；庄子则强调人和自然的一致性，强调人应顺应自然，"乘天地之正，而御六气之辩，以游无穷"；董仲舒则强调社会政治内容及其神秘性。这些观点虽然有区别，但都夸大了人和自然的一致性而忽视了它们的区别和对立，即老子所说的"人法地，地法天，天法道，道法自然"，力图探寻人和自然的相互沟通融合之处，以求得人和自然的和谐一致。"天人合一"的思想强调人和自然的统一而忽视其对立，影响到传统的思维方式，使传统的思维方式不注意区别主观与客观、我与非我，而强调整体。以人和自然为一个和谐的整体，亦即庄子所说的"天地与我并生，而万物与我为一"。中国古代科技中数学、天文学、中医学思想十分发达，但就思维方式而言，都被置于"天人合一"的思想框架之中。例如中医学根据"天

① 马克思，恩格斯. 马克思恩格斯全集(第 47 卷)[M]. 北京：人民出版社，1979.

② 〔英〕培根. 新工具[M]. 上海：商务印书馆，1984.

③ 鲁迅. 鲁迅全集(第 7 卷)[M]. 北京：人民文学出版社，1981.

人合一”思想提出了“天气下降，地气上升”，而人体则是“心火下降，肾水蒸腾”，同时十分强调整体，主张从整体角度(包括对人体整体以及人生存环境的考察)去治疗病症。

古代思想家用阴阳解释自然界两种对立和相互消长的物质势力这个概念。战国末期，它和天人感应相结合，更广泛地应用在自然现象、具体事物等方面，并且有了神秘色彩。“五行”旧指水、木、金、火、土，战国时流行“五行相生相胜”之说，“相生”即相互促进，“相胜”即相互排斥。中国古代科技在一定程度上是在阴阳五行学说的滋养和庇护下成长起来的，各学科都与此说有密切联系。中医学以阴阳五行学说说明人体器官和心态，将肝、心、脾、肺、肾人体五大器官，同怒、喜、哀、愁、惊五种情绪，以及酸、苦、甜、辛、咸五种味道，连同木、火、土、金、水对应起来，用以论述病因，并以此来实施治疗。

中国古代科技在“天人合一”“阴阳”“五行”等哲学理论的基础上发展，以这些笼统的、普遍化的思想解释自然现象，缺乏纯粹的思辨传统，在宇宙本体方面，缺少关于成因以及事物内在运动规律的探讨，从而使古代科学在方法论上重实用、重经验，而轻理论、轻创新。注重现实的实践功用，是中国古代科学技术最大的特色之一。任何一门科学技术都必有其实用的价值，但是古代中国人对其实用价值的重视，远远超过了对理论的重视程度。古代天文学非常重视对日月五星的观测，以及对大地的测量，但却没有关于观察的系统理论产生。反观西方，诸如英国培根等科学家对观察做出了理论性的总结，对科学方法论做出了很大的贡献。

在实用的价值取向之下，政府对涉及国计民生的学科都非常重视，设有专门的机构管理。“中国历史上较为发达的科学领域和技术部门，大都带有官营的印记，与国家的治理息息相关。”[①]实用的价值取向使人们注重的是科学技术的现实功用，而并不注重探寻事理或成因。中国古代天文学十分发达，但基本上是为历法服务的。而古代数学的发展更能说明这个道理，从《九章算术》开始，历代的数学著作多是一些对现实问题的解决，诸如如何计算分配物资或计算各地的赋税和分派工役等，而没有很好地加以抽象、提高，理论化的程度远远不够。

注重实用导致古代科技出现了重技术而轻科学的倾向。古代科技的成熟主要是在技术方面而非科学方面，如我们引为自豪的“四大发明”就是技术，而科学理论方面我们却很少有与此相匹配的成就。

中国古代科技注重于经验的总结而少有创新，古人重视经验远远胜于理性分析。中国传统思想中以儒学为主，历代读书人要达到入仕目的，必须熟读儒学经典，养成了崇尚经典的作风。先秦时从墨子的“三表法”，到孔子所讲的“述而不作”，崇尚经典之风蔓延于学术思想之中，影响到科学领域。各学科都树立经典，数学以《九章算术》为经典，医学以《黄帝内经》为经典。后人的研究更多的是对前代经典的注疏、继承，在此基础上再补充、创新。“一代一代将经验如火炬般传递下去，构成了中国古代科学技术发展史的主要脉络。墨学中的‘三表法’、韩非的‘参验’等，虽然直接表明中国古代哲学认识方法论中的

① 阴法鲁，许树安. 中国古代文化史(第3卷)[M]. 北京：北京大学出版社，1996.

直理取向，但间接地代表着和引领中国古代科学技术的行指宿归。”①

第五节 中国科技在近代发展的迟滞

中国古代在科技方面有过骄人的成就，在众多的领域里都位居世界前列，为人类文明做出了突出贡献。但是到了明代中期以后，情况就发生了变化，科技发展每况愈下，变得缓慢迟滞，最终在近代被西方超过，并远远落后于世界。对于造成这种局面的原因，许多人做过多方面的探索。中国科技在近代发展迟滞，既有文化传统的原因，同时又有社会制度的原因，还有西方列强侵略的原因。

中国传统思想以儒学为主，尤其是汉代推行“罢黜百家，独尊儒术”的政策之后，儒学经过历代统治阶级的提倡，成为中国社会的正统思想观念。儒家思想从孔子开始就非常注重伦理道德，而忽视(或轻视)对自然的研究。孔子的弟子子夏说：“虽小道，必有可观者焉，致远恐泥，是以君子不为也。”②意思是说研究自然是小技艺，虽有可取之处，但恐怕它妨碍了远大事业，所以君子不去从事这方面的研究。而荀子讲得更为明确：“万物之怪书不说，无用之辩，不急之察，弃而不治；若夫君臣之义、父子之亲、夫妇之别，则日切磋而不舍也。”③一切以伦理道德为重，研究自然则是雕虫小技，旁门左道，是“无用之辩，不急之察”。儒学这种不重视自然的研究、不重视实际的观测和精密的分析的倾向，影响和阻挡了科学思想的进一步发展，科学技术难以实现质的飞跃，尤其是到了封建社会后期，儒学成为统治阶级禁锢人们思想的工具，严重束缚了人们的创造力、想象力的发挥，成为阻碍中国科技发展的绊脚石。

中国传统文化中缺乏理性精神。古代科技固然成绩突出，“但这些成果在技术方面停滞于农业和手工业的经验工艺的水平上，在理论上始终贯穿着天人合一的思想，以变幻莫测的道、气等概念来建构学术体系，如阴阳概念至今仍是中医的医理基本用语，许多著作如《抱朴子》《梦溪笔谈》《本草纲目》中混有大量的荒诞不经的反科学的成分……”④理性精神的匮乏使人们极少对自然进行研究，或研究层次非常低，基本上没有超出经验的层次，没有升华到系统的理论体系，故而有人指出，中国古代科技是“技术”发达而“科学”落后。科学是关于自然现象和规律的知识体系，技术则是有关工具、物质产品以及它们被用来达到实用目的方式的知识，这二者是不同的概念。古代科技在实用性基础上混淆了这二者的区别，正如他人所说的，领先于世界的四大发明，用现代的观念看，只是技术的发明，而对科学体系的建立贡献是不大的。再如古代数学受到《九章算术》的影响，以解决社会实际问题为主要目的，而少有逻辑推理，所以古代数学算术发达，而几何证明落后。

① 王立新. 中国传统文化概论[M]. 北京：北京广播学院出版社，1994.

② 出自《论语·子张》。

③ 出自《荀子·天论》。

④ 李世闻. 理性精神：李约瑟问题的钥匙[J]. 新华文摘，1997(4).

近代以后，伴随着西方近代科学技术的传播，人们开始注意到这个问题，并有意识地对科技进行区分，如严复在《原富》中提出："学者考自然之理，立必然之例。术者据已知之理，求可成之功。学主知，术主行。"

中国传统文化具有很强的封闭性，形成这一特点的原因是多方面的，有地理的原因，也有文化自身的原因。再加上古代文化成就显著，后人在祖先耀人成就的光环下，很容易熏陶出"唯我独尊"的心态。封闭性的传统和"唯我独尊"的心态结合一起，使近代中国在和西方科学技术相接触的过程中，对之顽强地抵制、排斥。清代在西方列强的坚船利炮下被迫打开国门，被动地接受近代科技，但也只限于"技"，要"师夷长技以制夷"，修建工厂，引进西方先进的工业，而对科学思想却是排斥的，骨子里仍顽固地坚持儒学的思想。用张之洞的话说就是："中学为内学，西学为外学，中学治身心，西学应世事，不必尽索之于经文，而必无悖于经义。"①

从文化传统上看，还有传统思维方式的原因。张岱年认为中国传统的思维方式强调整体，推崇直觉，他说："由于重视整体思维，因而缺乏对事物的分析研究，由于推崇直觉，因而特别忽视缜密论证的重要。中国传统中，没有创造出亚里士多德的形式逻辑的严密体系；到了近古时代，也没有出现西方 16、17 世纪盛行的形而上学思维方式，更没有伽利略所开创的实证科学方法，应该承认，这是中国传统思维方法的重大缺陷。"张岱年又明确指出："中国古代的科学比起西方近代科学来还是相形见绌的。"②

从社会制度上来看，中国有长达两千余年的封建制度，在其漫长的发展道路上，建立起了以宗法、等级制度为形式，以儒学为意识形态的专制的封建统治体系。这种专制的封建制度严重妨碍了古代科技向近代科学技术的转化，尤其是限制了知识分子创造力的发挥。中国古代的知识分子一生不外乎两种出路：入仕或不得已隐居山林。而在封建专制制度之下，辅佐朝廷治理国家被看作"正途"，是天经地义的，从孔子便开始强调要"修身齐家治国平天下"，要"学而优则仕"，这种价值取向支配了封建士人两千余年。到了封建社会后期，封建制度已经僵化，而统治者更是以三纲五常欺骗、麻痹民众。如明清两代的科举考试，明确规定题目只能从朱熹《四书章句集注》中选出，作八股文也只能以此为标准，即所谓的"代圣人立言"，士人不能有丝毫的发挥。这种取士制度成了扼杀人才的精神武器，造就了一批思想畸形的士人，正如顾炎武所说："八股之害，等于焚书，而败坏人才，有甚于咸阳之郊，所坑者，岂四百六十余人也。"③

所以，古代的知识分子在封建制度下，一生皓首穷经，把毕生精力用于对儒学经典的注疏、研读之中，把科技视为雕虫小技而不屑花费大量的时间和精力。即便去研究，也是本着治理国家这一实用目的。"知识分子从治理国家政务的实用目的出发，进行科学技术工作的结果，一方面给中国历史上的科学技术带来了动力……另一方面也给中国历史上的科学技术带来了局限，特别是缺乏对自然界进行理性探索的精神，致使未能形成专门性的科

① 出自张之洞《劝学》。

② 张岱年. 试谈价值观与思维方式的变革[J]. 现代化，1986(10).

③ 出自顾炎武《日知录》。

学理论，而只能停留在经验性的认识阶段。”①

就社会制度而言，中国两千余年的封建制度滋养了自给自足的小农经济，家庭本位的生活方式，并养成了诸如因循守旧、不重效率、缺乏冒险精神等习惯。这些因素都不利于科学技术的发展和提高。

中国古代以农业立国，传统农业在战国时期随着制度的改革以及工具、技术的改进，生产效率得以迅猛提高，过去“大田”的集体耕作形式逐渐被小亩的个体耕作形式所取代，农业经济分解为小农分散经营的个体经济。土地成为个人的私有财产，农民被局限在有限的土地上。而一家一户的生产单位同时又成为基本的消费单位，土地上的收获多是自产自销，在种植粮食的同时又自己生产各类手工业制品，男耕女织成为古代传统农业家庭的基本形式，进而逐步形成了自给自足的小农经济。

自给自足的小农经济有很强的封闭性，对外部世界的需求甚少，满足于吃饱穿暖的水平，使人们养成了因循守旧的保守心理，使古代科学技术的发展丧失了内在动力。

中国古代把农业作为国家的根本，以农为本，重农轻商，这种思想在先秦时代就已经展露。韩非子指出：“其商工之民，修治苦窳之器，聚弗靡之财，蓄积待时而侔农夫之利”，这种思想成为后代抑制工商业发展的理由。商品经济的不发达，是中国古代社会的基本特征之一。商品生产受到抑制，财富不再用于发展生产、提高生产效率，而转向土地的买卖，有钱的人大量兼并土地，普通农民丧失了土地，失去了生存的基础，使社会矛盾日趋激化，再加上小农经济使个体的、散漫的农民在自然灾害的威胁之下束手无策，故而古代社会形成了具有周期性的经济波动。经济的波动、社会的动乱无疑使古代科技的发展受到了沉重的打击。

历代统治阶级重农轻商的政策中，一个重要的措施就是实行官营，把一些利润高、关系到国民生计的产业垄断于官府，如汉代实施的盐、铁官营。官营企业中的封建制度以及不懂技术的昏官滥用职权、任人唯亲，严重地扼杀了科技人员的创造精神。

本章思考题

1. 谈谈为什么英国的李约瑟博士称中国为“发明的国度”。
2. 简述中国古代的四大发明对人类文明的独特贡献。
3. 简述你对中医的印象与评价。
4. 简论中国古代科技的当代意义。

---

① 阴法鲁. 中国古代文化史(第3卷)[M]. 北京：北京大学出版社，1996.

第九章

中国传统文化的对外交流

在中国传统文化漫长的发展过程中，对外文化交流不仅是无法避免的历史过程，也是中国传统文化多样性的重要成因。中国传统文化与外域文化的顺利交流，既扩大了中华文明的世界影响力，也是华夏文明璀璨长青的重要动因。本章从一般的文化交流理论开始，按照历史线索，从官方和民间两个层面介绍中国传统文化的对外交流情况。

第一节　中外文化交流概述

文化交流是指两种以上的异源文化在相互接触过程中发生相互渗透、融合的现象。中国传统文化的对外交流是中国传统文化体系与其他地区或族别的文化相互渗透，导致文化元素发生交换和演变的过程。要理解这一过程首先需要简单了解文化交流的基本规律。

一、中外文化交流的条件

文化交流的前提首先要有两种不同类型的文化。文化源起的地域、创造者、传承者会赋予文化相应的地域、族群和时代特征。随着社会、历史的发展，文化会衍生出凝聚性的核心要素，如文字、民族、城邦等，而形成不同的文明。文化围绕文明中心自我演化，最终会催生出不同的文化类型。本节提及的文化类型主要是指有独特的文明核心的地理单元，古代形成的四大文明就是这种文化类型概念的典型代表。

【知识小贴士】

四大文明古国是目前全世界认可度较高的人类文明的发源地。它们分别是指古巴比伦(西亚)、古埃及(北非)、古印度(南亚)和中国(东亚)。四大文明虽然发源和存续时间不一，但不同的区域特征和深远的文化影响是其倍受关注的主要原因。

文化交流还要使不同类型的文化有较大范围和长时间的接触。各大文明出现后，以制度化的方式促进着区域文化的传播和发展，生产力、交通工具和经济交换需求的发展成为促进文化播衍的持续动力，也扩大了不同文化的空间影响力，这样就可能在地理空间上导致两种不同文化发生连接，进而发生有目的的接触。

把中国传统文化的发展过程置于世界其他文明的发展潮流中可以看到，随着文字的形成和政治制度的确立，中华文化经历夏商周三代的稳定发展逐渐成为一个具有稳定形态和统一内涵的文化体系，秦汉之后中华帝国的文化对周边小国产生了强烈的感染力，而形成了中华文化在东亚地区的第一次对外传播。而在相当时期，地中海周边同时形成了成熟的希腊、古罗马文明(大秦帝国)，唐代以后两种文明在贸易需求的拉动下开始了早期接触。而这种接触还沟通了位于两地之间的其他地域性文明，证明了文明的形成推动了早期中华文化的对外交流。

二、中外文化交流的过程

决定文化交流的因素分为客观和主观两个方面。先来介绍两个客观因素：文化交流的方式和文化交流发生的规律。从文化交流的历史来看，文化接触的方式是多元化的，主要有使节派驻、贸易往来、跨境移民、留学行为、宗教传播、战争与掠夺等。不同的方式会造成文化主体双方不同的地位，贸易往来(个人贸易)、跨境移民以及留学行为等都是非官方和非制度化文化接触方式，最有可能在文化主体之间建立起平等的文化交流联系。而使节派驻、朝贡贸易、宗教传播以及战争导致的文化接触则常常是在双方主体存在文化势差[①]的情况下开展的，甚至是强制性，无法形成平等的文化交流关系，很可能出现文化单方面传播。

由此可见，文化交流有其自身的规律。第一，文化的接触都会产生文化渗透现象。在文化势差的条件下，渗透的方向会由经济、政治较发达的主体向不发达主体渗透，这种现象一般称为文化传播。而在平等的文化主体之间，文化交流则是双向的，称为文化交流。第二，文化渗透主要经历从器物到制度，最后达到心理的过程。在有文化势差的条件下，文化传播往往带有强制性，通常会造成器物，甚至是制度层面的大范围变化，但很难对文化主体的心理造成影响。如在东汉佛教传入之初，其在制度上的强制原则曾引起中国的上层政权和下层民众的反感；中国近代史上西方侵略者的暴力手段更没有促成文化的深层交流而是带来了强烈的排斥。而在平等的文化交流中，器物、制度和心理三个层面的文化传播较易形成，如中国历史上长期的陆路和海上跨境贸易(“丝绸之路”和“海上丝绸之路”)持续不断地改变着贸易双方的服饰、饮食和其他风俗习惯。第三，从器物到心理的交流过程中，一种文化要对另一种文化发生影响，前者必须适应后者的需要，这一微观过程遵循“调和—冲突—调和”的发展原则。国学大师汤用彤认为，印度佛教与中国传统文化的接触过程最为典型地体现了这一过程。佛教初传时，人们只是粗浅地认同其若干教义，随后人们发现了印度佛教的虚空哲学和中国儒家伦理诸观念的矛盾，而冲突不断；直到人们对佛

① 这里借用任继愈提出的“文化势差”概念，描述文化接触过程中，由于经济、政治的连带影响所造成的主体双方的不平等地位。出自任继愈. 文化发展的势差规律[J]. 群言，1987(12)。

教文化进行扬弃，佛教文化和中国文化才在最深层的心理、价值观层面上发生融合[①]。

【知识小贴士】

观音信仰在中国的传播过程中由男向女转化的过程，恰好体现了外来文化必须适应民族文化需求的论断。唐宋之际中国本土宗教发生了巨大的变故，导致了原有女神的衰落，而有求必应的观音菩萨还履行着中国人最为看重的送子功能，便被民间改造成女身，成为中国宗教史上最负盛名的女神。图 9-1 所示两尊木雕，正好反映了这一转变的过程，宋后的辽代观音上半身尽管仍然保留了男子的许多特征，但其清秀的眉目、华丽的衣饰和纤细的手足已经说明这是一尊女神像。

图 9-1　唐代木质男身观音像和辽代女身观音像

除了上述客观原因，文化交流还会受到主观因素的影响，最为明显的是文化主体对外来文化的态度。文化中心主义和文化相对主义是两种对立的文化认知态度。前者是指某一民族将自己的生活方式、信仰、价值观、行为规范看成是最好的，贬低和排斥其他文化[②]。它一般存在于文化接触的初期，这种心理既容易对外来文化设置壁垒和采取防御策略，也容易在文化传播中产生强制性意志。19 世纪末至 20 世纪初，帝国主义国家就以“西方文明为中心”，在殖民地社会强制性地移植其生活方式和文化观念，而被殖民者也对于外来文化产生强烈的排斥情绪。

文化相对主义强调不同民族的文化都有自己长期形成的独特历史，其形态并无高低之分，文化没有普遍绝对的评判标准，人们要在尊重差别并相互尊重的基础上平等对待各种文化，尤其是在文化接触的过程中要避免自我中心，采取平等的原则进行文化交流。在现代，文化相对主义已经成为全球的广泛共识，是各民族文化平等交流的重要基础。

① 汤用彤. 文化思想之冲突与调和. 汤用彤全集(第 5 卷)[M]. 石家庄：河北人民出版社，1999.

② 何芳川. 中外文化交流史[M]. 北京：国际图书出版公司，2007.

三、中外文化交流的意义

上千年的文化交流过程对人类文明和社会发展的意义如何？第一，文化交流在宏观上导致了各个文化圈的形成，使得一定范围内的人们可以共享某一先期发展的文化体系的成就，推动后发地区的进步。第二，文化圈是独立存在而持久的，文化交流是全球各地区、各民族发生持久接触的主要方式，至今仍对构建全球关系发挥着重要影响。美国著名政治学家亨廷顿认为，在冷战结束后，意识形态的冲突已经变得次要，决定国际格局的要素将是各大文明的关系[①]。因此，文化交流已经成为当今各国政府处理国际关系时主要考虑的因素，也是维护世界和平的重要方针与措施。第三，对于微观的文化交流主体而言，平等的文化交流可以促进双方的理解与合作，更好地适应经济、技术全球化的主流趋势。

【知识小贴士】

文化圈是指某一文化类型散布的地理区域范围。文化圈既可以共享一种文化要素，也可以共用一套文化模式，即包括某一社会群体中的所有的文化要素：器物、语言、信仰等。今天按照不同的文化标准可以划分出许多的文化圈，如拉丁文化圈(使用拉丁字母，泛指西方)、汉字文化圈(指东亚使用汉字的地方)、佛教文化圈等。

第二节　中外文化交流史简史

中华文化对外交流的历史源远流长，对中华文化发展产生了双向影响，一方面使中华文化向外传播，形成了稳定而悠久的中华文化圈；另一方面使中华文化得以利用其他文明成就，吸收多元文化因素进入中华文化母体，丰富和壮大中国传统文化体系。这一切又都展现着中华文化具有和平、包容、进取和稳定的优秀品质。

本节介绍中外文化交流中的主要阶段、重要事件和人物，以点带面，多层次、多向度地展示中国传统文化对外交流的突出成就。概括地说，这些交流历史有两条比较明显的线索，在东亚大陆和南海诸岛屿之间，中华文化形成了中华文化圈。而向西则形成了依托于丝绸等贸易基础的文化交流传统，“丝绸之路”和“海上丝绸之路”为代表的文化交流模式把中华文化的对外传播推向了高潮。下面将围绕这两个线索，选择重要时期陈述中国传统文化对外交流的基本情况。

一、两汉时期

(一) 文化传播：与朝鲜、日本、越南的交往

中国文化的对外交流史可以追溯到周代。公元前11世纪武王灭殷，商朝大臣箕子带领

① 〔美〕缪尔·亨廷顿. 文明的冲突与世界秩序的重建[M]. 周琪，等译. 北京：新华出版社，2002.

5000遗民去往朝鲜，与当地土著共同建立了“箕子朝鲜”，后得到周武王的承认，封为“箕氏侯国”。箕子向土著人传播了中原的农耕技术和礼仪规范，“教以礼义田蚕，又制八条之教。其人终不相盗，无门户之闭”。[①]秦始皇统一中国之后，徭役很重，燕、齐之地又有数万人逃往朝鲜避难，他们住在辰韩，并使用秦国的语言，被称为“秦韩”。汉时，由于叛臣卫满逃入朝鲜，并阻止朝鲜半岛诸国向汉朝朝贡，汉武帝出兵半岛，在朝鲜境内设置过四个汉郡(乐浪、玄菟、真番、临屯)。南部三韩(今韩国境内的三个古部落)不但与汉四郡保持密切联系，还多次派人赴汉都长安，先后见汉武帝、光武帝。尽管有过短暂的战争，但在此过程中，朝鲜半岛上的诸侯国或土著部落与中华帝国往来频繁，朝鲜的檀弓、果下马输入中国，中国的铜镜、漆器、铁器等则传入朝鲜。

日本与中国的接触最早可能始于周代，到汉代中国对日本已经有了相当的了解，史籍中出现了关于其地理方位、社会形态、风俗、气候和物产等的记载。《汉书·地理志》载：“乐浪海中有倭人，分为百余国。”《后汉书·东夷传》载：“气温腝，冬夏生菜茹”“土宜禾稻、麻紵、蚕桑，知织绩为缣布。出白珠、青玉”。《三国志·倭人传》载：“好捕鱼鳆，水无深浅，皆沉没取之。”《后汉书·东夷列传》载：“又俗不盗窃，少争讼。犯法者没其妻子，重者灭其门族。”汉武帝时，当时日本有三十多个部落国家通过朝鲜半岛“使驿通于汉”。东汉光武帝时倭奴国遣使朝汉，受赐“汉委奴国王”金印。正在此时，中国的水稻栽培技术经由朝鲜传入日本，铁器、铜器、丝帛等也一并东传，对日本岛民渔猎为生的生活方式产生了很大的影响。

公元前 3 世纪，越南境内就出现了由雒越人和瓯越人建立的“瓯雒国”。秦始皇统一六国后在南方设南海、桂林、象郡，包括今越南北部的部分地区。秦末南海郡尉赵佗建“南越国”，在越南设交趾、九真二郡，把中原文化带到越南腹地。汉初南越国被中央政权剿灭，武帝在越南境内设立9郡。越南一直与中原文化保持密切的联系，越南的象牙、犀牛、珍珠等物产不断输入中国，中国传给铁犁牛耕技术、水利工程技术等。

综上观之，中国与朝、日、越南等国的交往不但历史悠久，而且形式多样，层次深入。通过在中央政权与附属国之间建立的往来制度，借助中原语言、礼仪甚至是政治形制，中国传统文化知识及其价值观开始向东、南邻国传播，是中华文化圈形成的早期基础。

(二) 丝路之始：张骞凿空和海上丝路的贯通

古代只有中国种桑养蚕并生产丝织品。西汉以前，中国丝绸已由西北各民族少量地辗转贩运到中亚、印度等地。汉武帝为了取得反击匈奴的胜利，在北部边境设立了河西四郡，并两次派遣张骞出使，以便联合西域各国对匈奴保持钳制之势。张骞不辱使命，亲自去到大宛、大月氏、大夏、康居、乌孙等国，其副使则跨越葱岭(今帕米尔高原)，远至安息(古波斯，今伊朗)、奄蔡、条支、身毒、犛靬(古希腊的亚历山大)等地，同西亚诸国建立了联系，沟通了一条通向中亚、西亚、南亚，以至欧洲的陆路通道。司马迁在《史记》中称之为“张骞凿空”。

① 出自(南朝)范晔：《后汉书·东夷列传》。

张骞出使西域后，大汉国威远播西域，安息国王也派使臣出使大汉，西域与汉朝不仅在政治外交上联系日繁，以丝绸为主的经济贸易也越来越昌盛。沿着张骞出使的路线(见图 9-2)，各国商团紧随使团的步伐络绎不绝，往来于中国与西域之间，终于成就了一条辉煌的“丝绸之路”。中国的铁器、丝绸、养蚕缫丝技术、铸铁术、井渠法、造纸术先后西传。本来汉朝使者还可以向西跨过安息延伸向地中海彼岸的古罗马帝国(“大秦”)，但公元 97 年班固派出的使节甘英在安息人的阻挠下没有渡海。

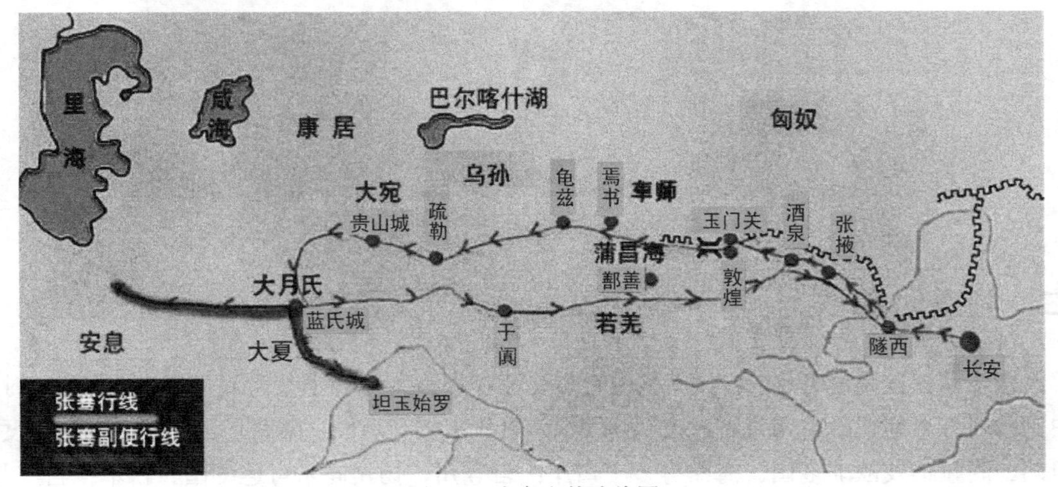

图 9-2　张骞出使路线图

与此同时，“海上丝绸之路”也在汉武帝时开通(见图 9-3)。这条商路的西段开通是由于罗马帝国意欲与中国开展直接贸易的努力，东段则是大汉帝国在海上向西开拓的结果。安息人为了谋求丝绸贸易的最大利润而垄断通往欧洲的制海权，罗马帝国也开始在海上开拓通往东方的商道，他们曾开辟两条海上航线，想要直接航行到中国。其中靠近陆地的航线一直到达印度的西南海岸[①]。汉武帝在平定南方后，在广东沿海设立“儋耳、珠崖、南海”等郡，并派人自此出海向西、向南航行，由此而开创了一条始自广东沿海，西至孟加拉湾沿岸，最远达印度半岛南端的海上航线，与罗马商人开辟的西段航线连通。《后汉书》载，大秦安敦王朝遣使于公元 166 年来汉，献象牙、犀角等物给桓帝。这或许是中欧最早的直接往来。

在丝绸之路上，不仅有中国的丝绸、瓷器等重要商品及其制造技术的西传，西方文化也由此而东传：两汉之交，佛教经中亚由丝路传入中国；丝绸的织造技术由波斯改良后又在东汉末年反转东传，产生了新的丝绸产品“波斯锦”；胡床(即高脚椅)传入中国，改变了中国古代席地而坐的习惯；希腊的雕刻艺术传入中国，开创了石雕的传统。如此种种说明，丝绸之路不仅是政治、经济交往的产物，也承担着重要的文化交流功能。

① 何芳川. 中外文化交流史[M]. 北京：国际图书出版公司，2007.

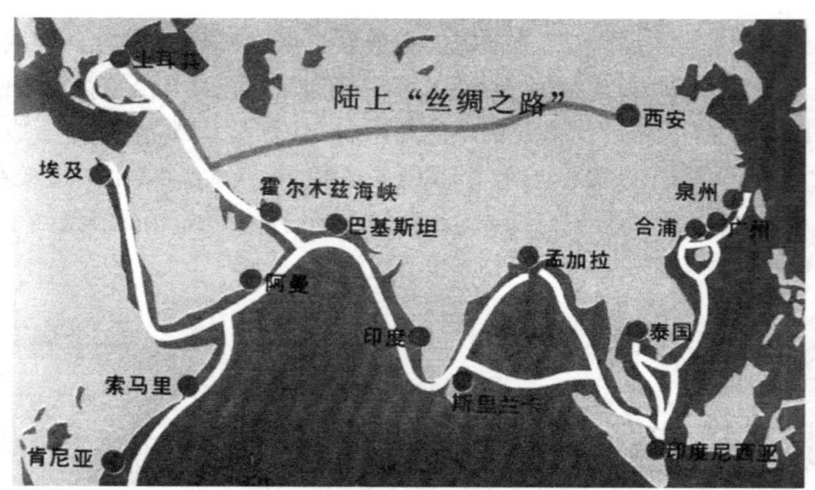

图 9-3　汉代海上丝绸之路路线

二、隋唐时期

由于两条丝路的开通，中国文化的对外交流在层次和规模上都得到了提升。到隋唐时，中国的对外交通已经非常发达。图 9-4 所示为唐代主要交通图。陆路东达朝鲜，西通印度、伊朗、阿拉伯及欧非多国。海路有多个口岸：自登州、扬州向东可达韩国、日本；自广州往西可至波斯湾。向东和向西的文化交流日益具有不同的特点。

图 9-4　唐代主要交通图

(一) 东向：中华文化圈的形成

隋唐时期，朝鲜半岛上的百济、新罗和高句丽都与中国往来频繁，来唐留学生以新罗人为多，如崔致远。许多城市中设有“新罗馆”“新罗坊”。新罗立国参用唐制，设国学，教儒学。新罗人从唐引入茶种、雕版印刷术、制瓷和制铜技术。新罗受唐文化影响很大，在唐代山东、浙江沿海一带还有很多移民去往新罗。

【知识小贴士】

崔致远(见图 9-5)，字孤云，生于 857 年，为新罗末期人。12 岁时，乘船西渡入唐。初在都城长安就读，后曾进士及第而出任溧水县尉。其 28 岁时，即唐僖宗中和四年(公元 884 年)，以“国信使”身份东归新罗，一共在中国居住了 16 年。他是朝鲜国历史上第一位留下了个人文集的大学者、诗人，一向被朝鲜和韩国学术界尊奉为韩国汉文学的开山鼻祖，有“东国儒宗”“东国文学之祖”的称誉。

图 9-5 崔致远像

早在南北朝时期，日本列岛由大和国统一后，出现多次从朝鲜向日本的移民潮，也有直接从中国“吴”地去往日本的移民，汉字和儒家学说通过移民在大和国传播。大约在晋代末期，东汉初年传入中国的佛教也经朝鲜传入日本。隋唐时期，日本开始进入“全面以唐为师”的文化学习时期。其表现有中日互使。自贞观始，日本十多次派出遣唐使。归国的人策动了大化改新，仿造唐制建国治国，都城建造也效仿长安，学校教授儒学。双方贸易往来频繁。对中日交往贡献突出者，有日本的吉备真备和中国的鉴真。

隋唐时期，东亚诸国对中华文字、儒家学说、典章制度、文学艺术、城池修造、宗教哲学等的学习，扩大了中华文明传播的亚洲版图，形成了一个以中国传统文化为核心的中华文化圈。

除朝鲜、日本外，中国和东南亚各国都互派使者，交换土特产品。炀帝曾遣使马来半岛。唐中期骠国(缅甸境内的古国)王子携歌舞团来唐，史称骠国献乐，唐代诗人白居易还写过诗篇《骠国乐》。

(二) 西域丝绸之路的繁荣

隋唐时继承并发展了汉代丝路，形成了北、中、南三条通道去往西海(古代中国对通往欧洲的地中海、红海等海域的称呼)，并通过与新崛起的吐蕃国和亲，而获得另一条西去的新通道——西藏道。在日益昌盛的丝绸之路上，使节、商人、僧侣往来不断，促成了中国与中亚、西亚诸国文化的深入交流。

以佛教为纽带，通过成熟的交通系统，中国和天竺的交往大大加强。贞观时，天竺遣使送来郁金香、菩提树，玄奘去往佛教圣地留学、取经，各国的译经专家不断东来，佛经翻译进入全盛时期，极大地促进了佛教哲学的中国化。印度文学也开始在中国传播，许多宗教题材的故事和演唱方式对后世的白话小说和市井曲艺发生着潜移默化的影响，中国的十进制计数法也传到天竺。

隋唐时，中亚一些国家频繁来使，带来名马、异药等。隋时中原政权已和波斯互使，唐时波斯受大食(中东地区的阿拉伯帝国)侵扰，其王及儿子先后前来求援。波斯商人在中国设“波斯店”。唐高宗时大食开始与中国通使，持续一个半世纪，造纸术也在唐时传到大食。唐和东罗马(拂菻)通使，其医术、魔术传入中国，中国的大量丝绸、瓷器运往欧洲。

唐代的造船技术较前代有很大的提高，中国建造的大型船舶可以行驶到东非附近的亚丁湾。根据历史记载，唐朝已经和非洲往来，唐人杜环到过非洲，索马里使者于唐高宗时来过中国，非洲出土过当时中国的陶瓷残片。

【推荐观赏】

中日联合拍摄纪录片：《丝绸之路》(1980)、《新丝绸之路》(2006)。

三、宋元明清时期

宋代以后中国的文化对外交流有三个明显的转变：西域丝绸之路日益式微；朝贡体系的建立和海上丝绸之路的崛起；欧洲科学的在华传播。

实际上，在唐代怛罗斯之战和安史之乱后，中原政权对北方边境的控制力开始弱化。宋代以后辽、金政权在北方的威胁，西方西夏政权的阻隔，使中原与西域的直接联系被切断，丝绸之路也日益萧条。虽然元代统一之后有短暂的恢复，但明代永乐年后，明朝一直在西北采取防御政策，退入嘉峪关内，使得丝绸之路由此衰落。除了边境军事问题，唐宋对外贸易重心的转变也是重要的原因。唐代中期，瓷器贸易在对外贸易中的地位逐渐上升，瓷器的运输远不及丝绸方便，而中国的制瓷中心处于远离西北面的东部，因此，西部的贸易路线无法在新的贸易趋势中复兴。

【知识小贴士】

怛罗斯之战(Battle of Talas)是中国唐朝玄宗时大唐帝国与阿拉伯帝国(即黑衣大食)之间的一次军事交锋。这是当时最强大的东西方帝国在中亚名城怛罗斯(今天的哈萨克斯坦南部塔拉兹附近)遭遇而发生的军事冲突，以唐军失败告终。

唐代以后不仅中国的船舶制造技术大大进步，东南亚各国为了同中国进行外交和经济往来，也纷纷建造大船，使得海上贸易呈现出一派繁荣景象。宋代以后，瓷器贸易不但使海上丝绸之路的南线分外繁忙，东线(去往日本、朝鲜)也十分活跃。除广州外，泉州迅速崛起，号称世界上最大的港口。山东、浙江等地形成了一些著名的港口。明初为了宣扬国威，加强与海外各国的联系，满足对异域珍宝的需求，永乐皇帝派郑和下西洋。1405—1433年，郑和七度远航，访问过亚非三十多个国家和地区，最远到达红海沿岸和非洲东海岸。郑和下西洋后，很多中国人迁徙南洋，对南洋的开发做出了巨大贡献。同时，郑和下西洋后更多的国家开始参与到中国的官方贸易中来，这种贸易称为“朝贡贸易”。但元末明初倭寇(勾结海盗)经常侵扰我国沿海，明中期以后朝廷开始严格限制私人海外贸易，仅开放广州作为“朝贡贸易”的接待口岸。

尽管如此，16世纪后期，许多基督教会的传教士仍然搭乘西班牙或葡萄牙商船来到中国。明代后期，随着大量传教士的到来，基督教开始在中国传播，这次外来宗教的传播是佛教东传之后另一次中外文化交流的高潮。传教士为了使中国人民相信上帝的福音，首先结交上层士绅，并通过向他们传播西方科技来赢取信任，使得西方的科学技术开始在中国传播，西方历法、天文、数学、地理等基础学术知识第一次被中国人知晓。

意大利传教士利玛窦(Matteo Ricci，1552—1610，见图 9-6)于明万历年间来华，在华30年，是在华教士的典范。为了在根深蒂固的儒家文化中传播天主教，他说汉语，穿儒服，阅读中国文学并钻研中国典籍，试图调和儒家经书与天主教教义。他广交中国官员和社会名流，徐光启等数位士大夫在他的感召下入教，借助这些上层官员，西方的天文、数学、地理等科学技术知识得到广泛承认。他献《坤舆万国全图》、八音琴、自鸣钟等给明朝皇帝，受到召见并获准留居北京传教。

图 9-6　利玛窦

之后，德国人汤若望(Johann Adam Schall von Bell，1592—1666，见图 9-7)于1619年来华，在华47年，效仿利玛窦，通过向中国上层的政治人物传播天文知识而获准出任“钦天监”官职，他利用先进的西方天文算法弥补了中国传统历法的精度欠缺，成功地纠正了中国历法预测月食的偏差。而以徐光启为代表的一些开明士大夫积极引进西学，与来华传教士合译西方科技著作，为中国科技注入新的生机。

清中期以后，中央政权部分恢复了海外贸易，因而在康雍乾三朝出现新的一轮西方科学传播高潮。在数学、历法、天文、建筑、地理、医学、艺术等方面均吸收了西方传教士带入中国的新知识。有名的事例包括，著名比利时传教士南怀仁(Ferdinand Verbiest，1623—1688，见图 9-8)于 1658 年来华，在华 30 年，接替汤若望在钦天监从事推算历法的工作，并得到康熙皇帝的信任。他供职钦天监后改造了观象台，重造适用于西洋新法的天文仪器。另外，他还帮助康熙铸造了一批西洋大炮。此外，他为康熙绘制过一套解说全球地理知识的《坤舆图说》，该书以一种地圆形图的方式，表现了五大洲四大洋的地理风貌，并标注地名。这与中国传统的“天圆地方”世界观截然不同，这件事展示了东西方两种基础知识和认识论的交汇。

图 9-7　汤若望

图 9-8　南怀仁

【知识小贴士】

南怀仁，比利时人。他于顺治十五年(公元 1658 年)来华，是康熙皇帝的科学启蒙老师，精通天文历法、擅长铸炮，是当时国家天文台(钦天监)业务上的最高负责人，官至工部侍郎，正二品。1688 年 1 月 28 日南怀仁在北京逝世，享年 66 岁，卒谥勤敏。

意大利人郎世宁(Giuseppe Castiglione)通过其绘画才能，获得雍正和乾隆皇帝的信任。雍正二年(公元 1724 年)，开始大规模地扩建圆明园时，郎世宁画了许多装饰殿堂的绘画作品。乾隆在圆明园中建造“夏宫”时，他又获命督造大水法，使西方的艺术风格得以与中国传统建筑相结合。

然而，乾隆之后清代国运日益衰微，道光年以后更是日益深陷西方侵略的困境，平等的中西文化交流无法为继。西方殖民者利用坚船利炮强加的西学和西方价值观违背了中国人民的心愿，再也不能称之为文化交流。

第三节 华侨华人与对外文化交流

一、华侨的定义和中国对外移民简况

虽然文化交流具有多样的方式、丰富的内容和复杂的机制，但最重要的媒介还是传承不同文化的个人或群体：官方使节、跨境贸易商人、国际移民、留学生、云游僧侣等。近现代学者用“华侨[①]华人”指称这些中国移民，其主体是当时生活在南洋等地的中国公民。华侨与普通国际移民的显著差别是，华侨常与其移出地之间保有密切经济和文化联系，而后者则未必如此。具体从文化交流的角度来看，华侨在国籍上认同中国为自己的祖籍国，在文化上认同中国文化为自身的归属性文化。华人是指定居并加入所在国国籍的中国人，他们在政治身份和政治认同上已经发生了根本转变，但其基本的价值观内仍然包含中华文化的元素。华侨华人在对外文化交流中的共性是他们都是民间文化交流的重要承担者。

【知识小贴士】

“华侨”是指定居在国外的中国公民，其中“定居”是指中国公民已经取得住在国长期或者永久居留权，并已在住在国连续居留两年，两年内累计居留不少于 18 个月；中国公民虽未取得住在国长期或者永久居留权，但已取得住在国连续 5 年以上(含 5 年)合法居留资格，5 年内在住在国累计居留不少于 30 个月，视为华侨；中国公民出国留学(包括公派和自费)在外学习期间，或因公务出国(包括外派劳务人员)在外工作期间，均不视为华侨。

——《国务院侨务办公室关于印发〈关于界定华侨外籍华人归侨侨眷身份的规定〉的通知》(2015)

中国对外移民始于商朝，从“箕子朝鲜”起，以后各代均有华人移民海外。躲避苛政、战乱，出海经商、被强行掳走成为苦力等是移民的主要原因。商末、汉初有几次向朝鲜、日本的大规模移民。唐末部分黄巢起义部队逃亡至印尼苏门答腊岛定居。宋代越南举兵北犯，曾经在广西境内的钦、廉、邕三州掳走大批的人口至越南。明代永乐年间郑和下西洋后，东南沿海的广东、福建和海南等地出现了大量去往南海(也称南洋)各国的移民。他们出于贫困、经商和避灾等原因举族外迁，在移居地聚族而居，在印尼、菲律宾、马来西亚、新加坡境内留下许多华人后裔。这种移民方式很容易与故乡保持联系，并引发链式移民。因此，明代开始的大规模南洋移民一直持续至清代，成为沿海人民外出谋生和躲避灾荒的主要方式。清代中国东南沿海“下南洋”的人数达到了前所未有的高峰。19 世纪中叶鸦片

① 历史上华侨一词大约出现于 19 世纪末。参考庄国土.“华侨”一词名称考[J]. 南洋问题研究，1984(1).

战争后有大量华工，因欧洲工业革命的需求而移居到美洲、欧洲、东南亚及世界各国，大部分华工是在劳工贸易中被欺骗而被迫移民的，俗称为“卖猪仔”。值得一提的是，部分传统时代的南洋移民及其后代在东南亚各国取得民族独立后，都加入了所在国国籍，从华侨转变为华人，也有部分在20世纪60年代回国，成为归侨。

【知识小贴士】

“卖猪仔”，即通过拐骗、掳掠的手段贩卖华工的罪恶交易。鸦片战争之后，西方侵略者通过签订契约、赊单等方式在广州、厦门等地对劳工进行非法拘禁并将他们卖到海外充当苦力。为了限制这些苦力的自由，南洋种植园的老板用一种“猪仔钱”支付工人工资，对工人进行严酷剥削，造成劳工的极大痛苦。因此，沿海人民用“卖猪仔”来指称这种华工贸易。

清末有大批的留学生前往日本、欧美等地，但大部分都返回了中国。1980年中国改革开放以后，又掀起了留学风潮，1990年以后则出现了新的移民热潮。新移民的动机日益多元：经济贸易、技术移民、留学就业、投亲、婚姻等。这些新移民很大一部分加入了所在国的国籍成为华人。

下面将介绍华侨华人在中外文化交流中的主要事迹和作用，由于华侨华人向欧美移民的历史较短、规模较小，记载的文献相对较少，因此，本节侧重介绍东南亚华侨华人对文化交流的贡献。

【推荐观赏】

纪录片《下南洋》，马来西亚常青集团、中央新影集团、香港东方之子国际事业有限公司联合出品，2013年。

二、早期的移民与文化交流

（一）早期定居者与中外文化交流

概括地说，早期中原移民在后发展地区移植中原先进的社会制度和礼仪文化；推广了中原的农耕和制造技术；他们聚族而居的方式推动了中国传统民俗文化的扩布和海外传承；早期定居者与土著缔结婚姻，创造了包含中华文化要素的新土著文化。

1. 中原社会制度和礼仪文化的移植

古代移民通常是被迫逃亡的政治难民，他们初涉异乡，而异乡社会较中原落后，他们便仿照中原王朝的政权体系和文化礼仪制度在异国他乡重造家园，如前述提到的“箕子朝鲜”和“卫氏朝鲜”，赵佗所建的南越国。

赵佗曾在今日越南境内建立过一个汉族地方政权。公元前203年至公元前111年秦汉之际，南海郡尉赵佗起兵兼并桂林郡和象郡后，建立的一个领地包含越南北、中部在内的政权，他在辖地内推行中原郡县制，使用汉语，同时也与越族人联姻，促进了文化的交流与融合，在汉文帝时期赵佗重新向中央政权称臣，南越成为汉朝的附属国。

早期移民所创立的地方政权为当时文化较不发达的地区带去了先进社会制度，尤其是向无文字民族传播汉字和汉语，促进人民的开化和社会的发展。儒家思想在这一过程中也得到了东亚诸国的认同，成为后世东亚诸国与中国各层次文化交流的基础。

2. 移民们带去中原成熟的耕作和养殖技术

早期的移民通过定居于外域，把当时先进的农业生产技术传播到较为原始的东亚和东南亚地区。战国时代箕子朝鲜政权的建立就已经把稻作技术引入朝鲜半岛，这些技术随着移民与地方部落的交往而再次向东向南传播，东传的稻作技术在日本的绳文时代晚期(与周代相当)改变了当地的生活方式，形成了以稻米种植为主的新文化，称为弥生文化(相当于中国秦汉时代)。紧随其后，家畜的饲养技术、先进的铁器等生产工具也逐渐由移民带入东亚和越南，由于他们都使用汉字汉语，中原生产技术的传播比丝绸之路上的其他地区迅速。

3. 移民的生活方式推动中国传统民俗文化的海外扩布和传承

郑和下西洋后外迁至东南亚定居的移民渐渐增多。在较长的历史时期内，外出谋生的华侨已经在异国他乡定居生根，而在诸多的传统文化形式中，祖先崇拜、民间信仰和岁时节日成为南洋华侨重建新家园的重要文化基础[①]。因此，华侨华人的日常生活支撑起了中国传统文化的海外传播框架。

(1) 坟山、祠堂、同乡会馆和华人社团

早期华侨冒险涉海谋生，常常要面对路途遥远、语言不通、无亲无友等困难。他们只有先来者帮助后来者，后来者依附于先来者才能在人生地不熟的环境重新组织起来，求得适应和发展。家族、同乡、行业、信仰等原则是早期华侨自我组织起来的主要纽带。这些组织通过象征祖先的坟山祠堂、象征地缘关系的同乡会馆和代表多元社会关系的华人社团来凝聚人心，保持与故乡的长期联系，因此，坟山、祠堂、同乡会馆和社团组织实体成为传承中华文化最好的载体。

【知识小贴士】

“保赤宫”是位于新加坡的一座中式寺庙(见图 9-9)，坐落于新加坡的商业中心区，兴建于 1876 至 1878 年间，是陈氏一族的宗庙及会堂，因为中国人相信有相同姓氏的人都拥有同样的祖先。陈氏宗祠于 1974 年被列为新加坡国家古迹，是新加坡陈姓人士的社区中心，号称有着绝佳的风水。

(2) 华人民间信仰网络

除了依托于各种社会组织，民间信仰也渗透于海外华侨日常生活的各个方面，这些信仰绝大多部分源自中华故国。因为早期华侨相信，故乡的各种菩萨可以保佑他们平安渡海

① 曾玲. 越洋再建家园：新加坡华人社会文化研究[M]. 南昌：江西高校出版社，2003.

和在异乡顺利生活。于是在出洋之前，多数华侨都会到故乡的寺庙中请走菩萨的香火，随身携带，平安涉洋后设立新庙供奉。这样就形成了许多跨国信仰网络，成为中华传统文化海外传承与交流的便利通道。

图 9-9　新加坡保赤宫

【知识小贴士】

妈祖(见图 9-10)也称“天妃”或“天后”，是以中国东南沿海为中心的海神信仰。关于妈祖有很多传说，但内容都围绕她解救海上被困船只和落水之人，她在明、清两代都得到过御赐封号，其声名日渐超过其他神灵而成为中国人心中知名度最高的海上保护神。如今，妈祖信仰随着华人的足迹已经遍布世界各大洲。2009 年 9 月 30 日，妈祖信俗入选联合国教科文组织(UNESCO)设立的《世界人类非物质文化遗产代表作名录》。

图 9-10　福建湄洲的妈祖像

(3) 岁时节日

海外华侨在安排其日常生产生活时，也利用了中国岁时节日体系。早期移民多数从事农业生产，而岁时节日基于中国农业作息规律，包含着农耕经验和智慧，自然会保留这种节庆传统。海外华侨特别重视那些蕴含着“团圆”“新生”和“慎终追远”意义的节日，如春节、端午、中秋、中元节等，在东亚和东南亚华人社区中的庆祝活动都特别隆重，尤其春节，作为全球华人最重要的节日，近年来已经得到多国政府的重视，菲律宾2012年首次将中国农历春节定为法定假日，全国放假一天；在华人人数较多的海外城市，当地官员也会向华人表示新春祝福。

值得一提的还有，某些中国传统文化在现代中国大陆已经消失，却很好地保存在海外华人社区中，近年来，通过文化交流又经华侨华人传回中国。

4. 民族通婚和人口繁衍造就了包含中华文化要素的新土著文化

峇峇娘惹(见图9-11)也称为“土生华人”，是15世纪初期定居在满剌伽(马六甲)、满者伯夷国(印度尼西亚)和室利佛逝国(新加坡)一带的明朝人后裔。土生华人的祖先可以追溯到郑和下西洋时期。在经过马六甲时，有一部分郑和船队的随行人员就留在了当地，他们与东南亚土著马来人结婚后所生的后代，称为峇峇娘惹(baba nyonya)，男性为“峇峇”(baba)，女性为“娘惹”(nyonya)。

图9-11　峇峇娘惹

峇峇娘惹文化具有中华文化和土著文化融合的特征，一是他们的语言“峇峇话”，参杂许多马来语与泰语词汇，却有汉语语法的特征，发音与闽南语相似；二是日常生活习惯保持着中国传统元素，如他们穿着的服饰，在剪裁式样上与当地相似却使用中国传统的手绣和镂空法进行装饰，饮食也融合了中华和外域特色；三是在婚丧等重要人生仪礼中他们仍然选择穿着传统中华服饰，虽然他们接受英文教育，却以汉字书写重要的文书，如墓碑、匾额等。峇峇娘惹文化是中外文化接触，发生了文化涵化的结果。

【知识小贴士】

文化涵化作为文化变迁的一种主要形式，是指异质的文化接触引起原有文化模式的变化。处于支配从属地位关系的不同群体，由于长期直接接触而使各自文化发生规模变迁，便是涵化。

(二) 华商与中外文化交流

1. 商品交换和文化传播

早期的华商虽未定居外域，但他们长期往来于中国与其他贸易国之间，为文化的双向传播做出了特殊的贡献，尤其活跃在海上丝绸之路的中国商人既向外输送中国文化、技术和产品，同时也引进了外域的文化和产品。

从汉代开始，中国东南沿海就有许多商船往来于海上丝绸之路的南线和西线。三国时期，吴国的孙权曾派朱应和康泰出使到扶南国(今柬埔寨)，他们发现那里的男子衣不蔽体，由于中国丝绸的输入，扶南官贵才开始用丝做一种称为“干漫”的“筒裙”[①]。中国商人的经贸活动改变了东南亚地区的风俗。在宋代以后，中国的“四大发明”——造纸术、指南针、印刷术和火药经由海上丝绸之路传往欧洲。

明代以后，世界各国的物产也随着华商活动的轨迹进入中国，首先是大量的白银随着贸易的发展，经荷兰、葡萄牙等国商人之手从美洲运抵吕宋，在那里和中国商人交换丝绸、瓷器和茶叶等紧俏商品，转运至欧洲贩卖。而中国商人则获得了白银并将之带回中国。白银大量流入，在相当程度上取代了铜钱，成为明清两代常见的流通货币，从而改变了中国传统的金融习惯。

明代也是外域农产品进入中国的高峰，番薯、玉米、烟草、西红柿、辣椒、马铃薯等美洲作物通过海上贸易进入中国。番薯的传入最为传奇。万历年间，番薯分云南、广东、福建三条路线进入中国。闽广的传入说较为著名，最有代表性的故事是福州商人陈振龙在吕宋岛经商，发现吕宋土著食用一种培植方法简单但产量惊人的作物：朱薯。于是他萌生了把朱薯带回故乡种植的想法。明朝万历二十一年(公元 1593 年)五月，陈振龙违反西班牙殖民当局的禁令，冒险偷偷将地瓜苗编入麻绳带回福建老家。

之后，他的儿子陈经纶经过试种，确定番(朱)薯确实易栽而多实。于是上书福建巡抚金学曾，推广番薯种植，以解决当时福建旱灾严重、饥荒四起的问题。金学曾聘请陈经纶为“门下士”，协助自己在福建全省推广番薯种植，解决了当时饥荒泛滥的问题。陈振龙的五世孙陈世元写了一本《金薯传习录》，记载了自己祖先和金巡抚种薯的方法，把番薯称为“金薯”。图 9-12 所示为先薯亭。

---

① 陈炎. 海上丝绸之路与中外文化交流[M]. 北京：北京大学出版社，1996.

图 9-12　先薯亭

2. 侨乡建筑和中外文化融合

华侨商人年老之后多数选择叶落归根，因此，他们利用从商所获在故乡修建了许多带有西洋风格的楼房，成为侨乡中外文化交流的象征。其中，开平碉楼是这种中西文化交流的典型代表(见图 9-13)，它分布于广东省江门市下辖的开平市境内，是集防卫、居住和中西建筑艺术于一体的多层塔楼式建筑，其特色是中西合璧，有古希腊、古罗马及伊斯兰等多种风格。2007 年 6 月 28 日，“开平碉楼与古村落”申请世界文化遗产项目在第 31 届世界遗产大会上获得通过，正式列入《世界遗产名录》，成为中国第 35 处世界遗产。

在侨乡厦门集美，著名侨领陈嘉庚先生融汇中西建筑风格亲自设计了一种“嘉庚风格建筑”(见图 9-14)。其主要特征是建筑呈现出闽南式屋顶，西洋式屋身，南洋建筑的拼花、细作、线脚等；其空间结构上注重与环境的协调；在选材用工上“凡本地可取之物料，宜尽先取本地生产之物为至要”。他把这种建筑式样运用于“集美学村”和“厦门大学”两校区校舍之中，诞生了闽南侨乡的代表性建筑群。

图 9-13　开平碉楼

图 9-14　嘉庚风格建筑

【推荐阅读】

庄景辉，贺春旎著:《集美学校嘉庚建筑》，文物出版社，2013 年。

三、当代华人与中外文化交流

改革开放以来，中国政府非常重视中外文化交流工作，并把华侨华人视为开展对外文化交流工作的重要社会资源。随着中国的综合国力不断提升，中华文化重新焕发出巨大的吸引力，文化交流的需求日益迫切。在这样的条件下，身居海外的华人成为中外文化交流的重要媒介。

(一) 华商和侨乡在中外文化交流中的新作用

改革开放，中国采取吸引外资、发展对外贸易的策略。最先响应中国政府号召的是海外华商。从 20 世纪 80 年代开始，侨乡成为经济改革的先行区，海外华人回国办厂，带来了先进的科学技术和工业化设备，提供了成熟的经济管理经验，这都是广义的文化交流的重要组成部分。

在文化搭台、经济唱戏的方针下，侨乡成为传统文化交流的前沿阵地。寻根谒祖、宗教旅游和艺术交往成为利用侨乡文化进行交流的主要方式。在侨商返乡办厂的带动下，传统的移民文化链被重新激活，其他领域的华人也开始返乡寻根，20 世纪 80 年代以来，中国东南沿海各级侨办接待的寻根华侨人数无法计数。正是此时，由于“文革”破坏，一度在中国境内消失的传统文化，如族谱文本、祠堂祭祀仪式、民间信仰庙宇、民间信仰仪式、地方戏曲表演等文化开始回流。

改革开放后，海外华商除了采取传统的文化交流形式之外，还兴起捐赠中国社会公益事业的高潮，其中大部分公益捐款被用于兴办教育事业，比如华侨大学、暨南大学、集美大学等都是海外华人企业家和慈善家投资的热门对象，许多与华商贸易相关的基础、应用学科得到极大的振兴和发展。在基础教育层面，华侨资助的中小学也数不胜数。

(二) 当代华人对中国文化的新认知

今天，大部分海外华侨都已经加入所在国国籍而转变为华人，中国是他们的祖籍国。他们对于中华文化的感情从具体的侨乡文化认同转变为对中国文化的整体兴趣。

近年来，民间和官方都重视华人在中外文化交流中的能动作用，通过不同途径安排不同项目来促进全球各层次华人的文化交流活动。华人文化交流的方式有三类。

第一，全球华人按照血缘、族缘、学缘、商缘、神缘等关系组织了各类社会组织，并定期举行联谊和研讨活动，比如世界客属恳亲大会、各姓氏宗亲会、世界华商大会等。这些由民间组织的世界华人文化交流活动，对于增进世界华人的文化共识，了解中华传统文化价值观有重要的作用。

第二，针对新生代华人了解中华文化的需求，中国政府和海外华人社会都依托“华人寻根文化热”积极提供多种返乡接触中华文化的机会。自1999年始，国务院侨务办公室创立“中国寻根之旅”夏令营等系列品牌的交流活动，该活动根据海外假期情况展开，在夏、春、秋、冬四季办营，每年邀请数万名海外华裔青少年来中国各地开展交流活动。2001年至今，菲律宾侨领陈永栽先生已连续16年总计资助逾12000名菲律宾华裔学生回到故乡福建参加为期50天的菲律宾华裔学生中文夏令营。

第三，中国各级政府也深入挖掘地方文化资源，纷纷推出各种文化交流项目，吸引全球华人的目光，促进海外华人对中国的了解，推动中华文化圈内的深度交流。策划最成功的是黄帝陵公祭大典。从1994年开始，陕西延安黄陵县开始在清明节举行黄帝陵公祭，当地各界代表、中央有关部门代表、省内外各界代表以及台、港、澳代表、海外侨胞代表共同参与祭祀。从此以后，黄帝陵公祭成为海外华人广泛参与的国内公共祭祀活动。2004年后黄帝陵公祭活动为国家认可，前来谒陵祭祖的海内外炎黄子孙人数逐年递增。

总而言之，当代华人参与的中外文化交流活动在民间和官方双重推动下正朝着正规化、制度化和多样化的方向发展。这既意味着当代中外文化交流正在逐渐适应华侨向华人的转变，也说明借助全球华人媒介，中华文化圈可能再次获得飞跃式发展，由内至外焕发出迷人的文化魅力。

本章思考题

1. 文化交流的条件和过程是怎样的？

2. 影响对外文化交流的主观因素有哪些？我们应该采取什么态度？

3. 丝绸之路和海上丝绸之路是如何形成的？它们对于中国传统文化对外交流有什么意义？

4. 华侨华人的移民历史和传统文化对外交流的过程有什么联系？他们在文化对外交流中的作用怎样？

5. 在当代，以华侨华人为媒介的民间文化交流主要有什么方式？你认为这种文化交流会对中国文化的传播产生怎样的影响？

第十章

中国传统文化的传承与发展

“这个世界，和平、发展、合作、共赢成为时代潮流，旧的殖民体系土崩瓦解，冷战时期的集团对抗不复存在，任何国家或国家集团都再也无法单独主宰世界事务。

这个世界，一大批新兴市场国家和发展中国家走上发展的快车道，十几亿、几十亿人口正在加速走向现代化，多个发展中心在世界各地区逐渐形成，国际力量对比继续朝着有利于世界和平与发展的方向发展。

这个世界，各国相互联系、相互依存的程度空前加深，人类生活在同一个地球村里，生活在历史和现实交汇的同一个时空里，越来越成为你中有我、我中有你的命运共同体。

这个世界，人类依然面临诸多难题和挑战，国际金融危机深层次影响继续显现，形形色色的保护主义明显升温，地区热点此起彼伏，霸权主义、强权政治和新干涉主义有所上升，军备竞争、恐怖主义、网络安全等传统安全威胁和非传统安全威胁相互交织，维护世界和平、促进共同发展依然任重道远。

我们希望世界变得更加美好，我们也有理由相信，世界会变得更加美好。”①

——习近平

通常来说，经济学家在社会发展过程的理论中往往是排斥“文化因素”的，这很大一部分是因为文化因素难以被进行定量研究——我们既无法将之数据化，也无法精确地衡量某一种文化在特定社会的经济发展中，究竟是如何起作用的，并且这种作用往往与特定社会的心理、体制、政治、道德等因素有着非常复杂的交错影响。

但是不可否认的是，文化因素对于社会的发展有着促进与制约的力量，即使是相近的国家发展模式，也会有着截然不同的作用与价值，甚至一些学者说道：“不同社会里的人，不论是城里人还是乡下人，都能够有同情心，慈善心，甚至是爱心。他们有时还能以惊人的毅力驾驭他们所处的环境所提出的挑战。可是他们在处理自己彼此间的关系以及与别的社会和自然环境的关系中，所保持的一些信念、价值观和社会体制，也可能是源自于毫无意义的残酷、无谓的虐待以及十足的愚蠢。”②

---

① 习近平. 顺应时代前进潮流 促进世界和平发展[N]. 人民日报，2013-03-23.

② 罗伯特·埃杰顿. 传统信念与习俗：是否有一些比另一些好[M].转引自《文化的重要作用——价值观如何影响人类进步》，北京：新华出版社，2010.

本章首先要谈及的是在全球化浪潮的冲击下，坚持中国传统文化的价值及其意义在哪里；其次，我们对于中国传统文化的认同有何必要性；最后，介绍中国传统文化在历史中所展现出来的那种崇尚革新、生生不息的特质，以期读者在读完本书后，能产生进一步的思考。

第一节　全球化与中国传统文化

文化对于社会发展的作用是毋庸置疑的：大约公元前三千年，人类开始了定居的生活，但是只有一半的人选择了农耕生活；在近似相同的地理条件下，有的地区产生了极为璀璨的文明，而有的地区即使在现代也依然保持着一贯的生活方式。我们很难以文化以外的因素去解释这个问题。但是在诠释文化的作用时，我们又很难把文化的影响力单独提出来，文化往往与特定社会的心理、体制、政治、道德等因素有着非常复杂的交错影响。所以通常人们在谈及文化对于社会的作用时，往往诉诸部分的或者普遍性的概念，如：勤奋、节俭、认真等。但仔细观察我们就会发现，这些通常的文化属性，往往并不直接与经济进步、社会发展相关。勤奋是必要的，但不意味着勤奋就能够带来好的发展，不适当的政策与措施往往使得结果与人们的意图南辕北辙，这在历史上屡见不鲜；节俭是开创时的好观念，但是，一个消费社会中，这又是扩大内需的头号“敌人”。认真的态度与变通的手法天生对立，我们很难说在经济繁荣的过程中，究竟哪种方式会更加有意义些。

实际上，哪怕是同样的文化属性，在一国发展的不同时期，也可能会有着完全不同的意义与价值。因此，文化与社会发展之间，并不存在着简单的对应关系。如果想要找到文化本身的价值所在，我们应当进行更加深入的探讨。从许多方面来说，一种国际性的经济文化的核心内容正在出现，它跨越各种传统文化的界限，将为越来越多的人所共有。对社会发展起作用的一批信念、态度和价值观将成为共同性的，而显然不利于社会发展的文化因素将会在全球经济的压力之下，以及全球经济带来的机会的变革之下，逐渐消失。

在经济繁荣方面，文化的重要作用将依然存在，并且这很可能是一种更加正面的作用。各个社会仍会有一些独特的需要、技能、价值观和工作模式，这些将构成经济文化各个不同的方面，而且有利于生产率的文化特色，例如，哥斯达黎加对生态的热心，美国对于简约、方便的迷恋，日本对于游戏和动漫的爱好，会成为他人难以模仿的竞争优势的重要源泉，造成国际专业化的新格局。因为各国人民会日益发挥他们的文化给予他们的独特优势，生产相关的产品和提供相关的服务。

可见，虽然围绕着生产率范式的全球趋同与日俱进，但文化上的差别肯定仍将存在，文化上的差别不会使人们受隔绝而陷入经济劣势，相反，它们将促进重要的专业化优势，从而增进全球经济繁荣。在全球经济中，许许多多的东西都不难从任何地方获取，在这种情况下，能提供独特产品和服务的文化差别应当是更加重要的。

而就中国来说，文化传统或许有着更为深层次的意义。正如习近平总书记指出的："实现中华民族伟大复兴，需要物质文明极大发展，也需要精神文明极大发展。中华民族生生不息绵延发展、饱受挫折又不断浴火重生，都离不开中华文化的有力支撑。中华文化独一无二的理念、智慧、气度、神韵，增添了中国人民和中华民族内心深处的自信和自豪。实现中华民族伟大复兴，是一场震古烁今的伟大事业，需要坚韧不拔的伟大精神，也需要振奋人心的伟大作品。"①

第二节　优秀传统文化的继承

中华优秀传统文化是中华民族的精神命脉，是涵养社会主义核心价值观的重要源泉，也是我们在世界文化激荡中站稳脚跟的坚实根基。②

——习近平

在一个国家中，人们之间真正的分野不在于他们所处的地区和职业，而在于对于社会和个人的发展，他们所秉持的是什么样的世界观、价值观与人生观念。人们在做出属于自己的决定时，所秉持的基本心理模式才是开创变革的真正力量。那么，发展中国家的人们是不是需要改变他们的文化遗产，才能更有意义地参与全球经济？一个地区是否有可能既保留自己的历史和特性完整无损，并且尊重自己的文化，同时又具有全球竞争力？

毫无疑问，随着时代的发展，文化本身肯定会发生变化，在我们为了发展进行扬弃的过程中，我们更应当将着眼点聚焦于那些促进产生变革的信念体系及我们的内在价值体系之中，看出哪些是限制、阻碍社会发展的因素，并加以分析与理解，以促进我们文化的更新与超越。习近平总书记曾借用"根"与"魂"的比喻，强调传承和弘扬中华民族优秀传统文化对于国家发展和民族振兴的重要性。他指出："我们决不可抛弃中华民族的优秀传统文化，恰恰相反，我们要很好地传承和弘扬，因为这是我们民族的"根"和"魂"，丢了这个"根"和"魂"，就没有根基了。"保护和传承文化遗产，就是守护民族和国家过去的辉煌、今天的资源、未来的希望。

一、传统文化的价值

中国传统文化不仅是构成民族精神的载体，也是民族生存、发展的根基，更是几千年来屡经重大灾难而维护民族始终不解体的坚强纽带③。中国传统思想文化中的优秀成分，

① 习近平. 高擎民族精神火炬吹响时代前进号角筑就中华民族伟大复兴时代文艺高峰[N]. 人民日报，2016-12-01.

② 习近平. 在文艺工作座谈会上的讲话[N/OL]. 新华社，2014-10-15.

③ 中国人民政治协商会议第八届全国委员会第016号提案. 建立幼年古典学校的紧急呼吁[Z]，1995.

对推动中国社会发展进步、促进中国社会利益和社会关系平衡，都曾发挥过十分重要的作用。而对于这些传统的轻易否定，是有害无益的。正如波普所说：“在我们必须看作是最重要的那些传统中，包括我们称之为社会的‘道德构架’(对应于制度的‘法律构架’)的那种传统。这包括社会的传统的正义感和公正感，或社会已达到的道德敏感度。这种道德构架成为一种基础，从而在必要的地方能在对立的利益之间达致公正或平等的妥协。当然，道德构架本身并非一成不变，只不过变化得相当缓慢。没有比毁掉这样的传统构架更危险的事了。它的毁灭最终会导致犬儒主义和虚无主义，即对一切人类价值漠不关心，并使之瓦解。”①

中国优秀的传统文化对于当代人类面临的难题有着重要的启示价值。中国社会近五千年的发展，对于政治、社会、人生的诸多判断，以及思想资源的原创性与独特性，在当前全球化的进程中是不可或缺的宝贵财富。“当今世界，人类文明无论在物质还是精神方面都取得了巨大进步，特别是物质的极大丰富是古代世界完全不能想象的。同时，当代人类也面临着许多突出的难题，比如，贫富差距持续扩大，物欲追求奢华无度，个人主义恶性膨胀，社会诚信不断消减，伦理道德每况愈下，人与自然关系日趋紧张等。要解决这些难题，不仅需要运用人类今天发现和发展的智慧和力量，而且需要运用人类历史上积累和储存的智慧和力量。”②

二、继承优秀传统文化所坚持的原则

第一，尊重各国各民族文明，维护世界文明多样性。不同文明都有着自身独特的传统及优秀的文化，在独特性上来讲，并不存在高低之分。而文化的交流与互动也是各个民族自身发展的重要渠道之一，单纯认为有一个“特殊”的高等文明“模板”，引入之后便可进入自由的世界无疑是一种历史的狭隘观点。

第二，科学地对待和尊重文化传统。一个国家优秀的传统文化是支撑这个国家和民族继续前进的不竭动力，对于自身历史与文化的否定必然带来对于未来的扭曲。只有在“继承中发展，在发展中继承”，一个优秀的民族才能真正自立于世界。但这并不代表着我们对于传统文化要照单全收，我们要科学地对待自身的文化传统，理性地对待其他国家的优秀成果，有鉴别、有吸收，才能真正使自身民族的文化长久不衰。正如习近平总书记所指出的：“传统文化在其形成和发展过程中，不可避免地会受到当时人们的认识水平、时代条件、社会制度的局限性的制约和影响，因而也不可避免地会存在陈旧过时或已成为糟粕性的东西。这就要求人们在学习、研究、应用传统文化时坚持古为今用、推陈出新，结合新的实践和时代要求进行正确取舍，而不能一股脑儿都拿到今天来照套照用。要坚持古为今用、以古鉴今，坚持有鉴别的对待、有扬弃的继承，而不能搞厚古薄今、以古

---

① 卡尔·波普. 猜想与反驳——科学知识的增长[M]. 上海：上海译文出版社，1986.

② 习近平. 在纪念孔子诞辰 2565 周年国际学术研讨会暨国际儒学联合会第五届会员大会开幕会上的讲话[N]. 人民日报，2014-09-24.

非今，努力实现传统文化的创造性转化、创新性发展，使之与现实文化相融相通，共同服务以文化人的时代任务。”①

第三节 传统文化的“开新”

“孔子既作《春秋》以明三统，又作《易》以言变通，黑白子丑相反而皆可行，进退消息变通而后可久，所以法后王而为圣师也。不穷经义而酌古今，考势变而通中外，是刻舟求剑之愚，非开辟乾坤之治也。”②

——康有为

在通常的认知中，儒家文化往往被看作偏向保守甚至是有些顽固的学问，是一种维持家国天下的“超稳定结构”。因此，在对于古代传统文化的态度上，凡是“严守师说”者，往往会被认为是传统文化的坚持者，而那些“不依章句，妄生穿凿，以遵师为非义，意说为得理”的方式，总是遭到批判。

但是，如果对中国传统文化的发展史已有一定的了解，那么，我们就会发现，从汉代的“师法家法”始，到清代学人“复汉宋家法”为止，“不依经注”方式往往却是主流。也正是因为那些“离经叛道”者的存在，才使得中国传统文化有着数千年的辉煌发展。因此，对于中国传统文化采取“开新”的取向，是一种积极进取的开放态度。

一、“开新”的传统

以传统文化对于国外“新知识”的态度来看，根据鱼宏亮先生的说法，“古代有东西南北郊之学，用来制学校的位置，并不指学术，如：‘祀乎明堂，所以教诸侯之孝也。食三老五更于大学，所以教诸侯之弟也。祀先贤于西学，所以教诸侯之德也。耕藉，所以教诸侯之养也。朝觐，所以教诸侯之臣也。五者天下之大教也。西学者，西郊之学，春朝秋觐，礼行于人，人得于彼……’但随着佛教的传入，有学者用‘西学’指涉外来之学……明中叶以后，入华耶稣会士所传科学、宗教被称为西学或者‘西庠之学’”③。对于如此“西学”，我国古代的经学家们并非是一味地排斥，他们在尊崇古经的基础上，总是保持着积极的态度去吸收各种“新鲜”的文化，并不一味地“泥古不化”，如后人印象中所以为的坚持“天不变，道亦不变”，而是保持着一种积极的态度去进行吸收、转化。

图 10-1 所示为清代刻本礼记易读。

① 习近平. 在纪念孔子诞辰 2565 周年国际学术研讨会暨国际儒学联合会第五届会员大会开幕会上的讲话[N]. 人民日报，2014-09-24.

② 出自康有为《上清帝第四书》。

③ 鱼宏亮. 知识与救世：明清之际经世之学研究[M]. 北京：北京大学出版社，2008.

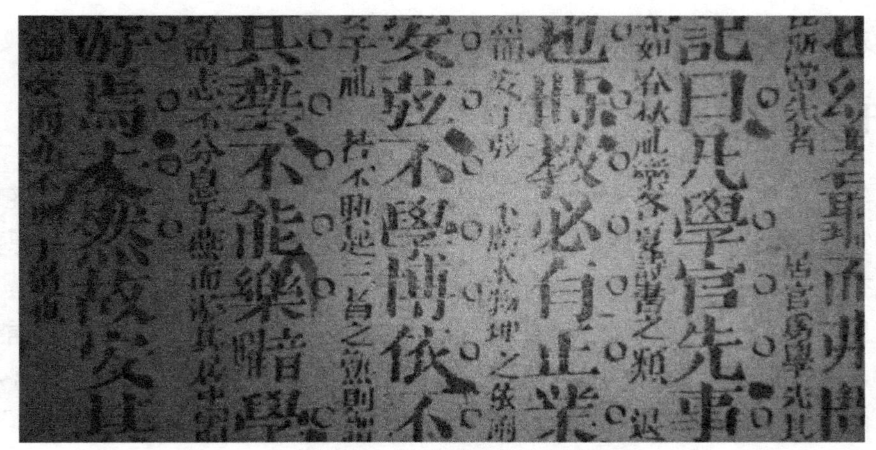

图 10-1　清代刻本礼记易读

这就造成了在历史中，经学虽说是整个中国传统文化的核心之一，但在每一个具体的时期，却很少成为最为“显耀”的部分。甚至在整个中国历史中，也很难找出一个不掺杂任何“外道”，并完全以正统经学为核心的“纯经学时代”。这并非坏事，而也恰恰因为经学家们这样的一种态度，才使得中国的经学思想，垂数千年历史，而薪火不绝。

以对于经典的解释方法来看，古代的学者通常是“博采众家之长”，而并没有太多的“门户之见”。例如，作为后世理解《论语》文本的权威“释义”之一的《论语义疏》中，皇侃便应用了不少属于“西学”的内容，如该书中释“季路问事鬼神”一节：

“季路问事鬼神者，外教无三世之义，见乎此句也。周孔之教，唯说现在，不明过去、未来。而子路此问事鬼神，政言鬼神在幽冥之中。其法云何也？此是问过去也。云‘子曰云云’者，孔子言人事易，汝尚未能，则何敢问幽冥之中乎？故云‘焉能事鬼’。云曰‘敢问死者’此又问当来之事也。言问今日以后死事复云何也？云曰‘未知生焉知死者’，亦不荅之也。言汝尚未知即见生之事难明，又焉能豫问知死没也？顾欢曰：夫从生可以善死；尽人可以应神。虽幽显路殊，而诚恒一，苟未能此，问之无益，何处问彼耶？”①

皇侃虽为经学大家，但态度并不保守，文中直接将儒家称呼为“外教”，而所依据的理论，也完全是佛家语。面对如此“开放的”解经态度，我们很难说古人“守旧”。

以对于经学本身的“更新”来看。古人更是借用了很多在当时最为“先进”的思想，从而使得我们的学术发展从未停滞。

有宋一代，儒家学子像魏晋时期的哲学家那样，不仅将佛、老的思想当作一种对于儒学的补充，更当作可以在思想性、哲学性上与儒家学说等量齐观，甚至在某些方面还有所超越的真正哲学。而此时，在相信圣贤之学有一天“终必复振”的儒家弟子那里，已经吸收了佛、老之学的很多优秀之处，自周濂溪直到朱子，终成就了一门新的哲学——理学。

这才有李善接下去所说的话：“然自马大师之后，释门又复淡薄，收拾不住，绝无一人，何也？岂其复生于儒中乎？”而悟“儒释二教，迭为盛衰……方当吾儒生圣贤之时，

① 皇侃. 论语义疏[DB]. 中国基本古籍库，北京：爱如生数据库，135.

要不可使邪说诡服者得以自肆，可也”。

二、“开新”的态度

儒家学者从未认为经典之学会一直成为“万世法”，而是各种学说“叠为盛衰”的局面。这种实事求是的态度，才是儒家学者真正应该坚持的，而不是对于新的思想要么宣称为“古已有之”，要么摒弃为“异端邪说”。

在这里，我们可以引用顾炎武先生的话，“《五经》得于秦火之余，其中固不能无错误。学者不幸，而生乎二千余载之后，信古而阙疑，乃其分也”[①]。然“夫天子失官，学在四裔，使果有残编断简，可以裨经文而助圣道，固君子之所求之，而惟恐不得者也”。中国传统文化的发展，历来便是但以学术之发展为目的，而非以崇圣尊经为目的。

当然，有子曰：“本立而道生”，如果对于经典本意尚未通读，单单一味的“现代化”“新潮化”，所带来的结果势必要更加危险。胶柱鼓瑟，泥古不化，是守旧、顽固、落后……但这仍是学术，仍稍有益于人。而不懂装懂，拿着现代的一些学说去任意更改，做“自己的想法”，则是伪学术、伪科学。

但凡当今有何新思想，不管是否恰当，若能有文辞语句的相互牵连，便立刻立一“新说”“异说”，以求夸名炫世，这样的态度，实不足取。正如陈寅恪先生所言，“今日之墨学者，任何古书古字，绝无依据，亦可随其一时偶然兴会，而为之改移，几若善博者能呼卢成卢，喝雉成雉之比。此近日中国号称整理国故之普通状况，诚可为长叹息者也”。[②]

因此，对于现在正在求学的同学来说，想要在未来的日子里复兴传统国学，其首要的任务便是将我们对于传统思想、传统文本的基础夯实牢固，再辅以现代化的研究方法与技术，以期在未来能为整个华夏文明的发展添加进去新的动力。

否则，便一如顾炎武先生所云：“……幸其出于前人，虽不读书而犹遵守本文，不敢辄改。苟如近世之人，据臆改之，则文益晦，义益舛，而传之後日虽有善读者，亦茫然无可寻求矣。然则今之坊刻不择其人，而委之雠勘，岂不为大害乎！”[③]

三、“开新”的精神

任何一个国家的发展均是物质文明和精神文明均衡发展之后的结果。单独一个方面的建设并不足以支撑民族的发展与进步。在传统中国人的思想观念里，大同社会便是我们的精神追求，不同于乌托邦的理念，我们相信一种物质生活充分满足的社会必然同样是拥有着自强不息的道德精神的社会。因此，“天行健，君子以自强不息”的精神是要随着中国经济社会不断发展而同样得以彰显的，也只有这样，中华文明才能顺应时代发展而焕发出更加蓬勃的生命力。

---

① 顾炎武. 日知录校注[M]. 合肥：安徽大学出版社，2007.

② 陈寅恪，冯友兰. 《中国哲学史》下册审查报告[R].

③ 顾炎武. 日知录校注[M]. 合肥：安徽大学出版社，2007.

因此，实现国家繁荣、中华民族的伟大复兴的理想必然要“推动中华文明创造性转化和创新性发展，激活其生命力，把跨越时空、超越国度、富有永恒魅力、具有当代价值的文化精神弘扬起来……让中华文明同世界各国人民一道创造的丰富多彩的文明，为人类提供正确的精神指引和强大的精神动力”[①]。

对于我们青年来说，弘扬传统文化意味着要以一种创新的精神与开放的态度去认识自己的国家、自己的民族与自己的文化，既不循规蹈矩、因循守旧，也不轻易毁弃传统，将中国五年余年的历史积淀逐步融入自己的精神生活之中。这既是中华民族最深沉的民族禀赋，也是我们的先贤所给予后代的最宝贵的赠礼。

正如习近平总书记所说，“生活从不眷顾因循守旧、满足现状者，从不等待不思进取、坐享其成者，而是将更多机遇留给善于和勇于创新的人们。青年是社会上最富活力、最具创造性的群体，理应走在创新创造前列。广大青年要有敢为人先的锐气，勇于解放思想、与时俱进，敢于上下求索、开拓进取，树立在继承前人的基础上超越前人的雄心壮志，‘以青春之我……，创建青春之国家，青春之民族’。要有逢山开路、遇河架桥的意志，为了创新创造而百折不挠、勇往直前。要有探索真知、求真务实的态度，在立足本职的创新创造中不断积累经验、取得成果”。[②]

本章思考题

1. 你认为传统文化的“现代化”与“西方化”是一件事还是两件事，为什么？

2. 就个人而言，你认为在生活中弘扬传统文化的难点是什么？

3. 有的人认为，在经济全球化、市场经济体制在全球范围内扩张的当下，产生了强势文化与弱势文化，市场的开放性、竞争性必然影响强势文化向弱势文化流动，全球化会使一些弱势的民族文化逐渐淡出世界舞台，湮灭一些缺乏生命力、创造力、价值性的民族文化标识。你认为随着世界各国文化的发展，未来的是多元文化并存的世界可能性大，还是产生由一种强势文化主导，湮灭他种文化的世界的可能性大？理由是什么？

① 习近平. 在联合国教科文组织总部的演讲[N]. 人民日报，2014-03-27.

② 习近平. 在同各界优秀青年代表座谈时的讲话[N]. 人民日报，2013-05-04.

参考文献

[1]〔英〕爱德华·泰勒. 原始文化——神话、哲学、宗教、语言、艺术和习俗发展之研究[M]. 连树生，译. 上海：上海文艺出版社，1992.

[2] 梁启超. 饮冰室专集：第 11 册[M]. 上海：中华书局，1936.

[3] 张岱年，方克立. 中国文化概论[M]. 北京：北京师范大学出版社，2004.

[4]〔德〕黑格尔. 哲学史讲演录(第一卷)[M]. 北京大学哲学系，译. 北京：生活·读书·新知三联书店，1956.

[5] 马克思，恩格斯. 马克思恩格斯全集(第四卷)[M]. 北京：人民出版社，1995.

[6] 何星亮. 人民日报大家手笔：中华民族在互动融合中形成和发展[N]. 人民日报，2016-07-22(7)。

[7] 何星亮. 中国历史上民族融合的特点[N]. 中国民族报，2010-03-12.

[8] 刘梦溪. 学术与传统[M]. 北京：时代华文书局，2017.

[9] 席岫峰. 化成天下的历史轨迹——关于中国文化历史分期及发展走向[J]. 社会科学战线，2013(10)：155-160.

[10] 李中华. 中国文化概论[M]. 北京：华文出版社，1994.

[11] 竺可桢. 中国近五千年来气候变化的初步研究[J]. 考古学报，1972(1)：15-38.

[12] 张品兴. 梁启超全集·中国史叙论(第 1 册)[M]. 北京：北京出版社，1999.

[13] 金元浦. 中国文化概论[M]. 北京：中国人民大学出版社，2012.

[14] 李宗桂. 中国文化概论[M]. 广州：中山大学出版社，1988.

[15] 冯天瑜，杨华，任放. 中国文化史[M].北京：高等教育出版社，2005.

[16] 宗白华. 美学散步[M]. 上海：上海人民出版社，1981.

[17] 阴法鲁. 中国古代文化史[M]. 北京：北京大学出版社，2010.

[18] 鲁迅. 鲁迅全集：第 12 卷[M]. 北京：人民文学出版社，1981.

[19] 李永平. 中国传统文化教程[M]. 北京：中国人民大学出版社，2012.

[20] 吴小如. 中国文化史纲要[M]. 北京：北京大学出版社，2007.

[21] 冯友兰. 中国哲学史新篇(第四册)[M]. 北京：人民出版社，1986.

[22] 葛荣晋. 清代实学思潮的历史演变[J]. 文史哲，1988(5)：38-45.

[23] 李宗桂. 中国文化导论[M]. 广州：广东人民出版社，2002.

[24] 徐月高，汪谦干. 谈儒家担当观[N]. 光明日报，2015-06-03(14).

[25] 习近平. 在纪念孔子诞辰2565周年国际学术研讨会暨国际儒学联合会第五届会员

大会开幕会上的讲话[N]. 人民日报，2014-09-24.

[26] 习近平. 高擎民族精神火炬吹响时代前进号角筑就中华民族伟大复兴时代文艺高峰[N]. 人民日报，2016-12-01.

[27] 习近平. 顺应时代前进潮流 促进世界和平发展[N]. 人民日报，2013-03-23.

[28] 李永杰. 道家思想对当今世界仍具重大启发[N]. 中国社会科学网，2014-07-30.

[29] 周赟.《正蒙》诠译[M]. 北京：知识产权出版社，2014.

[30] 陆九渊. 陆九渊集[M]. 北京：中华书局，1980.

[31] 杨泓，李力. 美源：中国古代艺术之旅[M]. 北京：生活·读书·新知三联书店，2008.

[32] 张志如. 中国古代书法艺术史[M]. 北京：中国社会科学出版社，2015.

[33] 李超，等. 中国古代绘画简史[M]. 北京：中华书局，2010.

[34] 马积高，等. 中国古代文学史[M]. 北京：人民文学出版社，2009.

[35] 晁福林，等. 中国民俗史(先秦卷)[M]. 北京：人民出版社，2008.

[36] 郭必恒，等. 中国民俗史(汉魏卷)[M]. 北京：人民出版社，2008.

[37] 韩养民，等. 中国民俗史(隋唐卷)[M]. 北京：人民出版社，2008.

[38] 游彪，等. 中国民俗史(宋辽金元卷)[M]. 北京：人民出版社，2008.

[39] 萧放，等. 中国民俗史(明清卷)[M]. 北京：人民出版社，2008.

[40] 钟敬文. 民俗学概论[M]. 上海：上海文艺出版社，2009.

[41] 乌丙安. 民俗学原理[M]. 沈阳：辽宁教育出版社，2001.

[42] 郭于华. 生的困扰与死的执着——中国民间丧葬仪礼与传统生死观[M]. 北京：中国人民大学出版社，1992.

[43] 常建华. 岁时节日里的中国[M]. 北京：中华书局，2006.

[44]〔马〕陈志明. 迁徙、家乡与认同——文化比较视野下的海外华人研究[M]. 段颖，巫达，译. 北京：商务印书馆，2012.

[45]〔美〕于君芳. 观音——菩萨中国化的演变[M]. 陈怀宇，等译. 北京：商务印书馆，2012.

[46]〔美〕徐中约. 中国近代史(1600—2000)：中国的奋斗[M]. 朱庆葆，计秋枫，译. 北京：世界图书出版公司，2013.

[47] 中科院自然科学史研究所. 中国古代建筑技术史[M]. 北京：科学出版社，2016.

[48] 王贵祥. 中国古代建筑史话[M]. 北京：中国建筑工业出版社，2015.

[49] 侯幼彬，李婉珍. 中国古代建筑历史图说[M]. 北京：中国建筑工业出版社，2002.

[50]〔美〕丽贝卡·D. 科斯塔. 即将崩溃的文明[M]. 北京：中信出版社，2013.

[51] 程裕桢. 中国文化要略[M]. 北京：外语教学与研究出版社，2013.

[52] 章嵚. 中华通史[M]. 北京：东方出版社，2014.

[53] 卢嘉锡. 中国科学技术史[M]. 北京：科学出版社，2016.

[54] 杜石然. 中国科学技术史稿[M]. 北京：北京大学出版社，2012.

[55] 陈美东. 简明中国科学技术史话[M]. 北京：中国青年出版社，2009.

[56] 庄国土. “华侨”一词名称考[J]. 南洋问题研究，1984(1)：13-19.

[57] 任继愈. 文化发展的势差规律[J]. 群言，1987(12)：19-21.

[58] 陈炎. 海上丝绸之路与中外文化交流[M]. 北京：北京大学出版社，1996.

[59] 汤用彤. 文化思想之冲突与调和. 汤用彤全集(第 5 卷)[M]. 石家庄：河北人民出版社，1999.

[60] 何芳川. 中外文化交流史[M]. 北京：国际图书出版公司，2007.

[61] 曾玲. 越洋再建家园：新加坡华人社会文化研究[M]. 南昌：江西高校出版社，2003.

[62]〔美〕缪尔・亨廷顿. 文明的冲突与世界秩序的重建[M]. 周琪，等译. 北京：新华出版社，2002.

[63] 顾炎武. 日知录校注[M]. 合肥：安徽大学出版社，2007.